핵심만 쏙쏙 예제는 빵빵
DIAT
멀티미디어제작
곰픽 + 곰믹스 for DIAT

초판 발행일 | 2025년 06월 25일
지은이 | 창의코딩연구소
발행인 | 최용섭
책임편집 | 이준우
기획진행 | 김미경

㈜해람북스 주소 | 서울시 용산구 한남대로 11길 12, 6층
문의전화 | 02-6337-5419
팩스 | 02-6337-5429
홈페이지 | https://class.edupartner.co.kr

발행처 | (주)미래엔에듀파트너
출판등록번호 | 제2020-000101호

ISBN 979-11-6571-239-6 (13000)

이 책은 저작권법에 따라 보호받는 저작물이므로 무단전재와 무단복제를 금지하며,
이 책 내용의 전부 또는 일부를 이용하려면 반드시 저작권자와 (주)미래엔에듀파트너의 서면동의를 받아야 합니다.

※ 잘못된 책은 바꾸어 드립니다.
※ 책 가격은 뒷면에 있습니다.

DIAT 시험 안내

⊙ 디지털정보활용능력(DIAT ; Digital Information Ability Test)

- 컴퓨터와 인터넷을 이용한 정보가 넘쳐나고 사물과 사물 간에도 컴퓨터와 인터넷이 연결된 디지털 정보시대에 기본적인 정보통신기술, 정보처리기술의 활용 분야에 대해 학습이나 사무업무를 수행할 수 있도록 종합적으로 묶어서 구성한 자격 종목입니다.
- 총 6개의 과목으로 구성(작업식 5개 과목, 객관식 1개 과목)되어 1개 과목만으로도 자격 취득이 가능하고, 합격 점수에 따라 초/중/고급 자격이 부여됩니다.
- 과목별로 시험을 응시하며, 시험 당일 한 회차에 최대 3개 과목까지 응시가 가능합니다.

⊙ 필요성

- 사무업무에 즉시 활용이 가능한 작업식 위주의 실기 시험입니다.
- 정보통신, OA, 멀티미디어, 인터넷 등 분야별 등급화를 통한 실무 능력을 인증합니다.

⊙ 자격 종류

- 자격구분 : 공인민간자격
- 등록번호 : 2008-0265
- 공인번호 : 과학기술정보통신부 제2020-2호

⊙ 응시 지역 및 비용

응시 지역	응시 자격	응시 비용
전국	제한 없음	1과목 20,000원 / 2과목 36,000원 / 3과목 51,000원 (※시행일자 기준 2021년 1월 적용)

※ 응시 지역은 운영 상황에 따라 변경될 수 있음
※ 자격증 발급 수수료 : 5,800원(배송료 포함)
 - 정보 이용료 별도 : 신용카드/계좌이체 650원, 가상계좌 입금 300원

⊙ 시험 준비물

- 신분증 : 주민등록증, 운전면허증(국내), 여권(유효기간 내), 청소년증, 공무원증, 장애인등록증 등
- 필기 도구 : 검정색 볼펜(시험 문제지에 이름/수험번호 기재 시 사용)
- 수험표 : 시험접수 → 수험표 출력 메뉴에서 수험표 출력(수험표를 출력하기 위해서는 응시자 본인 여부를 명확히 판단할 수 있는 증명 사진이 등록되어야 함)

Digital Information Ability Test

⊙ 시험 과목

검정 과목	사용 프로그램	검정 방법	문항수	시험 시간	배점	합격 기준
프리젠테이션	- MS 파워포인트 - 한컴오피스 한쇼	작업식	4문항	40분	200점	- 초급 : 80~119점 - 중급 : 120~159점 - 고급 : 160~200점
스프레드시트	- MS 엑셀 - 한컴오피스 한셀	작업식	5문항	40분	200점	
워드프로세서	한컴오피스 한글	작업식	2문항	40분	200점	
멀티미디어제작	곰픽/곰믹스	작업식	3문항	40분	200점	
인터넷정보검색	인터넷	작업식	8문항	40분	100점	- 초급 : 40~59점 - 중급 : 60~79점 - 고급 : 80~100점
정보통신상식	CBT 프로그램	객관식	40문항	40분	100점	

※ 스프레드시트(한셀), 프리젠테이션(한쇼)는 서울, 경기, 인천 지역에 한하여 접수 가능

⊙ 출제 가이드

과목	검정 항목	검정 내용
프리젠테이션	기본 설정	용지 크기 및 방향 설정, 슬라이드 마스터 작성
	슬라이드 작성	도형 모양, 색상, 도형 효과, 애니메이션, 스마트아트, 표 및 차트, 워드아트 등
스프레드시트	데이터 입력 및 수식과 함수	데이터 입력과 셀 선택, 워크시트 데이터 편집, 수식과 함수 이용
	데이터 관리/분석 및 차트	피벗 테이블 및 차트 작성
워드프로세서	워드 작성	제목, 특수 문자, 문서 글꼴 변경, 속성 변경, 크기 변경, 머리말, 쪽 번호
	표 및 차트 작성	제목, 한자, 소제목, 글꼴 변경, 편집, 다단, 각주, 이미지, 표, 차트, 테두리, 머리말, 쪽 번호
멀티미디어제작	이미지 보정 및 편집	이미지 크기, 밝기 및 레벨, 보정 및 편집, 사진 합성 및 클리핑 마스크/레이어 마스크
	동영상 편집	클립 및 순서 지정, 비디오 속도 및 전환 효과 설정
인터넷정보검색	주제별 내용 검색	시사, 정치, 사회, 문학, 의학, 과학, 오락, 교육, 경제, 스포츠
정보통신상식	컴퓨터의 이해	컴퓨터 일반, 운영 체제, 멀티미디어 등
	정보통신 이해	네트워크 기술, 인터넷 기술 등
	정보사회 이해	정보사회와 윤리, 정보보호 등

Digital Information Ability Test

◉ 입실 및 시험 시간

교시	입실 완료 시간	시험 시간
1교시	08:50	09:00~09:40(40분)
2교시	10:00	10:10~10:50(40분)
3교시	11:10	11:20~12:00(40분)
4교시	12:20	12:30~13:10(40분)

※ 시험실에는 수험생만 입실할 수 있으며, 입실 완료 시간 이후 절대 입실 불가

◉ 자격 활용 현황

구분	내용	관련 근거
학점은행제 인정	3과목 이상 : 고급 6학점, 중급 4학점(일반 선택)	학점인정 등에 관한 법률 제7조
고등학생 재학 중 취득 학교생활기록부 기재 인정	초급, 중급, 고급	초·중등교육법 제25조
현역병 군지원(모병) 대상자 복무 선정	초급, 중급, 고급	병무청 군지원(모병) 안내
육군 학군부사관 모집 가점	고급	육군본부 학군부사관 모집 공고

◉ 자격 활용처

내용	활용처
학점 인정	한국성서대학교
채용 우대	한국관광공사, 울산해양경찰서, 국립해양과학관, 전북선거관리위원회, ㈜트리피, 중소기업기술정보진흥원, 오알피연구소, 나인스텝컨설팅㈜, 한국부동산원, 한국과학기술평가원, ㈜KT(인턴), ㈜인스코리아, ㈜고고팩토리, ㈜유니컴즈, ㈜에이투이커뮤니케이션, ㈜웨슬리퀘스트, ㈜마음AI, ㈜아테나컴퍼니, ㈜인하이브, ㈜백스포트, ㈜케이아이미디어

시험 폴더 환경

◉ 답안 작성 전 [KAIT]-[제출파일] 폴더

DIAT 멀티미디어제작 시험에서는 수검에 필요한 모든 파일이 [KAIT]-[제출파일] 폴더에서 제공됩니다. 파일명은 dpi(과목)_01(문제번호)_123456(수검번호)_홍길동(성명)으로 구성됩니다.

◉ 답안 작성 후 [KAIT]-[제출파일] 폴더

DIAT 멀티미디어제작 시험에서 [문제1], [문제2], [문제3]을 제대로 작업한 후 저장하면 다음과 같이 JPEG/GPDP/XML의 총 3가지 파일이 존재합니다.

이 책의 차례

PART 01 유형사로잡기

유형 분석 01 캔버스 설정과 이미지 복사 ……… 008
유형 분석 02 필터 효과와 이미지 제거/보정 …… 016
유형 분석 03 이미지 조정과 복제 도장 ………… 024
유형 분석 04 도형 추가와 편집 ………………… 033
유형 분석 05 캔버스 배경과 레이어 마스크 …… 040
유형 분석 06 도형 편집과 텍스트 삽입 ………… 048
유형 분석 07 도형 도구와 클리핑 마스크 ……… 055
유형 분석 08 미디어 소스 파일 배치 …………… 063
유형 분석 09 동영상 파일 편집 ………………… 070
유형 분석 10 이미지 파일 편집 ………………… 084
유형 분석 11 텍스트 입력과 편집 ……………… 093
유형 분석 12 음악 파일 삽입 …………………… 100

PART 02 실전모의고사

제01회 실전모의고사 ……………… 108
제02회 실전모의고사 ……………… 112
제03회 실전모의고사 ……………… 116
제04회 실전모의고사 ……………… 120
제05회 실전모의고사 ……………… 124
제06회 실전모의고사 ……………… 128
제07회 실전모의고사 ……………… 132
제08회 실전모의고사 ……………… 136
제09회 실전모의고사 ……………… 140
제10회 실전모의고사 ……………… 144
제11회 실전모의고사 ……………… 148
제12회 실전모의고사 ……………… 152
제13회 실전모의고사 ……………… 156
제14회 실전모의고사 ……………… 160
제15회 실전모의고사 ……………… 164

PART 03 최신기출유형

제01회 최신기출유형 ……………… 169
제02회 최신기출유형 ……………… 173
제03회 최신기출유형 ……………… 177
제04회 최신기출유형 ……………… 181
제05회 최신기출유형 ……………… 185
제06회 최신기출유형 ……………… 189
제07회 최신기출유형 ……………… 193
제08회 최신기출유형 ……………… 197
제09회 최신기출유형 ……………… 201
제10회 최신기출유형 ……………… 205

PART

01

유형사로잡기

유형 분석 01 캔버스 설정과 이미지 복사
유형 분석 02 필터 효과와 이미지 제거/보정
유형 분석 03 이미지 조정과 복제 도장
유형 분석 04 도형 추가와 편집
유형 분석 05 캔버스 배경과 레이어 마스크
유형 분석 06 도형 편집과 텍스트 삽입

유형 분석 07 도형 도구와 클리핑 마스크
유형 분석 08 미디어 소스 파일 배치
유형 분석 09 동영상 파일 편집
유형 분석 10 이미지 파일 편집
유형 분석 11 텍스트 입력과 편집
유형 분석 12 음악 파일 삽입

유형분석 01 캔버스 설정과 이미지 복사

핵심만 쏙쏙 캔버스 크기 설정 / 이미지 불러오기 / 이미지 크기 변경

이미지 작업을 위해 《처리조건》에 맞게 캔버스 크기를 설정한 후 주어진 이미지를 불러와서 캔버스에 복사하고, 크기를 변경하는 방법에 대하여 알아봅니다.

핵심 짚어보기

▶ 예제 파일 : 없음 ▶ 완성 파일 : 유형 분석 01₩유형 01_완성.gpdp

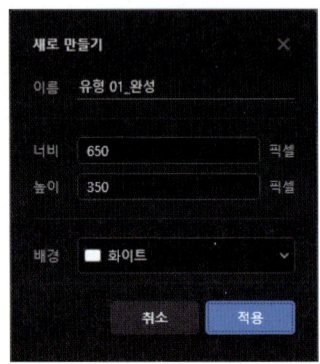

▲ 프로그램을 실행한 후 [새로 만들기] 버튼

실제 시험에서는 바탕 화면의 [KAIT]-[제출파일] 폴더에 있는 이미지 파일을 선택

▲ [파일]-[열기] 메뉴

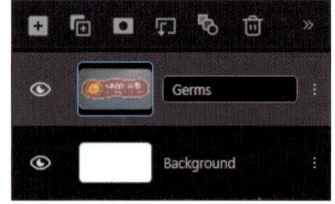

▲ [레이어] 창-레이어 이름 더블 클릭

클래스 업

- [새로 만들기] 대화 상자에서 이름, 너비, 높이를 각각 입력합니다.
- [열기] 대화 상자에서 찾는 위치와 파일 이름을 선택합니다.
- 이미지를 배경 크기에 맞게 조절하고, 주어진 레이어 이름을 입력합니다.

유형잡기 01 캔버스 설정하기

① 곰픽 for DIAT 프로그램을 실행한 후 프로젝트 생성 안내 화면에서 [새로 만들기] 버튼을 클릭합니다.

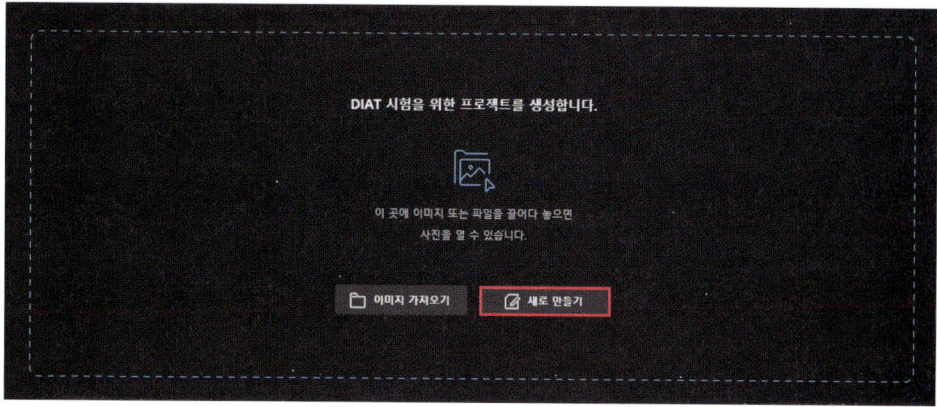

② [새로 만들기] 대화 상자에서 이름에 "유형 01_완성"을 입력한 후 너비는 "650", 높이는 "350"을 각각 입력하고, [적용] 버튼을 클릭합니다.

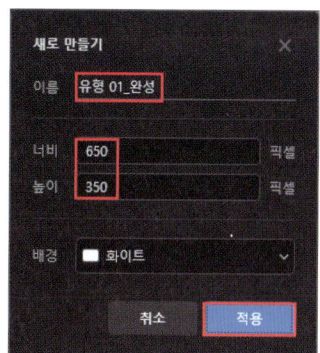 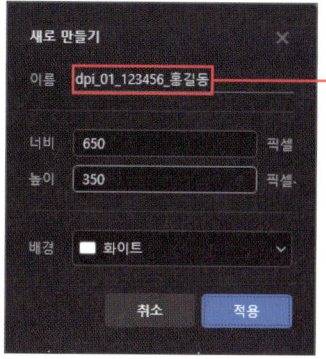

> 실제 시험장에서는 이름 입력란에 "dpi_01_수검번호(6자리)_성명"을 입력

 **크기 변경**

이미지 편집 작업이 모두 완료된 상태에서 크기를 변경할 경우 작업한 이미지 전체의 크기 변경이 진행되기 때문에 최초에 '너비'와 '높이'를 정확히 설정합니다.

유형잡기 02 이미지 복사하기

① 이미지 파일을 불러오기 위하여 [파일]-[열기]를 선택합니다.

② [열기] 대화 상자에서 찾는 위치(01.유형사로잡기₩유형 분석 01₩문제파일)와 파일 이름(사진1.jpg)을 선택하고, [열기] 버튼을 클릭합니다.

 **이미지 불러오기**

실제 시험에서는 답안 전송 프로그램을 설치한 후 바탕 화면의 [KAIT]-[제출파일] 폴더에 있는 이미지 파일을 선택합니다.

③ [파일 열기] 대화 상자가 나타나면 [현재 파일에서 열기] 버튼을 클릭합니다.

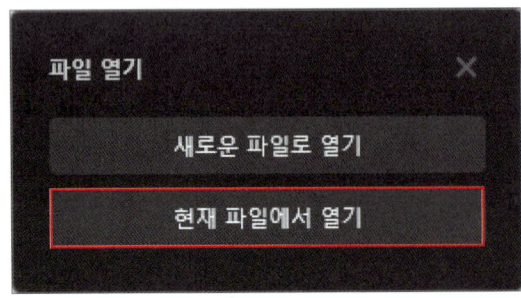

④ 이미지 테두리의 크기 조절점을 오른쪽으로 드래그하여 배경 크기에 맞게 조절합니다.

⑤ [레이어] 창에서 이미지 오른쪽의 레이어 이름을 더블 클릭한 후 편집 상태가 되면 "Germs"를 입력하고, Enter 키를 누릅니다.

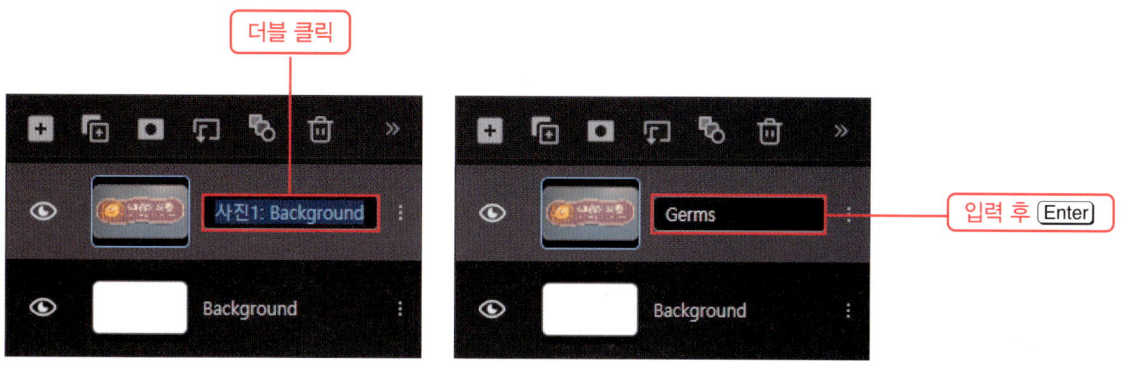

⑥ [파일]-[저장]을 선택한 후 [다른 이름으로 저장] 대화 상자에서 저장 위치(유형 분석 01)와 파일 이름(유형 01_완성)을 확인하고, [저장] 버튼을 클릭하여 완성된 파일을 저장합니다.

 **Tip** 파일 저장 시 주의사항

- 실제 시험장에서는 처리 조건에 맞게 완료한 파일은 [파일]-[내보내기]를 선택하여 저장합니다.
- [파일]-[내보내기]에서 확장자를 JPEG로 설정하고 저장할 경우 JPEG/GPDP/XML 총 3가지 파일이 저장됩니다(XML는 채점을 위한 파일로 제거할 필요 없음).
- JPEG와 GPDP 파일 중 누락이 있을 경우는 0점 처리가 진행되기 때문에 [파일]-[다른 이름으로 저장]으로 저장 시에는 JPEG와 GPDP 파일을 각각 저장해야 합니다.
- 답안 파일이 저장되는 위치는 지정된 폴더(바탕 화면의 [KAIT]-[제출파일] 폴더)이며, 이는 답안 전송 프로그램 로그인 시 바탕 화면에 자동으로 생성됩니다.
- 'JPG'와 'GPDP' 파일 중 하나라도 누락하여 저장할 시에는 "0점" 처리됩니다.

Tip 파일 저장 시 주의사항

이미지 파일 저장	① [파일]-[내보내기]를 눌러서 저장 ② 저장 위치 : [바탕 화면]-[KAIT]-[제출파일]		
이미지 파일명	JPG	dpi_01_수검번호_성명	※ 예시 : 수검번호가 DPI-XXXX-123456인 경우 "dpi-01-123456-성명"으로 저장할 것
	GPDP	dpi_01_수검번호_성명	

① [파일]-[내보내기]를 선택한 후 [다른 이름으로 저장] 대화 상자에서 저장 위치([바탕 화면]-[KAIT]-[제출파일]), 파일 이름 (dpi_01_수검번호_성명), 파일 형식(JPEG)을 각각 지정하고, [저장] 버튼을 클릭합니다.

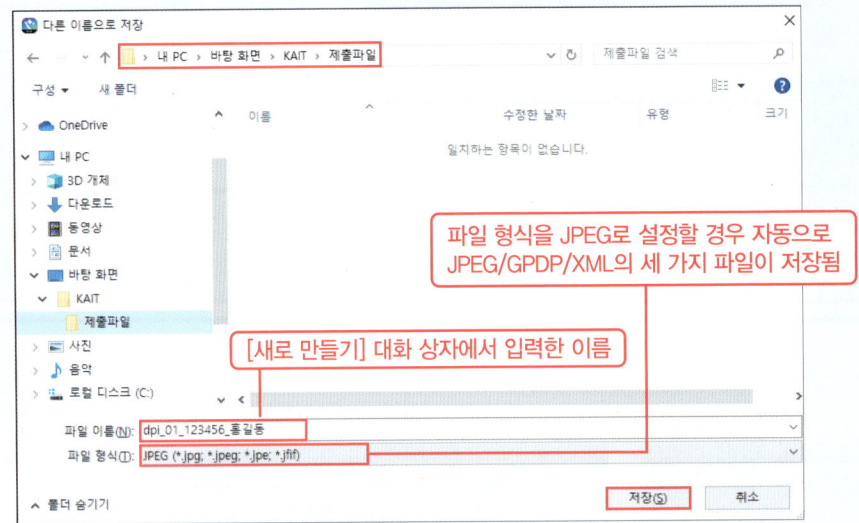

② [파일 저장] 대화 상자가 나타나면 품질과 파일 크기의 기본값을 확인하고, [저장] 버튼을 클릭합니다.

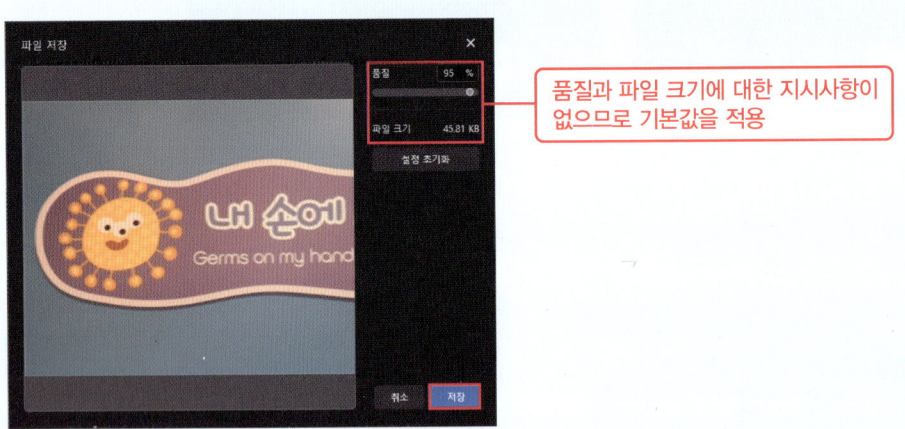

③ 바탕 화면의 [KAIT]-[제출파일] 폴더에는 자동적으로 JPEG/GPDP/XML 파일이 저장(생성)된 것을 확인할 수 있습니다.

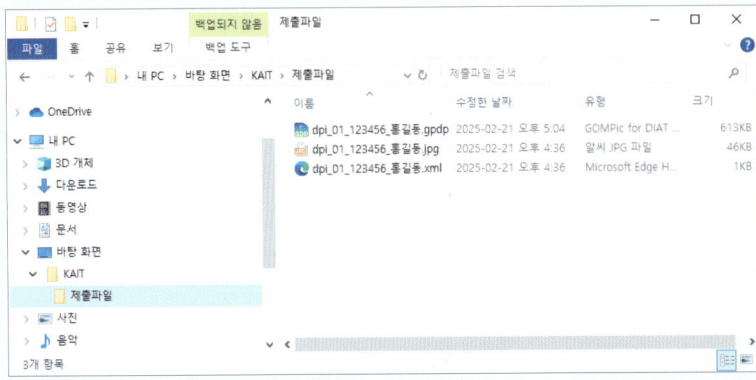

출제 유형 문제

▶ 예제 파일 : 없음 ▶ 완성 파일 : 유형 분석 01₩유형 02_완성.gpdp

01 원본파일을 처리조건에 따라 결과파일로 완성하시오.

처리조건

▶ 다음과 같이 캔버스를 설정하시오.
  • 크기 ⇒ 너비(650 픽셀) × 높이(350 픽셀)
▶ '사진4.jpg' 이미지를 불러와 기존 캔버스에 복사한 후 다음과 같이 처리하시오.
  • 이미지 복사 ⇒ 크기 변형으로 캔버스 크기에 맞게 변형, 레이어 이름 – Tracking

[Hint]
[새로 만들기] 대화 상자에서 이름에 "유형 02_완성"을 입력한 후 너비는 "650", 높이는 "350"을 각각 입력하고, [적용] 버튼을 클릭합니다.

▶ 예제 파일 : 없음 ▶ 완성 파일 : 유형 분석 01₩유형 03_완성.gpdp

02 원본파일을 처리조건에 따라 결과파일로 완성하시오.

처리조건

▶ 다음과 같이 캔버스를 설정하시오.
  • 크기 ⇒ 너비(650 픽셀) × 높이(350 픽셀)
▶ '사진7.jpg' 이미지를 불러와 기존 캔버스에 복사한 후 다음과 같이 처리하시오.
  • 이미지 복사 ⇒ 크기 변형으로 캔버스 크기에 맞게 변형, 레이어 이름 – Fish

출제 유형 문제

▶ 예제 파일 : 없음 ▶ 완성 파일 : 완성 파일 : 유형 분석 01₩유형 04_완성.gpdp

03 원본파일을 처리조건에 따라 결과파일로 완성하시오.

처리조건
- ▶ 다음과 같이 캔버스를 설정하시오.
  - 크기 ⇒ 너비(650 픽셀) × 높이(350 픽셀)
- ▶ '사진10.jpg' 이미지를 불러와 기존 캔버스에 복사한 후 다음과 같이 처리하시오.
  - 이미지 복사 ⇒ 크기 변형으로 캔버스 크기에 맞게 변형, 레이어 이름 – Harubang

▶ 예제 파일 : 없음 ▶ 완성 파일 : 유형 분석 01₩유형 05_완성.gpdp

04 원본파일을 처리조건에 따라 결과파일로 완성하시오.

처리조건
- ▶ 다음과 같이 캔버스를 설정하시오.
  - 크기 ⇒ 너비(650 픽셀) × 높이(350 픽셀)
- ▶ '사진13.jpg' 이미지를 불러와 기존 캔버스에 복사한 후 다음과 같이 처리하시오.
  - 이미지 복사 ⇒ 크기 변형으로 캔버스 크기에 맞게 변형, 레이어 이름 – Library

[Hint]
[레이어] 창에서 이미지 오른쪽의 레이어 이름을 더블 클릭한 후 편집 상태가 되면 "Library"를 입력하고, Enter 키를 누릅니다.

출제 유형 문제

▶ 예제 파일 : 없음　▶ 완성 파일 : 유형 분석 01₩유형 06_완성.gpdp

05 원본파일을 처리조건에 따라 결과파일로 완성하시오.

처리조건
- ▶ 다음과 같이 캔버스를 설정하시오.
  - 크기 ⇒ 너비(650 픽셀) × 높이(350 픽셀)
- ▶ '사진16.jpg' 이미지를 불러와 기존 캔버스에 복사한 후 다음과 같이 처리하시오.
  - 이미지 복사 ⇒ 크기 변형으로 캔버스 크기에 맞게 변형, 레이어 이름 – Beach

▶ 예제 파일 : 없음　▶ 완성 파일 : 유형 분석 01₩유형 07_완성.gpdp

06 원본파일을 처리조건에 따라 결과파일로 완성하시오.

처리조건
- ▶ 다음과 같이 캔버스를 설정하시오.
  - 크기 ⇒ 너비(650 픽셀) × 높이(350 픽셀)
- ▶ '사진19.jpg' 이미지를 불러와 기존 캔버스에 복사한 후 다음과 같이 처리하시오.
  - 이미지 복사 ⇒ 크기 변형으로 캔버스 크기에 맞게 변형, 레이어 이름 – Doll

유형분석 02 필터 효과와 이미지 제거/보정

핵심만 쏙쏙 필터 효과 설정 / 이미지 제거 / 이미지 색상 조정

전체 이미지에 주어진 필터 효과를 적용한 후 [마술봉 선택] 단추와 [올가미 선택] 단추를 이용하여 특정 부분의 이미지 제거 및 색상 보정(조정) 방법에 대하여 알아봅니다.

 핵심 짚어보기

▶ 예제 파일 : 유형 분석 02₩유형 01_문제.gpdp   ▶ 완성 파일 : 유형 분석 02₩유형 01_완성.gpdp

 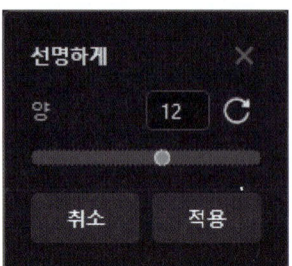

▲ [편집 도구 상자]-[필터]

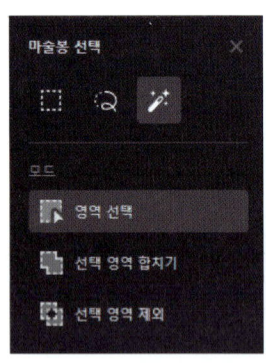 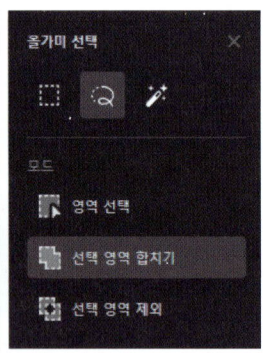 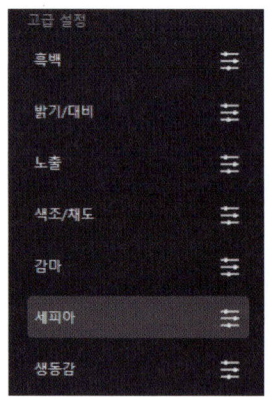

▲ [편집 도구 상자]-[도형 선택]-
　[올가미 선택] 단추/[마술봉 선택] 단추

▲ [편집 도구 상자]-[조정]-[세피아]

클래스 업

- 필터 효과는 [선명하게] 대화 상자에서 주어진 이미지 조정 양을 입력합니다.
- [올가미 선택] 단추를 이용하여 해당 부분의 이미지를 제거합니다.
- [마술봉 선택] 단추와 [올가미 선택] 단추를 이용하여 이미지에서 원하는 부분을 선택한 후 [세피아] 대화 상자에서 U 값과 V 값을 입력하여 빨간색 계열로 조정합니다.

유형잡기 01 　 필터 효과 설정하기

① 화면에서 [이미지 가져오기] 버튼을 클릭하고, [열기] 대화 상자에서 '유형 분석 02₩유형 01_문제.gpdp'를 불러오기 합니다. (해당 파일을 더블 클릭하여 실행할 수도 있음)

② 화면 오른쪽 [레이어] 창에서 'Germs' 레이어를 선택하고, 편집 도구 상자에서 필터()를 클릭한 후 표시되는 목록에서 [선명하게]를 선택합니다.

 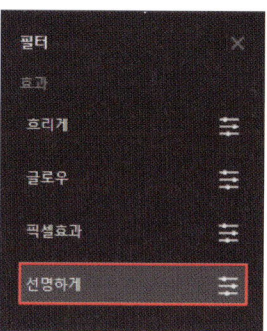

③ [선명하게] 대화 상자에서 양 입력란에 "12"를 입력하고, [적용] 버튼을 클릭합니다.

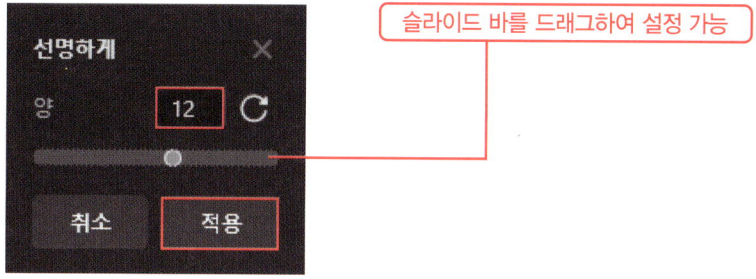

슬라이드 바를 드래그하여 설정 가능

Tip 필터 효과

- 흐리게 : 가우시안 블러 효과를 적용합니다(숫자를 입력하거나 스크롤을 드래그하여 값을 조절).
- 글로우 : 반경, 밝기, 대비 값을 조절하여 빛이 나는 듯한 효과를 적용합니다(각 숫자를 입력하거나 스크롤을 드래그하여 값을 조절).
- 픽셀효과 : 이미지의 픽셀 사이즈를 극대화하되 수치를 높일수록 모자이크와 같은 효과가 나타납니다(숫자를 입력하거나 스크롤을 드래그하여 값을 조절).
- 선명하게 : 이미지의 선명도를 조절합니다(숫자를 입력하거나 스크롤을 드래그하여 값을 조절).

유형잡기 02 　 이미지 제거하기

① 편집 도구 상자에서 도형 선택(도형선택)을 클릭한 후 대화 상자에서 올가미 선택( ) 단추를 클릭합니다.

❷ 모드에서 [영역 선택]을 선택한 후 마우스 포인터 모양이 변경되면 제거하려는 이미지의 주변 배경을 드래그하여 선택합니다.

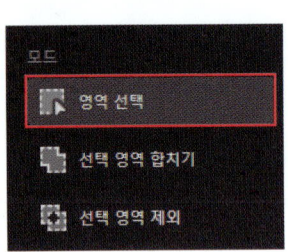

 **화면 확대/축소 및 화면 시점 이동**

- 세밀한 작업이 필요할 경우 Ctrl 을 누른 채 마우스 휠을 굴리면 현재의 화면을 확대하거나 축소할 수 있습니다.
- 화면이 확대된 상태에서 Spacebar 를 누른 채 드래그하면 화면의 시점을 변경할 수 있습니다.

❸ 선택 영역의 레이어를 생성하기 위하여 Ctrl + C 키와 Ctrl + V 키를 차례로 눌러 레이어를 생성합니다 (=[편집]-[새 레이어에 붙여넣기]).

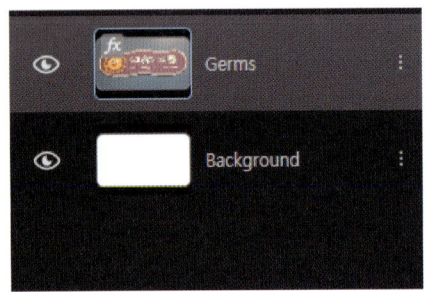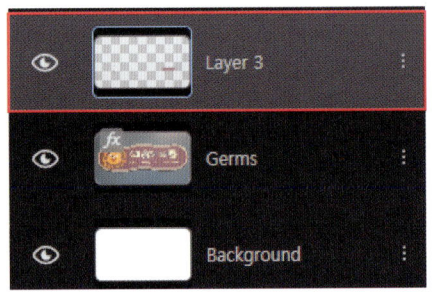

❹ 이미지에서 현재 선택된 영역을 드래그하여 제거하려는 이미지 위에 위치시킨 후 크기 조절 핸들을 이용하여 제거 부분을 정확히 가려줍니다.

 **레이어 생성**

이미지의 특정 부분을 제거할 때 레이어를 생성하지 않고 삭제하면 배경(Background) 색이 하얗게 나타나므로 반드시 선택한 영역의 레이어를 생성해야 합니다.

❺ 올가미 선택 도구 상자에서 [선택 취소]를 선택하여 이미지에서 선택된 영역을 해제합니다.

유형잡기 03 이미지 색상 조정하기

① 화면 오른쪽 [레이어] 창에서 'Germs' 레이어를 선택하고, 편집 도구 상자에서 도형 선택()을 클릭한 후 대화 상자에서 마술봉 선택( ) 단추를 클릭합니다.

② 모드에서 [영역 선택]을 선택한 후 마우스 포인터 모양이 변경되면 색상을 바꾸려는 이미지 부분을 클릭합니다. (색상 영역 오차 : 비율을 임의로 조절하여 선택할 수 있음)

Tip 선택 도구

- 도형 선택 : 사각형, 원형/타원형 툴로 원하는 영역을 선택합니다.
- 올가미 선택 : 자유 올가미 툴로 원하는 영역을 자유롭게 선택합니다.
- 마술봉 선택 : 색상 값 오차에 따라 동일하거나 비슷한 색상의 영역을 자동으로 선택합니다.

③ 눈, 코, 입 부분까지 선택하기 위하여 올가미 선택( ) 단추를 클릭한 후 모드에서 [선택 영역 합치기]를 선택합니다.

④ 마우스 포인터 모양이 변경되면 눈, 코, 입 부분이 포함되도록 마우스를 드래그하여 해당 부분이 선택 영역에 합쳐지도록 합니다.

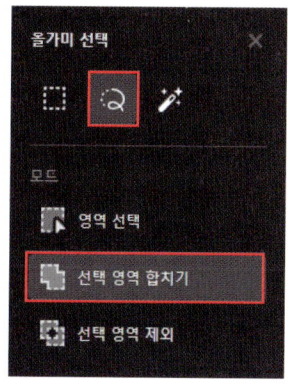 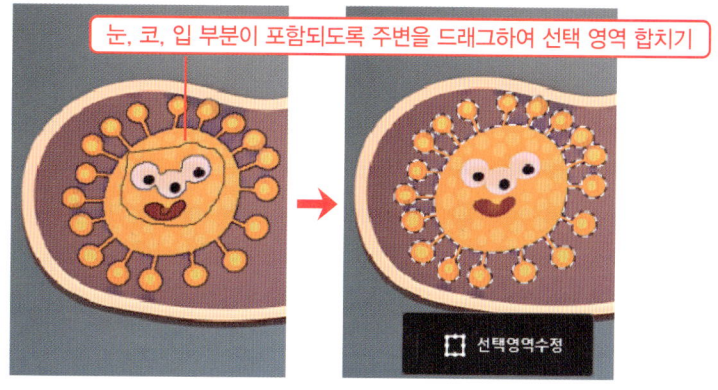

 **모드**

- 영역 선택 : 마우스를 드래그하여 영역을 선택하되 각 시행은 독립적으로 이루어져 영역을 선택한 후 다른 지점을 클릭 및 드래그할 경우 기존 영역은 자동으로 해제됩니다.
- 선택 영역 합치기 : 기존에 선택했던 영역에 현재 선택한 영역을 추가하여 합칠 수 있습니다.
- 선택 영역 제외 : 기존에 선택했던 영역에서 현재 선택한 영역을 제외할 수 있습니다.

⑤ 편집 도구 상자에서 조정(조정)을 클릭한 후 대화 상자에서 [세피아]를 선택합니다.

⑥ [세피아] 대화 상자에서 U 값에는 "80", V 값에는 "255"를 각각 입력하여 빨간색 계열로 조정한 후 [적용] 버튼을 클릭합니다.

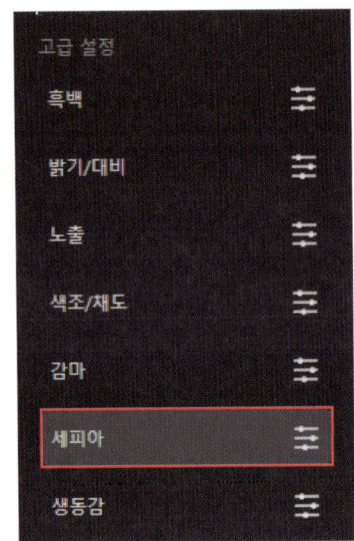
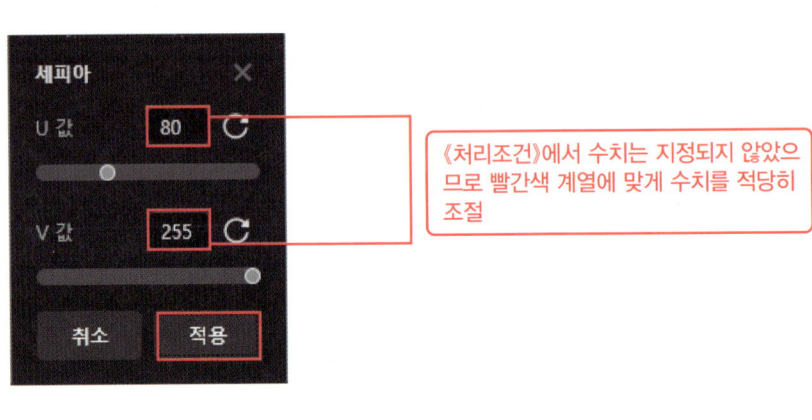

《처리조건》에서 수치는 지정되지 않았으므로 빨간색 계열에 맞게 수치를 적당히 조절

⑦ 올가미 선택 도구 상자에서 [선택 취소]를 선택하여 이미지에서 선택된 영역을 해제합니다.

⑧ [파일]-[다른 이름으로 저장]을 선택한 후 [다른 이름으로 저장] 대화 상자에서 저장 위치(유형 분석 02)와 파일 이름(유형 01_완성)을 확인하고, [저장] 버튼을 클릭합니다.

출제 유형 문제

▶ 예제 파일 : 유형 분석 02₩유형 02_문제.gpdp   ▶ 완성 파일 : 유형 분석 02₩유형 02_완성.gpdp

01 원본파일을 처리조건에 따라 결과파일로 완성하시오.

처리조건
- ▶ 필터 효과 ⇒ 선명하게를 이용하여 이미지 조정 (양 : 13)
- ▶ ① ⇒ 올가미 선택을 이용하여 이미지 제거
- ▶ ② ⇒ 세피아를 이용하여 초록색 계열로 조정

[Hint]
- 편집 도구 상자에서 [필터]를 클릭한 후 표시되는 목록에서 [선명하게]를 선택합니다.
- [선명하게] 대화 상자에서 양 입력란에 "13"을 입력하고, [적용] 버튼을 클릭합니다.

▶ 예제 파일 : 유형 분석 02₩유형 03_문제.gpdp   ▶ 완성 파일 : 유형 분석 02₩유형 03_완성.gpdp

02 원본파일을 처리조건에 따라 결과파일로 완성하시오.

처리조건
- ▶ 필터 효과 ⇒ 선명하게를 이용하여 이미지 조정 (양 : 14)
- ▶ ① ⇒ 올가미 선택을 이용하여 이미지 제거
- ▶ ② ⇒ 세피아를 이용하여 주황색 계열로 조정

출제 유형 문제

▶ 예제 파일 : 유형 분석 02₩유형 04_문제.gpdp   ▶ 완성 파일 : 유형 분석 02₩유형 04_완성.gpdp

03 원본파일을 처리조건에 따라 결과파일로 완성하시오.

처리조건
- ▶ 필터 효과 ⇒ 선명하게를 이용하여 이미지 조정 (양 : 15)
- ▶ ① ⇒ 올가미 선택을 이용하여 이미지 제거
- ▶ ② ⇒ 세피아를 이용하여 노란색 계열로 조정

▶ 예제 파일 : 유형 분석 02₩유형 05_문제.gpdp   ▶ 완성 파일 : 유형 분석 02₩유형 05_완성.gpdp

04 원본파일을 처리조건에 따라 결과파일로 완성하시오.

처리조건
- ▶ 필터 효과 ⇒ 픽셀효과를 이용하여 이미지 조정 (셀 크기 : 3)
- ▶ ① ⇒ 올가미 선택을 이용하여 이미지 제거
- ▶ ② ⇒ 세피아를 이용하여 연두색 계열로 조정

[Hint]
- 편집 도구 상자에서 [조정]을 클릭한 후 대화 상자에서 [세피아]를 선택합니다.
- [세피아] 대화 상자에서 U 값과 V 값을 적당히 조절하여 연두색 계열로 맞춥니다.

출제 유형 문제

▶ 예제 파일 : 유형 분석 02₩유형 06_문제.gpdp   ▶ 완성 파일 : 유형 분석 02₩유형 06_완성.gpdp

05 원본파일을 처리조건에 따라 결과파일로 완성하시오.

처리조건
- ▶ 필터 효과 ⇒ 선명하게를 이용하여 이미지 조정 (양 : 13)
- ▶ ① ⇒ 올가미 선택을 이용하여 이미지 제거
- ▶ ② ⇒ 세피아를 이용하여 보라색 계열로 조정

[Hint]
- [도형 선택]-[마술봉 선택] 단추를 클릭한 후 모드에서 [영역 선택]을 선택하고, 색상을 바꾸려는 이미지 부분을 클릭합니다.
- 나머지 글자들도 선택하기 위하여 모드에서 [선택 영역 합치기]를 선택하고, 글자를 추가적으로 클릭합니다.

▶ 예제 파일 : 유형 분석 02₩유형 07_문제.gpdp   ▶ 완성 파일 : 유형 분석 02₩유형 07_완성.gpdp

06 원본파일을 처리조건에 따라 결과파일로 완성하시오.

처리조건
- ▶ 필터 효과 ⇒ 글로우를 이용하여 이미지 조정 (대비 : 50)
- ▶ ① ⇒ 올가미 선택을 이용하여 이미지 제거
- ▶ ② ⇒ 세피아를 이용하여 노란색 계열로 조정

유형분석 03 — 이미지 조정과 복제 도장

핵심만 쏙쏙 이미지 밝기 조정 / 이미지 일부 복사 및 제거 / 이미지 색조와 채도 조정

전체 이미지에 밝기를 지정한 후 [올가미 선택] 단추를 이용하여 이미지의 일부 영역을 복사하거나 색조/채도를 조정하고, [복제 도장]을 이용하여 이미지의 일부 영역을 제거하는 방법에 대하여 알아봅니다.

핵심 짚어보기

▶ 예제 파일 : 유형 분석 03₩유형 01_문제.gpdp   ▶ 완성 파일 : 유형 분석 03₩유형 01_완성.gpdp

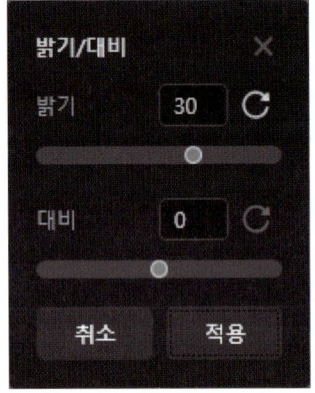

▲ [편집 도구 상자]-[조정]-[밝기/대비]

▲ 올가미 선택 영역의 레이어 생성

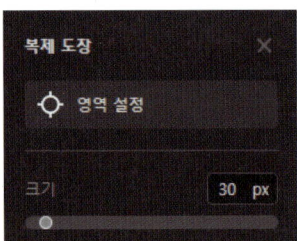

▲ [편집 도구 상자]-[복제 도장]

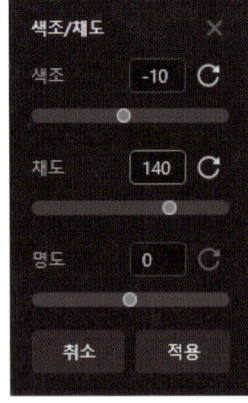

▲ [편집 도구 상자]-[조정]-[색조/채도]

클래스 업

- [밝기/대비] 대화 상자에서 이미지의 밝기를 조정합니다.
- [올가미 선택] 단추를 이용하여 이미지의 일부를 원하는 곳에 복사합니다.
- 복제 도장의 영역 크기를 설정하여 이미지의 일부를 제거합니다.
- [색조/채도] 대화 상자에서 색조와 채도 값을 각각 입력하여 주어진 색상 계열로 조정합니다.

유형잡기 01 이미지 밝기 조정하기

① 화면에서 [이미지 가져오기] 버튼을 클릭하고, [열기] 대화 상자에서 '유형 분석 03₩유형 01_문제.gpdp'를 불러오기 합니다. (해당 파일을 더블 클릭하여 실행할 수도 있음)

② 화면 오른쪽 [레이어] 창에서 'Germs' 레이어를 선택하고, 편집 도구 상자에서 조정()을 클릭한 후 대화 상자에서 [밝기/대비]를 선택합니다.

 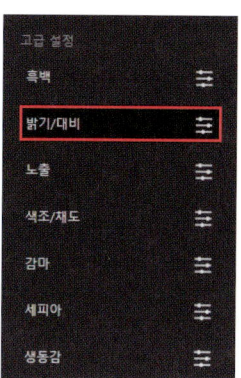

③ [밝기/대비] 대화 상자에서 밝기 입력란에 "30"을 입력하고, [적용] 버튼을 클릭합니다.

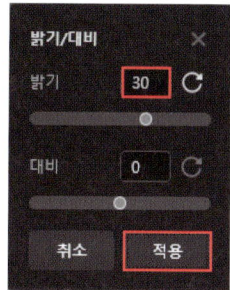

Tip 밝기 조정 시 감마 이용

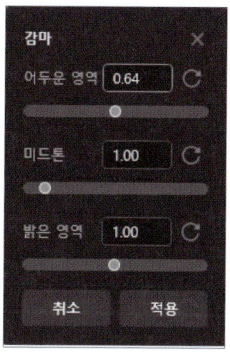

- 편집 도구 상자에서 조정()을 클릭한 후 대화 상자에서 [감마]를 선택합니다.
- [감마] 대화 상자에서 어두운 영역/미드톤/밝은 영역의 입력란에 문제에서 주어진 수치값을 입력하고, [적용] 버튼을 클릭합니다.

유형잡기 02 이미지 일부 복사하기

① 편집 도구 상자에서 도형 선택(도형 선택)을 클릭한 후 대화 상자에서 올가미 선택( ) 단추를 클릭합니다.

② 모드에서 [영역 선택]을 선택한 후 마우스 포인터 모양이 변경되면 복사하려는 이미지 부분을 마우스로 드래그하여 선택합니다. 이때, Ctrl 을 누른 상태에서 마우스 휠을 굴려 화면을 확대시킨 후 작업하면 편리합니다.

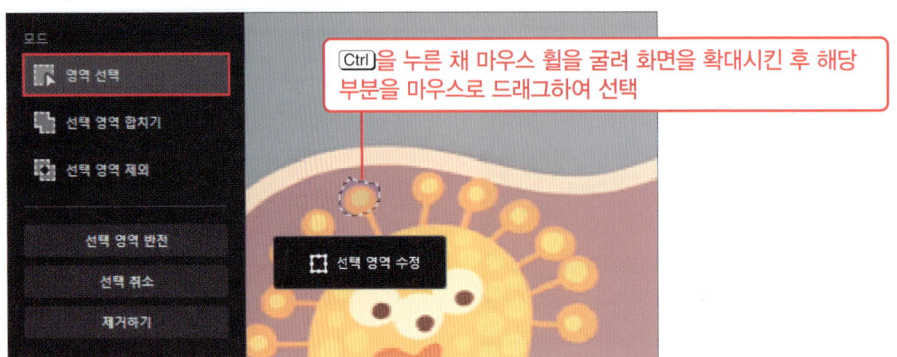

③ 선택 영역의 레이어를 생성하기 위하여 Ctrl + C 키와 Ctrl + V 키를 차례로 눌러 레이어를 생성합니다.

④ 선택 영역을 마우스로 드래그하여 주어진 위치로 복사합니다.

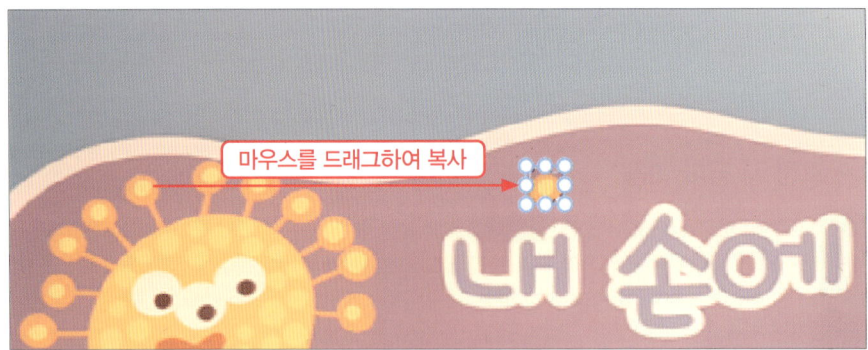

⑤ 올가미 선택 도구 상자에서 [선택 취소]를 선택하여 이미지에서 선택된 영역을 해제합니다.

 **Tip** 화면에 맞추기

확대한 화면을 원위치하려면 Ctrl +마우스 휠로 조정해도 되지만 캔버스 오른쪽 상단에서 화면에 맞추기( ) 단추를 클릭하면 기본 화면 크기로 변경됩니다.

유형잡기 03 복제 도장으로 이미지 일부 제거하기

① 화면 오른쪽 [레이어] 창에서 'Germs' 레이어를 선택하고, 편집 도구 상자에서 복제 도장()을 클릭한 후 대화 상자에서 크기를 '30px' 정도로 맞춥니다.

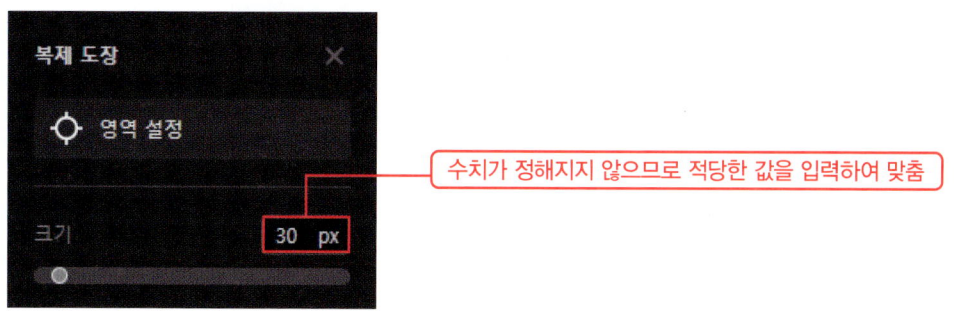

수치가 정해지지 않으므로 적당한 값을 입력하여 맞춤

Tip 실행 취소

이미지 제거 작업이 원활하지 않은 경우 Ctrl+Z 키를 누르면 현재 작업이 취소됩니다.

② 마우스 포인터가 변경되면 Alt 키를 누른 상태에서 빈 영역을 클릭한 후 제거할 부분을 여러 번 클릭하여 지워줍니다. 이때, 제거할 영역이 넓으면 다시 Alt 키를 누른 상태에서 빈 영역을 클릭하고, 동일한 작업을 반복합니다.

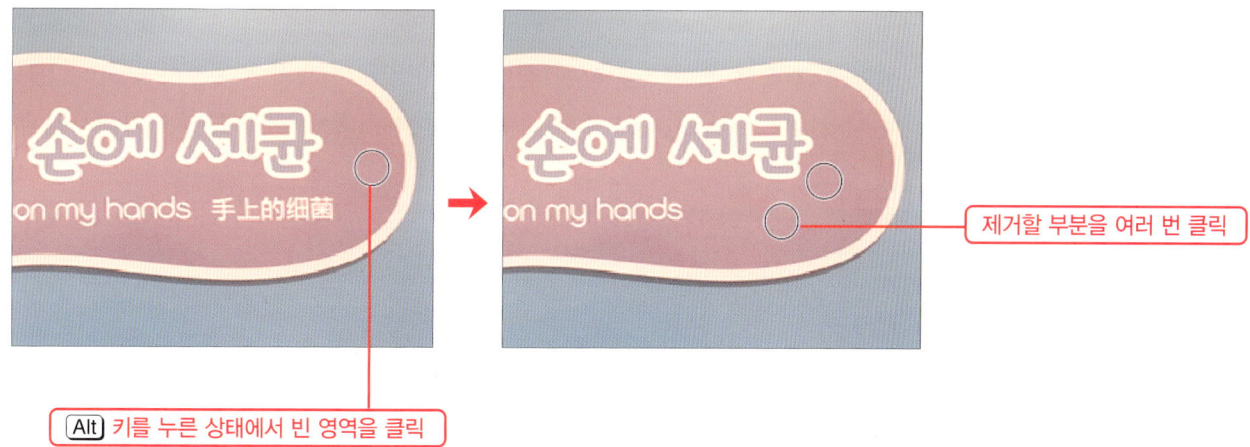

Alt 키를 누른 상태에서 빈 영역을 클릭

제거할 부분을 여러 번 클릭

Tip 복제 도장으로 복사하기

① 원본 레이어 상태에서 복제 도장의 크기를 '25px' 정도로 지정한 후 복사하려는 부분을 Alt 키를 누른 상태에서 클릭합니다.
② 복사를 원하는 부분에서 마우스를 클릭하면 해당 부분의 이미지가 복사됩니다.

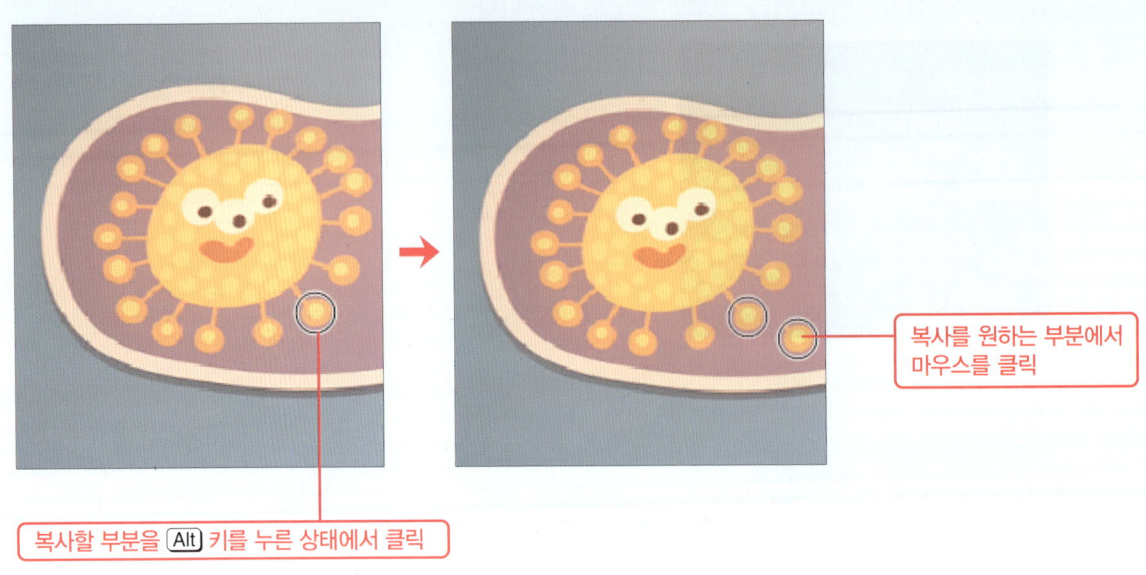

유형잡기 04 일부 이미지의 색조/채도 조절하기

① 편집 도구 상자에서 도형 선택(도형 선택)을 클릭한 후 대화 상자에서 올가미 선택( ) 단추를 클릭합니다.

② 모드에서 [영역 선택]을 선택한 후 마우스 포인터 모양이 변경되면 색상을 바꾸려는 이미지 부분을 마우스로 드래그하여 선택합니다. 이때, Ctrl 을 누른 상태에서 마우스 휠을 굴려 화면을 확대시킨 후 작업하면 편리합니다.

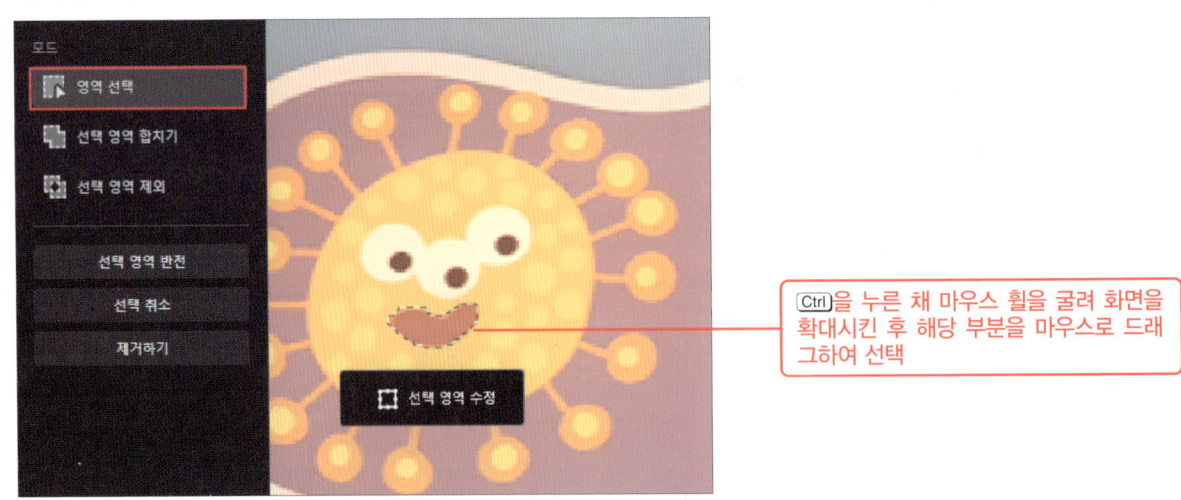

③ 편집 도구 상자에서 조정(조정)을 클릭한 후 대화 상자에서 [색조/채도]를 선택합니다.

④ [색조/채도] 대화 상자에서 색조에는 "-10", 채도에는 "140"을 각각 입력하여 빨간색 계열로 조정한 후 [적용] 버튼을 클릭합니다.

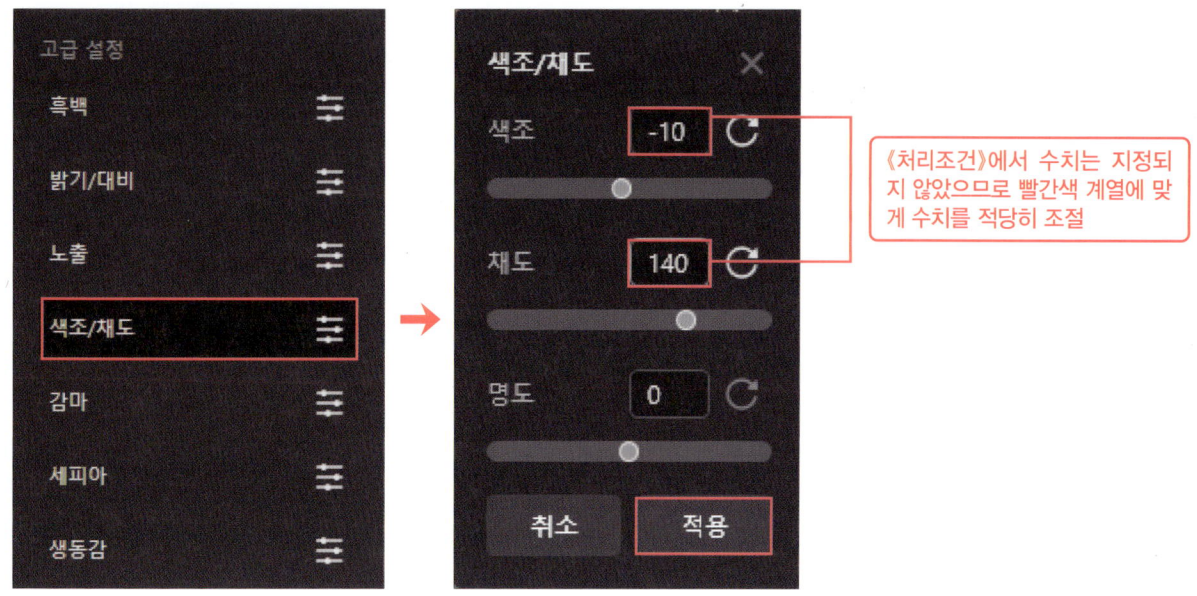

 **Tip**   색조/채도

- 색조 : 흑과 백을 제외한 면적의 색상 값을 조절할 수 있습니다.
- 채도 : 이미지의 각 색상 값을 극대화할 수 있는데 수치가 높아질수록 기본 색상이 강조되고, 낮아질수록 흑백에 가까워 집니다.
- 명도 : 이미지를 희뿌옇거나 어둡게 만들 수 있는데 수치가 높아질수록 백색 이미지에 가까워지고, 낮아질수록 흑색 이미지에 가까워 집니다.

⑤ 올가미 선택 도구 상자에서 [선택 취소]를 선택하여 이미지에서 선택된 영역을 해제합니다.

⑥ [파일]-[다른 이름으로 저장]을 선택한 후 [다른 이름으로 저장] 대화 상자에서 저장 위치(유형 분석 03)와 파일 이름(유형 01_완성)을 확인하고, [저장] 버튼을 클릭합니다.

출제 유형 문제

▶ 예제 파일 : 유형 분석 03₩유형 02_문제.gpdp   ▶ 완성 파일 : 유형 분석 03₩유형 02_완성.gpdp

01 원본파일을 처리조건에 따라 결과파일로 완성하시오.

처리조건
- ▶ 밝기 조정 ⇒ 밝기/대비를 이용하여 이미지 조정 (밝기 : 30)
- ▶ ① ⇒ 올가미 선택을 이용하여 이미지 복사
- ▶ ② ⇒ 색조/채도를 이용하여 초록색 계열로 조정

[Hint]
- 편집 도구 상자에서 [조정]을 클릭한 후 대화 상자에서 [밝기/대비]를 선택합니다.
- [밝기/대비] 대화 상자에서 밝기 입력란에 "30"을 입력하고, [적용] 버튼을 클릭합니다.

▶ 예제 파일 : 유형 분석 03₩유형 03_문제.gpdp   ▶ 완성 파일 : 유형 분석 03₩유형 03_완성.gpdp

02 원본파일을 처리조건에 따라 결과파일로 완성하시오.

처리조건
- ▶ 밝기 조정 ⇒ 밝기/대비를 이용하여 이미지 조정 (밝기 : 25)
- ▶ ① ⇒ 올가미 선택을 이용하여 이미지 복사
- ▶ ② ⇒ 색조/채도를 이용하여 보라색 계열로 조정

출제 유형 문제

▶ 예제 파일 : 유형 분석 03₩유형 04_문제.gpdp   ▶ 완성 파일 : 유형 분석 03₩유형 04_완성.gpdp

03 원본파일을 처리조건에 따라 결과파일로 완성하시오.

처리조건
- ▶ 밝기 조정 ⇒ 밝기/대비를 이용하여 이미지 조정 (밝기 : 20)
- ▶ ① ⇒ 올가미 선택을 이용하여 이미지 복사
- ▶ ② ⇒ 색조/채도를 이용하여 파란색 계열로 조정

▶ 예제 파일 : 유형 분석 03₩유형 05_문제.gpdp   ▶ 완성 파일 : 유형 분석 03₩유형 05_완성.gpdp

04 원본파일을 처리조건에 따라 결과파일로 완성하시오.

처리조건
- ▶ 밝기 조정 ⇒ 감마를 이용하여 이미지 조정 (어두운 영역 : 0.63)
- ▶ ① ⇒ 복제 도장을 이용하여 이미지 제거
- ▶ ② ⇒ 색조/채도를 이용하여 연두색 계열로 조정

[Hint]
- 편집 도구 상자에서 [조정]을 클릭한 후 대화 상자에서 [감마]를 선택합니다.
- [감마] 대화 상자에서 어두운 영역의 입력란에 "0.63"을 입력하고, [적용] 버튼을 클릭합니다.

출제 유형 문제

▶ 예제 파일 : 유형 분석 03₩유형 06_문제.gpdp   ▶ 완성 파일 : 유형 분석 03₩유형 06_완성.gpdp

05 원본파일을 처리조건에 따라 결과파일로 완성하시오.

처리조건
- ▶ 밝기 조정 ⇒ 감마를 이용하여 이미지 조정 (밝은 영역 : 1.15)
- ▶ ① ⇒ 복제 도장을 이용하여 이미지 제거
- ▶ ② ⇒ 색조/채도를 이용하여 빨간색 계열로 조정

≪원본파일≫   ≪결과파일≫

▶ 예제 파일 : 유형 분석 03₩유형 07_문제.gpdp   ▶ 완성 파일 : 유형 분석 03₩유형 07_완성.gpdp

06 원본파일을 처리조건에 따라 결과파일로 완성하시오.

처리조건
- ▶ 밝기 조정 ⇒ 감마를 이용하여 이미지 조정 (미드톤 : 1.35)
- ▶ ① ⇒ 복제 도장을 이용하여 이미지 복사
- ▶ ② ⇒ 색조/채도를 이용하여 주황색 계열로 조정

≪원본파일≫   ≪결과파일≫

[Hint]
- 원본 레이어 상태에서 복제 도장의 크기를 '30px' 정도로 지정한 후 복사하려는 부분을 Alt 키를 누른 상태에서 클릭합니다.
- 복사를 원하는 부분에서 마우스를 클릭하면 해당 부분의 이미지가 복사됩니다.

유형분석 **04**

도형 추가와 편집

핵심만 쏙쏙 도형 추가와 색상 지정 / 도형 크기 지정 / 도형의 혼합모드 지정

도형 도구를 이용하여 주어진 도형을 이미지의 해당 위치에 삽입한 후 도형 크기, 채우기 색상, 혼합모드를 각각 지정하는 방법에 대하여 알아봅니다.

 핵심 짚어보기

▶ 예제 파일 : 유형 분석 04₩유형 01_문제.gpdp   ▶ 완성 파일 : 유형 분석 04₩유형 01_완성.gpdp

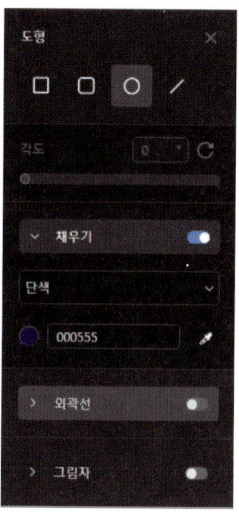

▲ [편집 도구 상자]–[도형]–[원형/타원형]

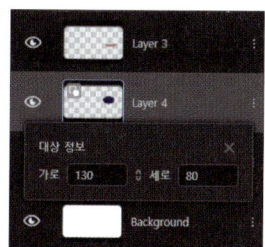

▲ [도형 레이어]–[대상 정보]

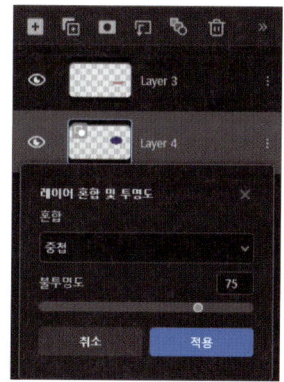

▲ [레이어 영역 상단]–[혼합모드]

클래스 업

- 주어진 도형의 색상을 지정하고, 이미지의 해당 위치에 도형을 삽입합니다.
- 도형 레이어의 [대상 정보]를 이용하여 가로와 세로 크기를 각각 입력합니다.
- 도형 레이어의 [혼합모드]를 이용하여 혼합과 불투명도를 각각 지정합니다.

유형잡기 01 — 도형 추가와 색상 채우기

① 화면에서 [이미지 가져오기] 버튼을 클릭하고, [열기] 대화 상자에서 '유형 분석 04₩유형 01_문제.gpdp'를 불러오기 합니다. (해당 파일을 더블 클릭하여 실행할 수도 있음)

② 화면 오른쪽 [레이어] 창에서 'Germs' 레이어를 선택하고, 편집 도구 상자에서 도형(도형)을 클릭한 후 대화 상자에서 원형/타원형(O) 단추를 클릭합니다.

③ 옵션에서 [채우기]-[단색]을 선택한 후 색상 입력란에 주어진 색상값(000555)을 입력하고, Enter 키를 누릅니다. 이때, 외곽선과 그림자가 활성화되어 있다면 반드시 해제합니다.

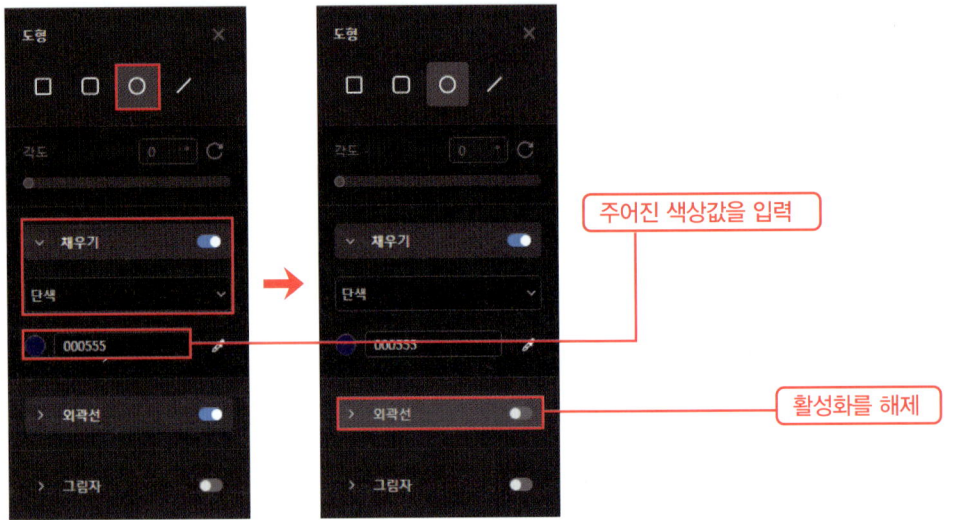

④ 마우스 포인터가 변경되면 이미지 위의 해당 위치에 마우스를 드래그하여 도형을 삽입합니다.

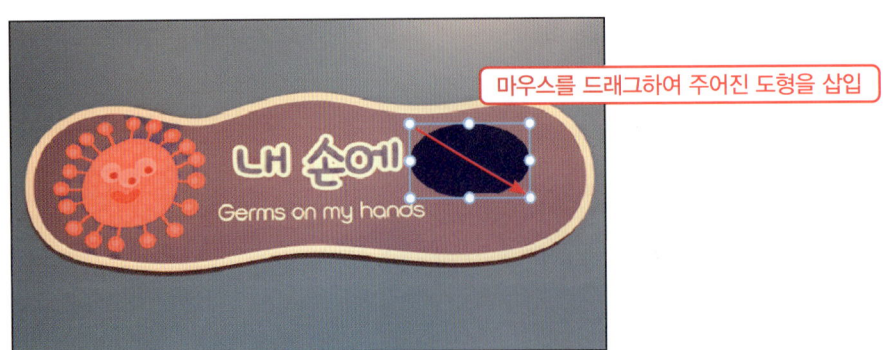

 **Tip 도형**

- 도형 모양 : 사각형, 모서리가 둥근 사각형, 원형/타원형, 선 중 원하는 모양의 도형을 선택할 수 있습니다.
- 채우기 : 단색은 도형의 내부 색상을 단색으로 설정하고, 그라데이션은 모양/각도/처음 색상/끝 색상을 설정하여 도형의 내부 색상을 그라데이션으로 설정할 수 있습니다.
- 외곽선 : 도형의 외곽선 두께 및 색상을 설정할 수 있습니다.
- 그림자 : 두께, 거리, 분산도(흩어짐), 각도, 색상을 설정하여 도형의 그림자를 추가할 수 있습니다.

유형잡기 02 도형 크기 지정하기

① 도형을 추가하면 새롭게 생성된 도형 레이어를 확인할 수 있습니다.

② 도형 레이어에서 대상 정보()를 클릭한 후 주어진 가로(130)와 세로(80) 크기를 각각 입력하고, Enter 키를 누릅니다.

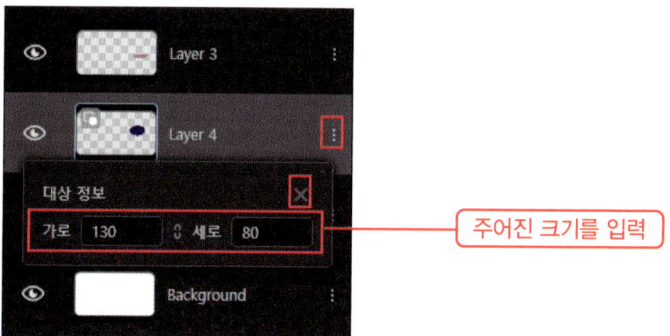

Tip 가로와 세로 비율

가로와 세로 크기가 각각 입력되지 않을 경우는 비율 고정을 해제한 상태에서 크기 값을 입력합니다.

[비율 고정 상태]

[비율 해제 상태]

③ 편집 도구 상자에서 직접 선택()을 클릭한 후 마우스 포인터가 변경되면 도형의 위치를 정확하게 맞춥니다.

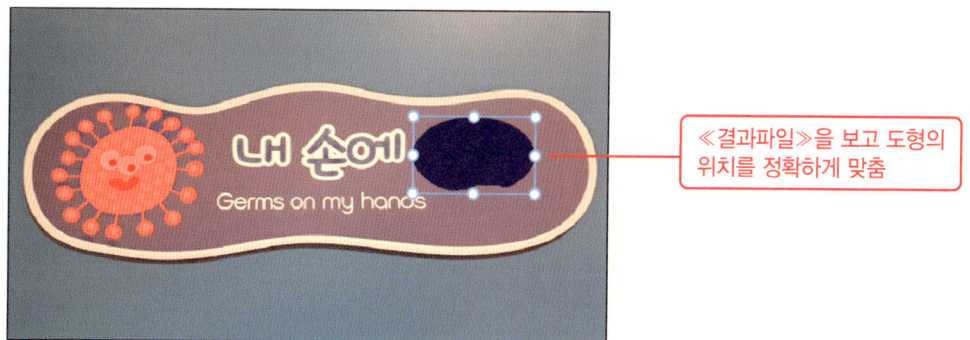

≪결과파일≫을 보고 도형의 위치를 정확하게 맞춤

Tip 직접 선택

곰픽의 기본 선택 툴로 작업 영역의 이미지나 텍스트 등 객체를 선택하고 위치 변경, 크기 변경, 회전, 반전을 할 수 있습니다.

| 유형잡기 03 | 도형에 혼합모드 지정하기 |

① 도형 레이어가 선택된 상태에서 레이어 영역 상단에 있는 혼합모드() 단추를 클릭합니다.

② [레이어 혼합 및 투명도] 대화 상자에서 혼합을 '중첩'으로 변경한 후 불투명도를 '75'로 지정하고, [적용] 버튼을 클릭합니다.

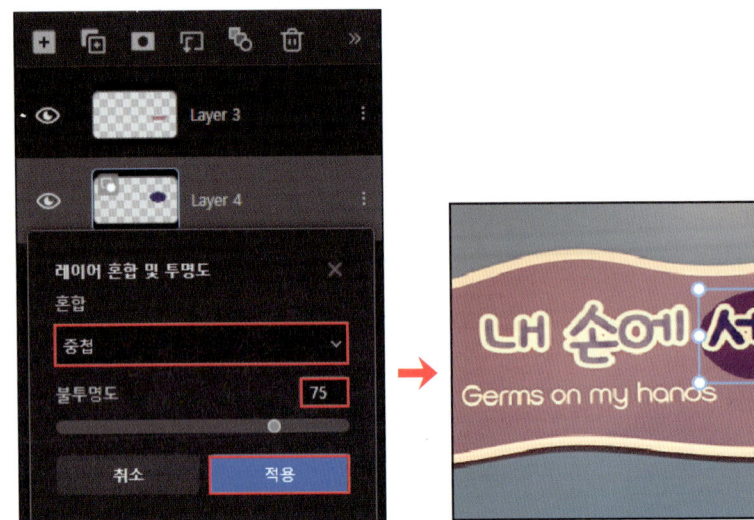

 레이어 영역 상단 단추

① ② ③ ④ ⑤ ⑥

- ① 새 레이어 추가 : 선택된 레이어 위에 새로운 레이어를 추가합니다.
- ② 레이어 복제 : 선택된 레이어를 복제합니다.
- ③ 레이어 마스크 추가 : 투명도 효과를 설정할 수 있는 레이어를 추가하여 설정한 이미지와 아래 이미지를 자연스럽게 합성합니다.
- ④ 클리핑 마스크 : 2개의 이미지를 이용해 아래의 이미지 모양에 맞게 위의 이미지가 들어가게 만들어 줍니다.
- ⑤ 혼합모드 : 다양한 효과를 이용하여 원본 손상 없이 레이어 간의 합성을 합니다.
- ⑥ 레이어 삭제 : 선택된 레이어를 삭제합니다.

③ [파일]-[다른 이름으로 저장]을 선택한 후 [다른 이름으로 저장] 대화 상자에서 저장 위치(유형 분석 04)와 파일 이름(유형 01_완성)을 확인하고, [저장] 버튼을 클릭합니다.

출제 유형 문제

▶ 예제 파일 : 유형 분석 04₩유형 02_문제.gpdp   ▶ 완성 파일 : 유형 분석 04₩유형 02_완성.gpdp

01 원본파일을 처리조건에 따라 결과파일로 완성하시오.

처리조건
- ▶ 도형 도구를 이용하여 다음과 같이 처리하시오.
  - ③ ⇒ 원형/타원형(크기 : 80 × 80), 채우기(색상 : 999999), 혼합모드(색 회피율, 불투명도 : 80)
- ▶ 지시사항이 없는 경우는 기본 값을 적용하시오.

[Hint]
- 편집 도구 상자에서 [도형]을 클릭한 후 대화 상자에서 [원형/타원형] 단추를 클릭합니다.
- 옵션에서 [채우기]-[단색]을 선택한 후 색상 입력란에 주어진 색상값(999999)을 입력합니다. 이때, 외곽선과 그림자가 활성화되어 있다면 반드시 해제합니다.

▶ 예제 파일 : 유형 분석 04₩유형 03_문제.gpdp   ▶ 완성 파일 : 유형 분석 04₩유형 03_완성.gpdp

02 원본파일을 처리조건에 따라 결과파일로 완성하시오.

처리조건
- ▶ 도형 도구를 이용하여 다음과 같이 처리하시오.
  - ③ ⇒ 모서리가 둥근 사각형(크기 : 100 × 70), 채우기(색상 : AE77CA), 혼합모드(반사, 불투명도 : 50)
- ▶ 지시사항이 없는 경우는 기본 값을 적용하시오.

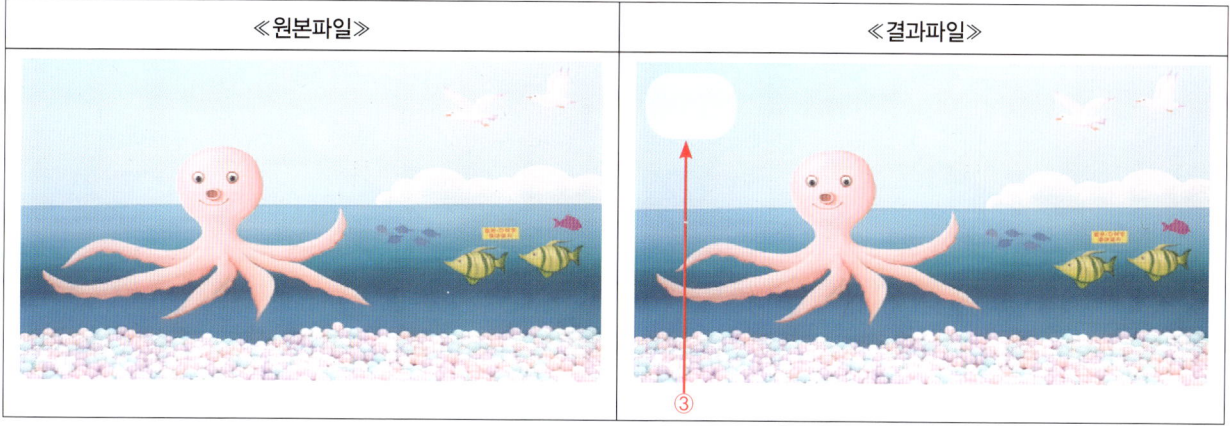

출제 유형 문제

▶ 예제 파일 : 유형 분석 04₩유형 04_문제.gpdp   ▶ 완성 파일 : 유형 분석 04₩유형 04_완성.gpdp

03 원본파일을 처리조건에 따라 결과파일로 완성하시오.

처리조건
▶ 도형 도구를 이용하여 다음과 같이 처리하시오.
  • ③ ⇒ 사각형(크기 : 650 × 40), 채우기(색상 : FF3030), 혼합모드(추가, 불투명도 : 65)
▶ 지시사항이 없는 경우는 기본 값을 적용하시오.

[Hint]
- 도형 레이어가 선택된 상태에서 레이어 영역 상단에 있는 [혼합모드] 단추를 클릭합니다.
- [레이어 혼합 및 투명도] 대화 상자에서 혼합을 '추가'로 변경한 후 불투명도를 '65'로 지정하고, [적용] 버튼을 클릭합니다.

▶ 예제 파일 : 유형 분석 04₩유형 05_문제.gpdp   ▶ 완성 파일 : 유형 분석 04₩유형 05_완성.gpdp

04 원본파일을 처리조건에 따라 결과파일로 완성하시오.

처리조건
▶ 도형 도구를 이용하여 다음과 같이 처리하시오.
  • ③ ⇒ 원형/타원형(크기 : 80 × 120), 채우기(색상 : ACDE93), 혼합모드(색 굽기, 불투명도 : 80)
▶ 지시사항이 없는 경우는 기본 값을 적용하시오.

출제 유형 문제

▶ 예제 파일 : 유형 분석 04₩유형 06_문제.gpdp ▶ 완성 파일 : 유형 분석 04₩유형 06_완성.gpdp

05 원본파일을 처리조건에 따라 결과파일로 완성하시오.

처리조건
▶ 도형 도구를 이용하여 다음과 같이 처리하시오.
  • ③ ⇒ 사각형(크기 : 650 × 50), 채우기(색상 : 85DBCE), 혼합모드(글로우, 불투명도 : 55)
▶ 지시사항이 없는 경우는 기본 값을 적용하시오.

▶ 예제 파일 : 유형 분석 04₩유형 07_문제.gpdp ▶ 완성 파일 : 유형 분석 04₩유형 07_완성.gpdp

06 원본파일을 처리조건에 따라 결과파일로 완성하시오.

처리조건
▶ 도형 도구를 이용하여 다음과 같이 처리하시오.
  • ③ ⇒ 모서리가 둥근 사각형(크기 : 90 × 70), 채우기(색상 : D6ECE9), 혼합모드(음수, 불투명도 : 30)
▶ 지시사항이 없는 경우는 기본 값을 적용하시오.

[Hint]
[레이어 혼합 및 투명도] 대화 상자에서 혼합을 '음수'로 변경한 후 불투명도를 '30'으로 지정하고, [적용] 버튼을 클릭합니다.

유형분석 05

캔버스 배경과 레이어 마스크

핵심만 쏙쏙 캔버스 크기와 배경 색상 / 이미지 복사하기 / 레이어 마스크 설정

이미지 작업을 위해 ≪처리조건≫에 맞게 캔버스 크기와 배경 색상을 지정한 후 주어진 이미지를 불러와서 레이어 마스크를 설정하는 방법에 대하여 알아봅니다.

 핵심 짚어보기

▶ 예제 파일 : 없음 ▶ 완성 파일 : 유형 분석 05₩유형 01_완성.gpdp

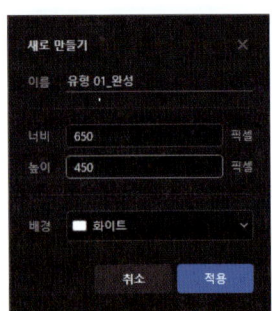
▲ 프로그램을 실행한 후 [새로 만들기] 버튼

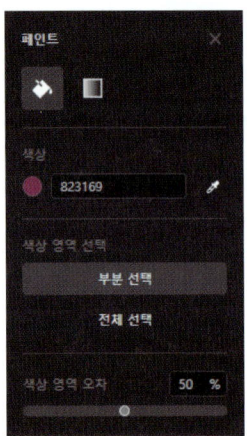
▲ [편집 도구 상자]–[페인트]–[페인트] 단추

▲ [레이어 영역 상단]–[레이어 마스크 추가] 단추

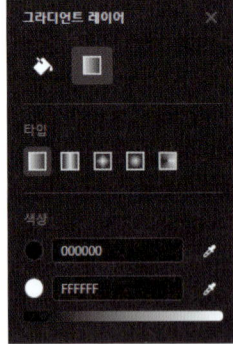
▲ [편집 도구 상자]–[페인트]–[그라디언트 레이어] 단추

클래스 업

- 캔버스 크기를 지정한 후 [페인트] 대화 상자에서 주어진 배경 색상값을 입력합니다.
- [열기] 대화 상자에서 이미지 파일을 불러오기하여 캔버스에 복사합니다.
- [그라디언트 레이어] 대화 상자에서 타입과 색상을 지정하고, 레이어 마스크를 설정합니다.

유형잡기 01 캔버스 크기와 배경 색상 지정하기

① 곰픽 for DIAT 프로그램을 실행한 후 프로젝트 생성 안내 화면에서 [새로 만들기] 버튼을 클릭 합니다.

② [새로 만들기] 대화 상자에서 이름에 "유형 01_완성"을 입력한 후 너비는 "650", 높이는 "450"을 각각 입력하고, [적용] 버튼을 클릭합니다.

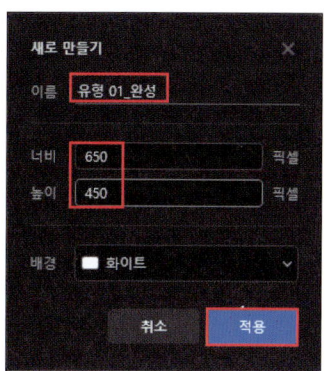
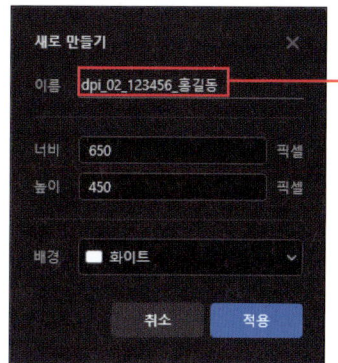

실제 시험장에서는 이름 입력란에 "dpi_02_수검번호(6자리)_성명"을 입력

③ 편집 도구 상자에서 페인트(페인트)를 클릭한 후 대화 상자에서 페인트( ) 단추를 클릭합니다.

④ 색상 입력란에 주어진 색상값(823169)을 입력하고, Enter 키를 누릅니다.

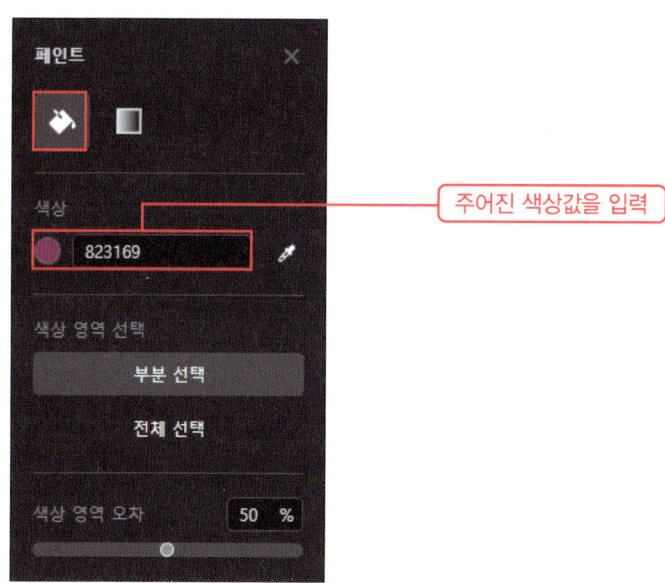

주어진 색상값을 입력

 **페인트 옵션**
- 부분 선택 : 선택한 색상값과 직접적으로 이어져 있는 영역만을 인식합니다.
- 전체 선택 : 선택한 색상값에 해당하는 이미지 내의 모든 영역을 인식합니다.
- 색상 영역 오차 : 페인트 툴의 색상 자동 인식 범위를 조절합니다(숫자를 입력하거나 스크롤을 드래그하여 수치 조정).

⑤ 마우스 포인터가 변경되면 캔버스 위를 클릭하여 배경 색상을 적용합니다.

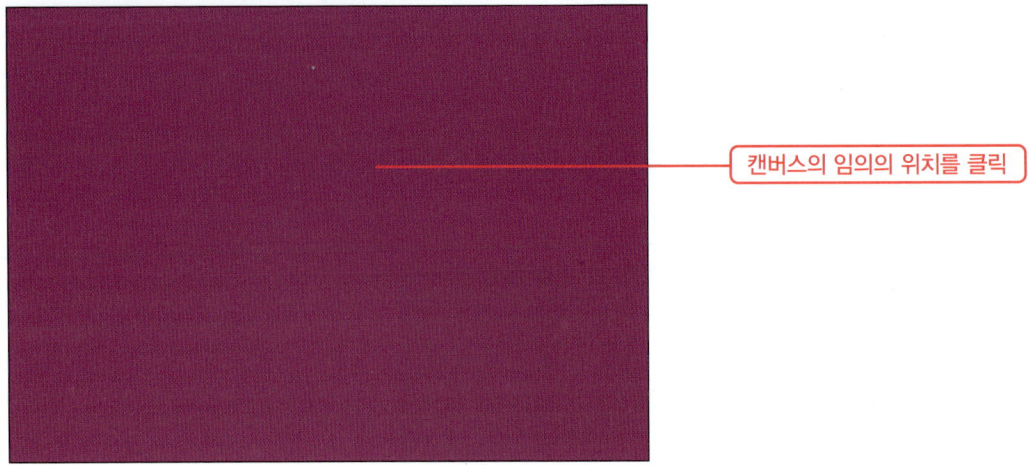

캔버스의 임의의 위치를 클릭

유형잡기 02 캔버스에 이미지 복사하기

① 이미지 파일을 불러오기 위하여 [파일]-[열기]를 선택합니다.

② [열기] 대화 상자에서 찾는 위치(01.유형사로잡기₩유형 분석 05₩문제파일)와 파일 이름(사진2.jpg)을 선택하고, [열기] 버튼을 클릭합니다.

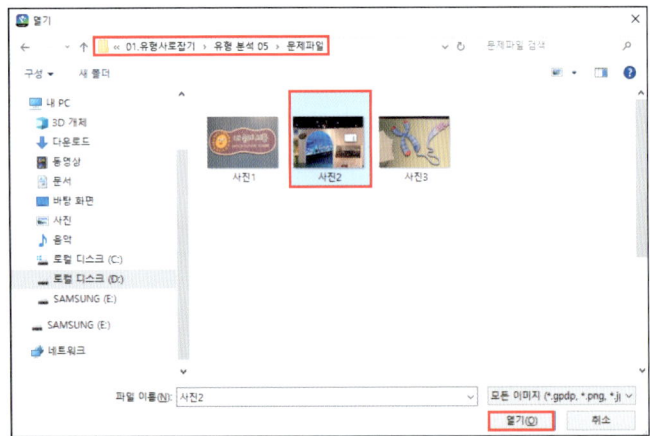

 **Tip** 이미지 불러오기

실제 시험에서는 답안 전송 프로그램을 설치한 후 바탕 화면의 [KAIT]-[제출파일] 폴더에 있는 이미지 파일을 선택합니다.

③ [파일 열기] 대화 상자가 나타나면 [현재 파일에서 열기] 버튼을 클릭합니다.

④ 캔버스 크기에 맞게 이미지 파일이 배치된 것을 확인할 수 있습니다.

유형잡기 03 레이어 마스크 설정하기

① '사진2' 레이어가 선택된 상태에서 레이어 영역 상단에 있는 레이어 마스크 추가(◻) 단추를 클릭합니다.

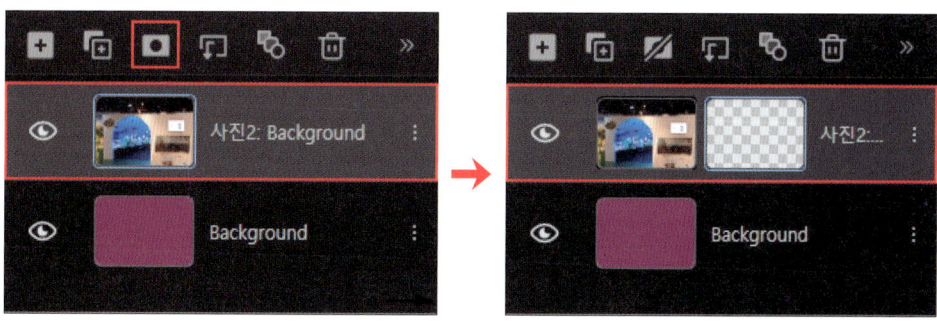

② 레이어 마스크를 설정하기 위하여 편집 도구 상자에서 페인트(페인트)를 클릭한 후 대화 상자에서 그라디언트 레이어(◻) 단추를 클릭합니다.

③ 옵션에서 타입은 선형(◻)을 클릭한 후 색상은 검은색(000000)과 흰색(FFFFFF) 기본값을 그대로 유지합니다.

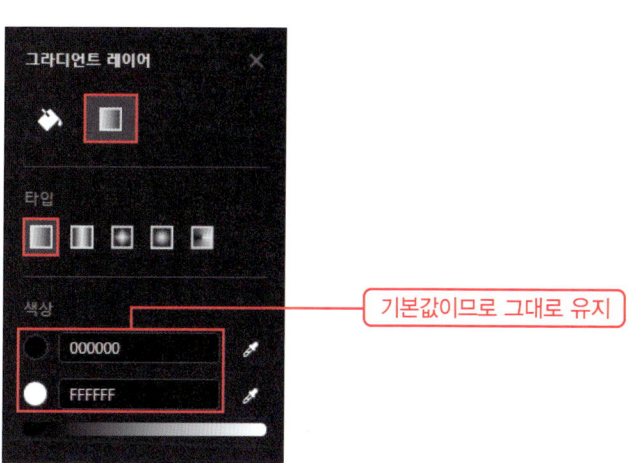

 **그라디언트 레이어 색상**

그라디언트 레이어에서 색상이 검은색(000000)과 흰색(FFFFFF)이 아닌 경우는 투명하게 적용되어 ≪결과파일≫과 다르게 나타나므로 주의해야 합니다.

④ Shift 키를 누른 상태에서 캔버스의 중앙 위치부터 오른쪽으로 드래그하여 레이어 마스크에 색상을 적용한 후 Enter 키를 누릅니다.

 **레이어 마스크의 방향**

레이어 마스크는 가로 방향, 세로 방향, 대각선 방향으로 지정할 수 있는데 이는 ≪처리조건≫을 참조하여 작업합니다.

⑤ [파일]-[저장]을 선택한 후 [다른 이름으로 저장] 대화 상자에서 저장 위치(유형 분석 05)와 파일이름(유형 01_완성)을 확인하고, [저장] 버튼을 클릭하여 완성된 파일을 저장합니다.

출제 유형 문제

▶ 예제 파일 : 없음 ▶ 완성 파일 : 유형 분석 05₩유형 02_완성.gpdp

01 원본파일을 처리조건에 따라 결과파일로 완성하시오.

처리조건
- ▶ 다음과 같이 캔버스를 설정하시오.
  - 크기 ⇒ 가로(650 픽셀) × 세로(450 픽셀)
  - 배경 ⇒ 색상 : (165985)
- ▶ '사진5.jpg' 이미지를 불러와 기존 캔버스에 복사한 후 다음과 같이 처리하시오.
  - 이미지 복사 ⇒ 레이어 마스크 설정, 가로 방향으로 흐릿하게

| ≪원본파일≫ | ≪결과파일≫ |

▶ 예제 파일 : 없음 ▶ 완성 파일 : 유형 분석 05₩유형 03_완성.gpdp

02 원본파일을 처리조건에 따라 결과파일로 완성하시오.

처리조건
- ▶ 다음과 같이 캔버스를 설정하시오.
  - 크기 ⇒ 가로(650 픽셀) × 세로(450 픽셀)
  - 배경 ⇒ 색상 : (DDA1EF)
- ▶ '사진8.jpg' 이미지를 불러와 기존 캔버스에 복사한 후 다음과 같이 처리하시오.
  - 이미지 복사 ⇒ 레이어 마스크 설정, 세로 방향으로 흐릿하게

| ≪원본파일≫ | ≪결과파일≫ |

[Hint]
- 편집 도구 상자에서 [페인트]를 클릭한 후 대화 상자에서 [페인트] 단추를 클릭합니다.
- 색상 입력란에 주어진 색상값(DDA1EF)을 입력한 후 캔버스 위를 클릭하여 배경 색상을 적용합니다.

출제 유형 문제

> ▶ 예제 파일 : 없음 ▶ 완성 파일 : 유형 분석 05₩유형 04_완성.gpdp

03 원본파일을 처리조건에 따라 결과파일로 완성하시오.

처리조건
- ▶ 다음과 같이 캔버스를 설정하시오.
  - 크기 ⇒ 가로(650 픽셀) × 세로(450 픽셀)
  - 배경 ⇒ 색상 : (658545)
- ▶ '사진11.jpg' 이미지를 불러와 기존 캔버스에 복사한 후 다음과 같이 처리하시오.
  - 이미지 복사 ⇒ 레이어 마스크 설정, 세로 방향으로 흐릿하게

≪원본파일≫   ≪결과파일≫

> ▶ 예제 파일 : 없음 ▶ 완성 파일 : 유형 분석 05₩유형 05_완성.gpdp

04 원본파일을 처리조건에 따라 결과파일로 완성하시오.

처리조건
- ▶ 다음과 같이 캔버스를 설정하시오.
  - 크기 ⇒ 가로(650 픽셀) × 세로(450 픽셀)
  - 배경 ⇒ 색상 : (D0BB71)
- ▶ '사진14.jpg' 이미지를 불러와 기존 캔버스에 복사한 후 다음과 같이 처리하시오.
  - 이미지 복사 ⇒ 레이어 마스크 설정, 대각선 방향으로 흐릿하게

≪원본파일≫   ≪결과파일≫

[Hint]
- 이미지 파일을 불러올 때 [파일 열기] 대화 상자가 나타나면 [현재 파일에서 열기] 버튼을 클릭합니다.
- 레이어 마스크 설정 시 '사진14' 레이어가 선택된 상태에서 레이어 영역 상단에 있는 [레이어 마스크 추가] 단추를 클릭합니다.

출제 유형 문제

▶ 예제 파일 : 없음 ▶ 완성 파일 : 유형 분석 05₩유형 06_완성.gpdp

05 원본파일을 처리조건에 따라 결과파일로 완성하시오.

처리조건
- ▶ 다음과 같이 캔버스를 설정하시오.
  - 크기 ⇒ 가로(650 픽셀) × 세로(450 픽셀)
  - 배경 ⇒ 색상 : (2240E8)
- ▶ '사진17.jpg' 이미지를 불러와 기존 캔버스에 복사한 후 다음과 같이 처리하시오.
  - 이미지 복사 ⇒ 레이어 마스크 설정, 가로 방향으로 흐릿하게

▶ 예제 파일 : 없음 ▶ 완성 파일 : 유형 분석 05₩유형 07_완성.gpdp

06 원본파일을 처리조건에 따라 결과파일로 완성하시오.

처리조건
- ▶ 다음과 같이 캔버스를 설정하시오.
  - 크기 ⇒ 가로(650 픽셀) × 세로(450 픽셀)
  - 배경 ⇒ 색상 : (E6D024)
- ▶ '사진20.jpg' 이미지를 불러와 기존 캔버스에 복사한 후 다음과 같이 처리하시오.
  - 이미지 복사 ⇒ 레이어 마스크 설정, 대각선 방향으로 흐릿하게

[Hint] [그라디언트 레이어] 단추를 클릭한 후 Shift 키를 누른 상태에서 캔버스의 오른쪽 하단부터 대각선 방향으로 드래그하여 레이어 마스크에 색상을 적용합니다.

유형분석 06

도형 편집과 텍스트 삽입

핵심만 쏙쏙 도형에 그라데이션 적용 / 도형의 크기와 위치 / 도형에 텍스트 삽입

도형 도구를 이용하여 주어진 도형을 삽입한 후 그라데이션을 적용하고, 다양한 글꼴 서식을 지정하여 해당 도형에 텍스트를 입력하는 방법에 대하여 알아봅니다.

핵심 짚어보기

▶ 예제 파일 : 유형 분석 06₩유형 01_문제.gpdp   ▶ 완성 파일 : 유형 분석 06₩유형 01_완성.gpdp

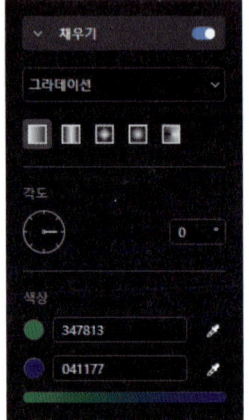

▲ 도형 선택 후 옵션에서 [채우기]-[그라데이션]

▲ [도형 레이어]-[대상 정보]

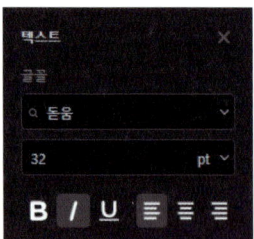

▲ [편집 도구 상자]-[텍스트]

▲ 옵션에서 [채우기]/[외곽선]

클래스 업

- 도형을 선택한 후 그라데이션 색상을 지정하고, 이미지의 해당 위치에 도형을 삽입합니다.
- 도형 레이어의 [대상 정보]를 이용하여 가로와 세로 크기를 각각 입력합니다.
- 텍스트의 다양한 글꼴 서식을 지정한 후 해당 도형에 주어진 텍스트를 입력합니다.

유형잡기 01 도형에 그라데이션 적용하기

① 화면에서 [이미지 가져오기] 버튼을 클릭하고, [열기] 대화 상자에서 '유형 분석 06₩유형 01_문제.gpdp'를 불러오기 합니다. (해당 파일을 더블 클릭하여 실행할 수도 있음)

② 화면 오른쪽 [레이어] 창에서 '사진2' 레이어를 선택하고, 편집 도구 상자에서 도형(도형)을 클릭한 후 대화 상자에서 모서리가 둥근 사각형(▢) 단추를 클릭합니다.

③ 옵션에서 [채우기]-[그라데이션]을 선택한 후 색상 입력란에 주어진 색상값(347813 - 041177)을 각각 입력하고, Enter 키를 누릅니다. 이때, 외곽선과 그림자가 활성화되어 있다면 반드시 해제합니다.

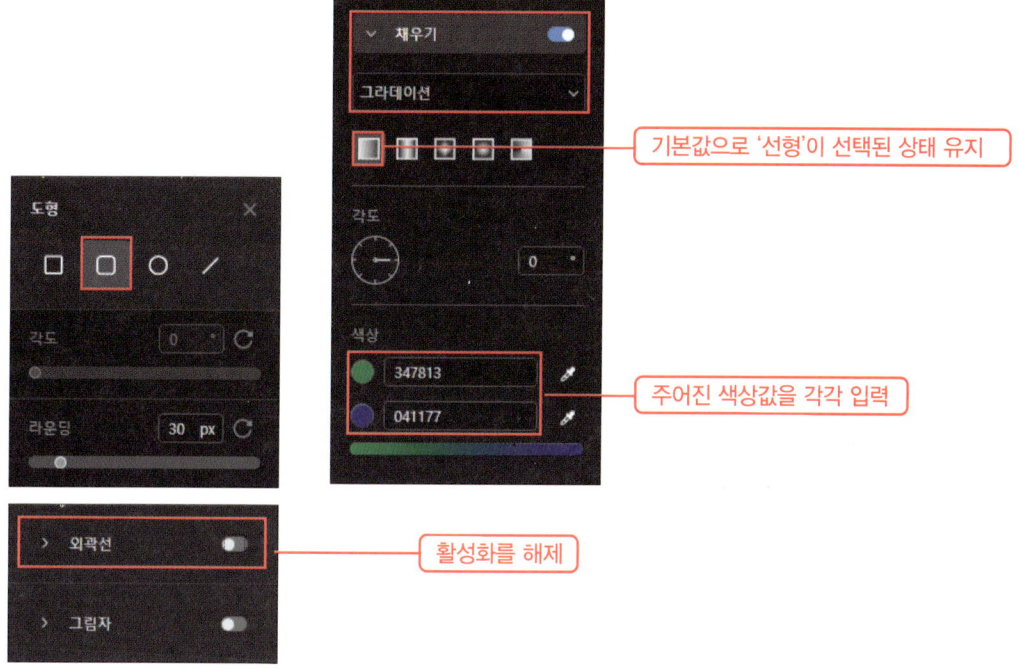

④ 마우스 포인터가 변경되면 이미지 위의 해당 위치에 마우스를 드래그하여 도형을 삽입합니다.

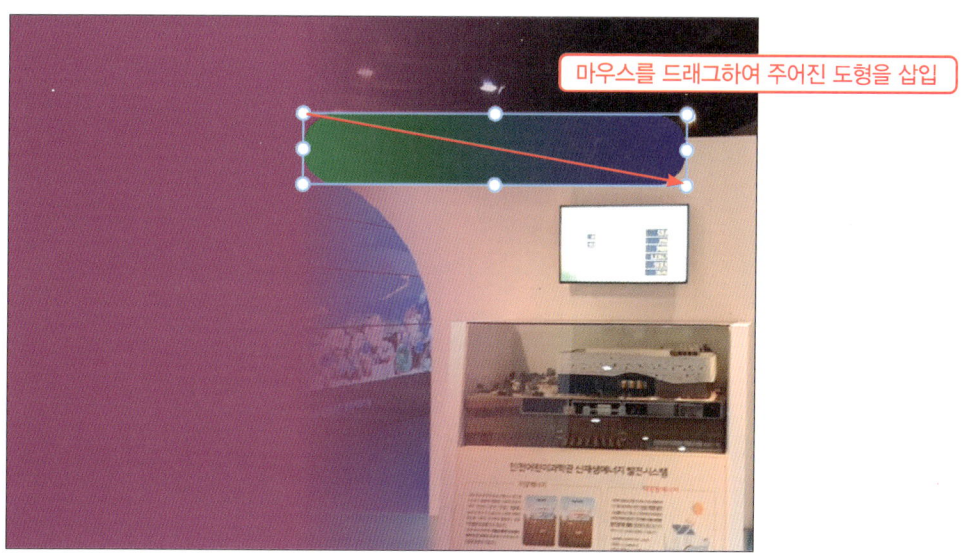

유형잡기 02 도형 크기 지정하기

① 도형을 삽입하면 새롭게 생성된 도형 레이어를 확인할 수 있습니다.

② 도형 레이어에서 대상 정보( )를 클릭한 후 주어진 가로(370)와 세로(60) 크기를 각각 입력하고, Enter 키를 누릅니다.

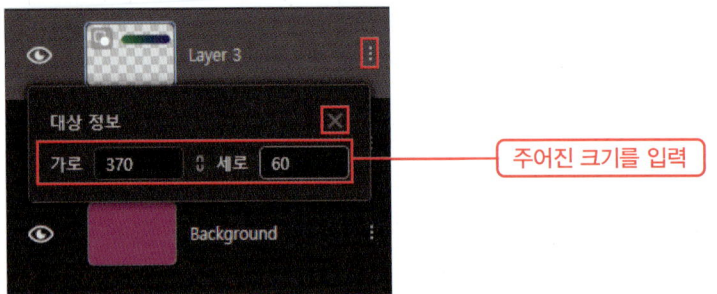

③ 편집 도구 상자에서 직접 선택( )을 클릭한 후 마우스 포인터가 변경되면 도형의 위치를 정확하게 맞춥니다.

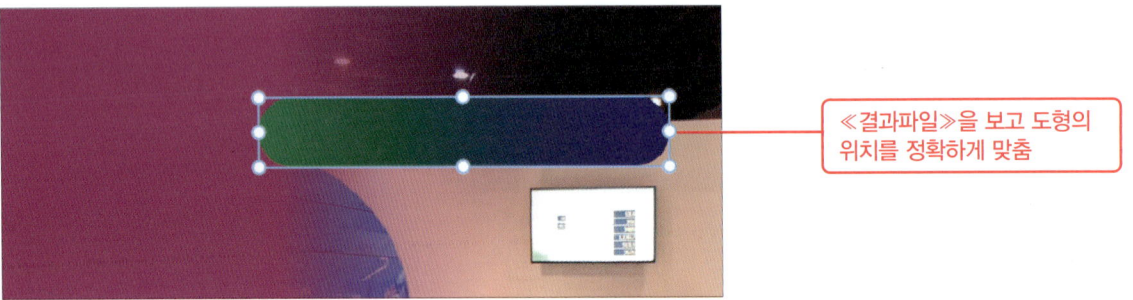

유형잡기 03 도형에 텍스트 삽입하기

① 편집 도구 상자에서 텍스트( )를 클릭한 후 대화 상자에서 글꼴(돋움), 크기(32pt), 글꼴 스타일(기울임꼴)을 각각 지정합니다.

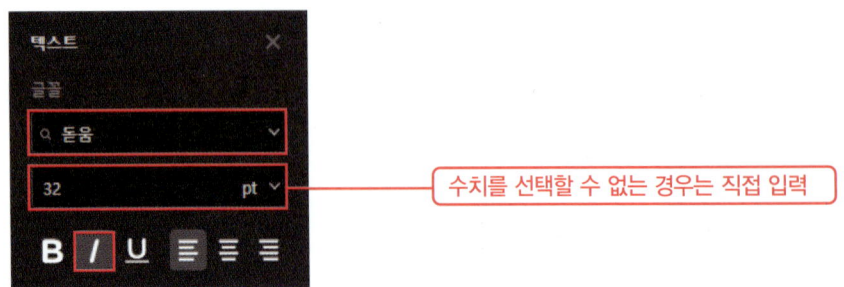

② 옵션에서 [채우기]-[단색]을 선택한 후 색상 입력란에 주어진 색상값(F04DA5)을 입력합니다. [외곽선]을 선택한 후 두께 입력란에 "3px", 색상 입력란에 "FFF000"을 각각 입력합니다.

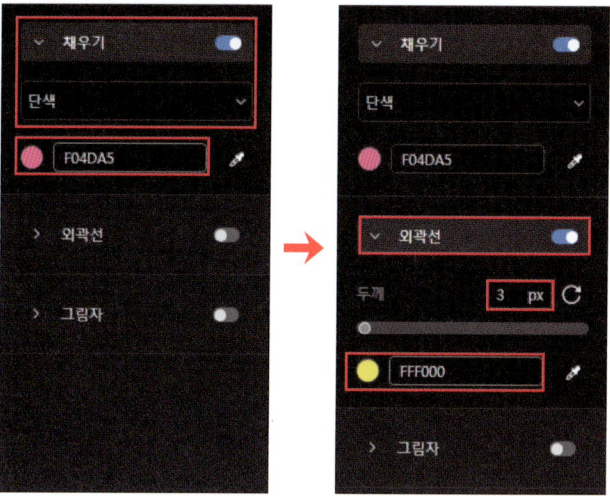

③ 마우스 포인터가 변경되면 도형 안쪽을 클릭하여 주어진 내용을 입력합니다.

④ ESC 키를 눌러 내용 입력을 종료한 후 텍스트 상자 테두리를 드래그하여 위치를 정확하게 맞추어 줍니다.

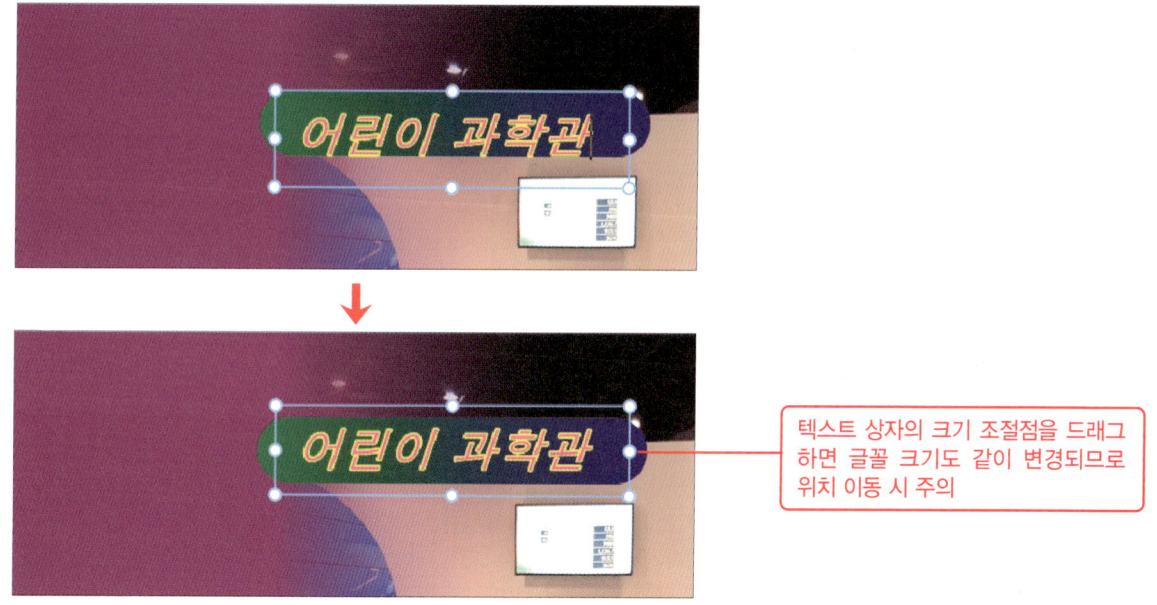

텍스트 상자의 크기 조절점을 드래그하면 글꼴 크기도 같이 변경되므로 위치 이동 시 주의

 **Tip** 텍스트 상자

- 텍스트 상자를 생성하면 새로운 레이어가 자동으로 추가되고, 텍스트 상자를 클릭하면 텍스트 레이어가 선택됩니다.
- 텍스트 상자의 테두리를 드래그하면 텍스트의 위치를 자유롭게 이동할 수 있습니다.

⑤ [파일]-[다른 이름으로 저장]을 선택한 후 [다른 이름으로 저장] 대화 상자에서 저장 위치(유형 분석 06)와 파일 이름(유형 01_완성)을 확인하고, [저장] 버튼을 클릭합니다.

출제 유형 문제

▶ 예제 파일 : 유형 분석 06₩유형 02_문제.gpdp ▶ 완성 파일 : 유형 분석 06₩유형 02_완성.gpdp

01 원본파일을 처리조건에 따라 결과파일로 완성하시오.

처리조건
▶ 도형 도구와 텍스트를 이용하여 다음과 같이 처리하시오.
- ① ⇒ 사각형(크기 : 350 × 50), 그라데이션(색상 : FFF000 - 009998)
- 김유정 실레이야기길 ⇒ 글꼴(궁서체), 글꼴 스타일(굵게), 크기(24pt), 채우기(색상 : FFFFFF), 외곽선(두께 : 5px, 색상 : 781651)

《원본파일》　《결과파일》

[Hint]
- 편집 도구 상자에서 [도형]을 클릭한 후 대화 상자에서 [사각형] 단추를 클릭합니다.
- 옵션에서 [채우기]-[그라데이션]을 선택한 후 색상 입력란에 주어진 색상값(FFF000 - 009998)을 각각 입력하고, Enter 키를 누릅니다.

▶ 예제 파일 : 유형 분석 06₩유형 03_문제.gpdp ▶ 완성 파일 : 유형 분석 06₩유형 03_완성.gpdp

02 원본파일을 처리조건에 따라 결과파일로 완성하시오.

처리조건
▶ 도형 도구와 텍스트를 이용하여 다음과 같이 처리하시오.
- ① ⇒ 모서리가 둥근 사각형(크기 : 300 × 60), 그라데이션(색상 : EC00FF - 0B0099)
- 해양 과학관 ⇒ 글꼴(굴림체), 글꼴 스타일(밑줄), 크기(32pt), 채우기(색상 : 446000), 외곽선(두께 : 7px, 색상 : FFFFFF)

《원본파일》　《결과파일》

출제 유형 문제

▶ 예제 파일 : 유형 분석 06₩유형 04_문제.gpdp　▶ 완성 파일 : 유형 분석 06₩유형 04_완성.gpdp

03 원본파일을 처리조건에 따라 결과파일로 완성하시오.

처리조건
▶ 도형 도구와 텍스트를 이용하여 다음과 같이 처리하시오.
- ① ⇒ 원형/타원형(크기 : 400 × 80), 그라데이션(색상 : FFE000 – 995555)
- 아름다운 섬 ⇒ 글꼴(맑은 고딕), 글꼴 스타일(기울임꼴), 크기(30pt), 채우기(색상 : 270060), 외곽선(두께 : 10px, 색상 : FFFFF0)

[Hint]
- 도형 레이어에서 [대상 정보]를 클릭한 후 가로(400)와 세로(80) 크기를 각각 입력하고, Enter 키를 누릅니다.
- 편집 도구 상자에서 [직접 선택]을 클릭한 후 마우스 포인터가 변경되면 도형의 위치를 정확하게 맞춥니다.

▶ 예제 파일 : 유형 분석 06₩유형 05_문제.gpdp　▶ 완성 파일 : 유형 분석 06₩유형 05_완성.gpdp

04 원본파일을 처리조건에 따라 결과파일로 완성하시오.

처리조건
▶ 도형 도구와 텍스트를 이용하여 다음과 같이 처리하시오.
- ① ⇒ 원형/타원형(크기 : 160 × 130), 그라데이션(색상 : 00FF55 – 558E99)
- 동물 마을 ⇒ 글꼴(돋움체), 글꼴 스타일(굵게, 밑줄), 크기(32pt), 채우기(색상 : FFE000), 외곽선(두께 : 8px, 색상 : C600FF)

출제 유형 문제

▶ 예제 파일 : 유형 분석 06₩유형 06_문제.gpdp   ▶ 완성 파일 : 유형 분석 06₩유형 06_완성.gpdp

05 원본파일을 처리조건에 따라 결과파일로 완성하시오.

처리조건
▶ 도형 도구와 텍스트를 이용하여 다음과 같이 처리하시오.
- ① ⇒ 사각형(크기 : 380 × 70), 그라데이션(색상 : E2FF00 - 1727F0)
- 사이판 섬 즐기기 ⇒ 글꼴(나눔고딕), 글꼴 스타일(기울임꼴), 크기(34pt), 채우기(색상 : DADADA), 외곽선(두께 : 6px, 색상 : 11F132)

《원본파일》 《결과파일》

[Hint]
- 텍스트 입력 시 마우스 포인터가 변경되면 도형 안쪽을 클릭하여 주어진 내용을 입력합니다.
- ESC 키를 눌러 내용 입력을 종료한 후 텍스트 상자 테두리를 드래그하여 위치를 정확하게 맞추어 줍니다.

▶ 예제 파일 : 유형 분석 06₩유형 07_문제.gpdp   ▶ 완성 파일 : 유형 분석 06₩유형 07_완성.gpdp

06 원본파일을 처리조건에 따라 결과파일로 완성하시오.

처리조건
▶ 도형 도구와 텍스트를 이용하여 다음과 같이 처리하시오.
- ① ⇒ 모서리가 둥근 사각형(크기 : 370 × 80), 그라데이션(색상 : FF0000 - 7E16F0)
- 귀여운 동물 인형 ⇒ 글꼴(바탕체), 글꼴 스타일(굵게, 기울임꼴), 크기(28pt), 채우기(색상 : 0009FF), 외곽선(두께 : 12px, 색상 : ECF7F5)

《원본파일》 《결과파일》

유형분석 07

도형 도구와 클리핑 마스크

핵심만 쏙쏙 도형 삽입과 크기 지정 / 이미지 삽입과 크기 조절 / 클리핑 마스크 생성

주어진 크기의 도형을 삽입한 후 이미지를 불러와서 도형 위에 적당히 배치하고, 클리핑 마스크를 생성하여 도형 안으로 이미지를 배치한 후 도형에 외곽선과 그림자를 적용하는 방법에 대하여 알아봅니다.

핵심 짚어보기

▶ 예제 파일 : 유형 분석 07₩유형 01_문제.gpdp ▶ 완성 파일 : 유형 분석 07₩유형 01_완성.gpdp

▲ [도형 레이어]-[대상 정보]

▲ 레이어 영역 상단에서 [클리핑 마스크] 단추

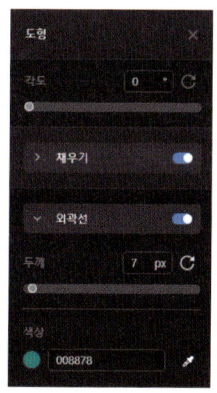
▲ [도형] 대화 상자-[외곽선]

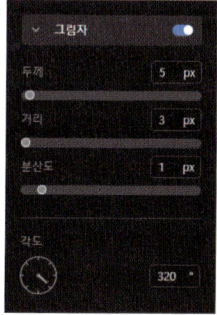
▲ [도형] 대화 상자-[그림자]

클래스 업

- 도형 레이어의 [대상 정보]를 이용하여 가로와 세로 크기를 각각 입력합니다.
- 이미지 파일을 불러온 후 크기 조절점을 이용하여 삽입한 도형을 덮을 수 있도록 크기와 위치를 적당히 맞춥니다.
- [클리핑 마스크] 단추를 클릭한 후 도형에 주어진 외곽선과 그림자를 적용합니다.

유형잡기 01　도형 삽입과 크기 지정하기

① 화면에서 [이미지 가져오기] 버튼을 클릭하고, [열기] 대화 상자에서 '유형 분석 07₩유형 01_문제.gpdp'를 불러오기 합니다. (해당 파일을 더블 클릭하여 실행할 수도 있음)

② 화면 오른쪽 [레이어] 창에서 맨 상단의 레이어('어린이 과학관')를 선택하고, 편집 도구 상자에서 도형 (도형)을 클릭한 후 대화 상자에서 사각형(□) 단추를 클릭합니다.

③ 마우스 포인터가 변경되면 이미지 위의 해당 위치에 마우스를 드래그하여 도형을 삽입합니다.

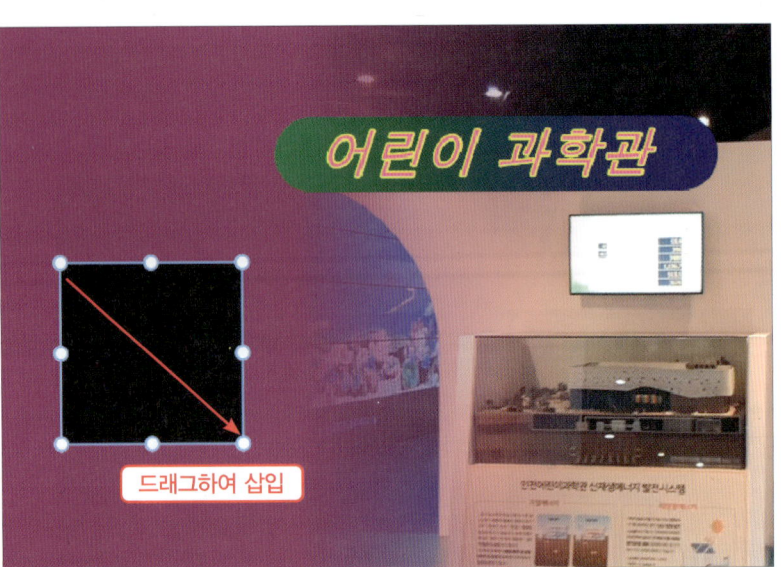

④ 새롭게 생성된 도형 레이어에서 대상 정보(⋮)를 클릭한 후 주어진 가로(150)와 세로(150) 크기를 각각 입력하고, [Enter] 키를 누릅니다.

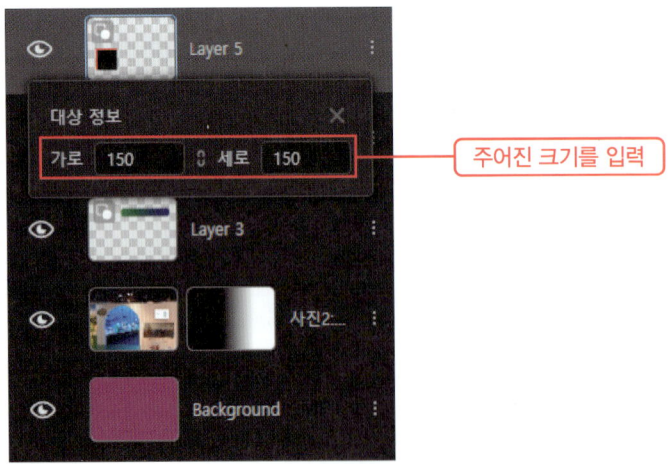

⑤ 편집 도구 상자에서 직접 선택(▶ 직접 선택)을 클릭한 후 마우스 포인터가 변경되면 도형의 위치를 문제에서 제시한 위치로 적당하게 맞춥니다.

유형잡기 02 이미지 삽입과 크기 조절하기

① 도형 작업에 필요한 이미지 파일을 불러오기 위하여 [파일]-[열기]를 선택합니다.

② [열기] 대화 상자에서 찾는 위치(01.유형사로잡기₩유형 분석 07₩문제파일)와 파일 이름(사진3.jpg)을 선택하고, [열기] 버튼을 클릭합니다.

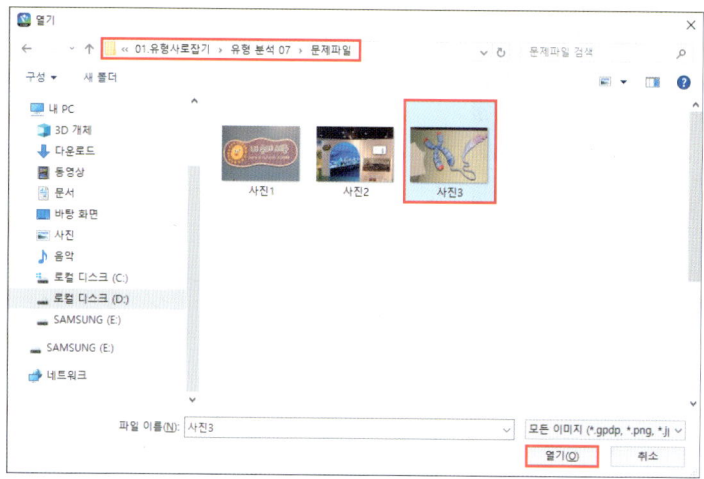

③ [파일 열기] 대화 상자가 나타나면 [현재 파일에서 열기] 버튼을 클릭합니다.

④ 캔버스에 이미지 파일이 나타나면 크기 조절점을 드래그하여 삽입한 사각형 도형을 덮을 수 있게 크기와 위치를 적당히 맞춥니다.

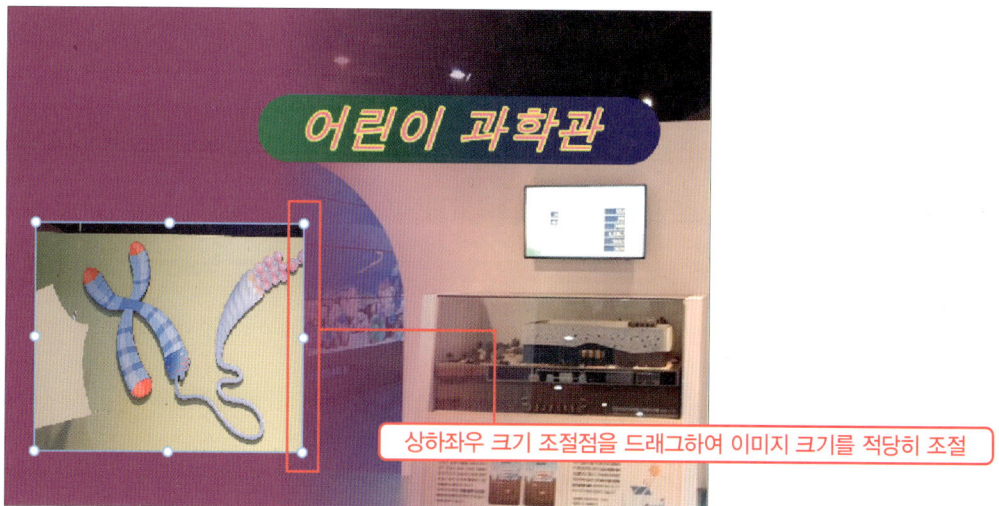

 **Tip** 이미지 크기 조절

이미지의 크기를 조절할 때 Shift 키를 누른 상태에서 대각선 조절점을 드래그하면 이미지의 가로와 세로 비율을 일정하게 조절할 수 있습니다.

유형잡기 03 클리핑 마스크 생성하기

① '사진3' 레이어가 선택된 상태에서 레이어 영역 상단에 있는 클리핑 마스크( ) 단추를 클릭합니다.

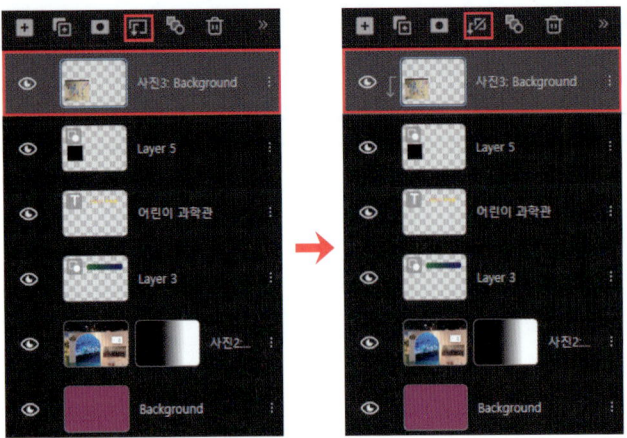

> **Tip 클리핑 마스크**
> 2개의 이미지를 이용해 아래의 이미지 모양에 맞게 위의 이미지를 넣을 수 있는 기능으로 도형, 사진, 텍스트 등 틀이 될 레이어를 아래에 두고 틀 안에 들어갈 이미지를 위에 위치시킨 후 [클리핑 마스크] 단추를 클릭하면 효과가 적용됩니다.

② 편집 도구 상자에서 직접 선택()을 클릭한 후 '사진3' 레이어가 선택된 상태에서 도형 주변을 클릭하여 이미지의 크기 조절점을 활성화합니다.

③ ≪결과파일≫을 참조하여 사각형 도형 안에 이미지의 해당 부분이 나타나도록 크기 조절점을 이용해서 이미지의 크기와 위치를 조절하고, ESC 키를 눌러 완료합니다.

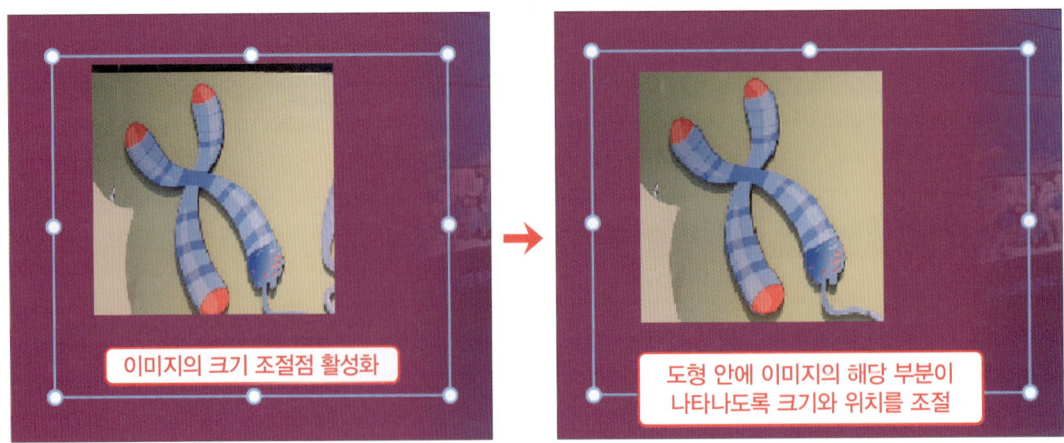

클리핑 마스크 적용 시 주의점

클리핑 마스크를 적용할 경우 이미지의 크기와 위치를 맞추기 위해서는 이미지 레이어가 선택된 상태에서 작업을 합니다. 만일, 캔버스에 위치한 이미지를 드래그하면 도형 레이어가 자동으로 선택되므로 주의해야 합니다.

④ 사각형 도형 레이어를 선택한 후 편집 도구 상자에서 직접 선택(▶ 직접 선택)을 클릭합니다.

⑤ 대화 상자에서 [외곽선] 항목을 활성화한 후 두께 입력란에 "7px", 색상 입력란에 "008878"을 각각 입력합니다.

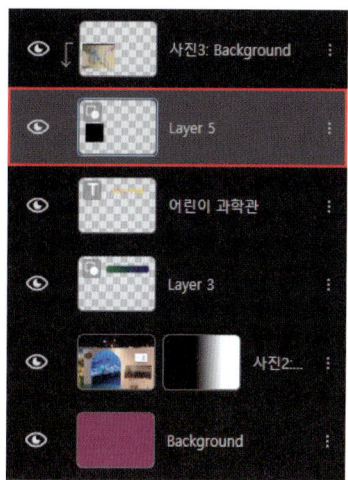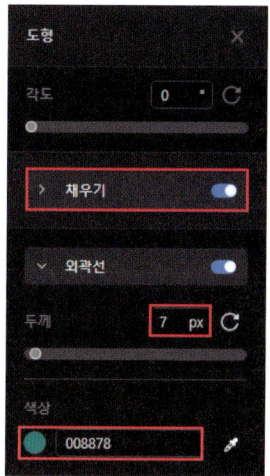

⑥ 이번에는 [그림자] 항목을 활성화한 후 두께 입력란에 "5px", 거리 입력란에 "3px", 분산도 입력란에 "1px", 각도 입력란에 "320°"를 각각 입력하고, Enter 키를 누릅니다.

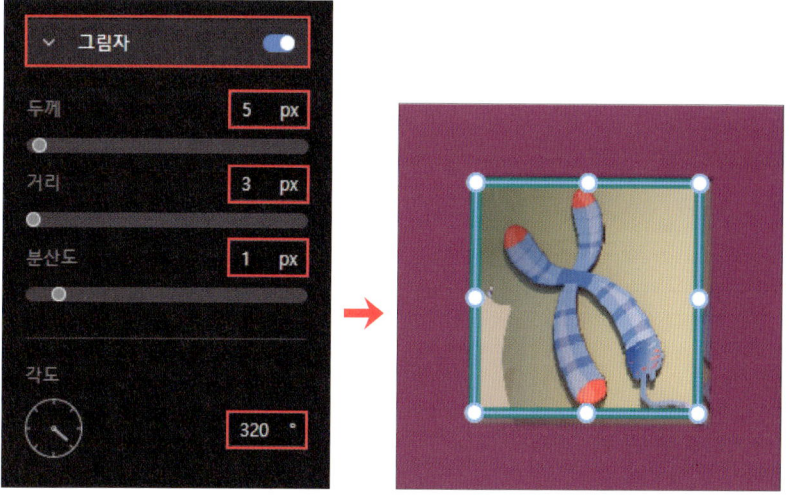

⑦ [파일]-[다른 이름으로 저장]을 선택한 후 [다른 이름으로 저장] 대화 상자에서 저장 위치(유형 분석 07)와 파일 이름(유형 01_완성)을 확인하고, [저장] 버튼을 클릭합니다.

출제 유형 문제

▶ 예제 파일 : 유형 분석 07\유형 02_문제.gpdp   ▶ 완성 파일 : 유형 분석 07\유형 02_완성.gpdp

01 원본파일을 처리조건에 따라 결과파일로 완성하시오.

처리조건
▶ 도형 도구와 '사진6.jpg'를 이용하여 클리핑 마스크를 생성하시오.
- ② ⇒ 원형/타원형(크기 : 150 × 150)
  외곽선(두께 : 3px, 색상 : 40EEAB)
  그림자(두께 : 7px, 거리 : 5px, 분산도 : 1px, 각도 : 320°)

≪원본파일≫	≪결과파일≫

[Hint]
새롭게 생성된 도형 레이어에서 [대상 정보]를 클릭한 후 주어진 가로(150)와 세로(150) 크기를 각각 입력하고, Enter 키를 누릅니다.

▶ 예제 파일 : 유형 분석 07\유형 03_문제.gpdp   ▶ 완성 파일 : 유형 분석 07\유형 03_완성.gpdp

02 원본파일을 처리조건에 따라 결과파일로 완성하시오.

처리조건
▶ 도형 도구와 '사진9.jpg'를 이용하여 클리핑 마스크를 생성하시오.
- ② ⇒ 모서리가 둥근 사각형(크기 : 130 × 150)
  외곽선(두께 : 5px, 색상 : 901651)
  그림자(두께 : 4px, 거리 : 10px, 분산도 : 5px, 각도 : 330°)

≪원본파일≫	≪결과파일≫

출제 유형 문제

▶ 예제 파일 : 유형 분석 07₩유형 04_문제.gpdp   ▶ 완성 파일 : 유형 분석 07₩유형 04_완성.gpdp

03 원본파일을 처리조건에 따라 결과파일로 완성하시오.

처리조건

▶ 도형 도구와 '사진12.jpg'를 이용하여 클리핑 마스크를 생성하시오.
- ② ⇒ 사각형(크기 : 160 × 160)
  외곽선(두께 : 7px, 색상 : E6F153)
  그림자(두께 : 5px, 거리 : 3px, 분산도 : 2px, 각도 : 310°)

≪원본파일≫ ≪결과파일≫

▶ 예제 파일 : 유형 분석 07₩유형 05_문제.gpdp   ▶ 완성 파일 : 유형 분석 07₩유형 05_완성.gpdp

04 원본파일을 처리조건에 따라 결과파일로 완성하시오.

처리조건

▶ 도형 도구와 '사진15.jpg'를 이용하여 클리핑 마스크를 생성하시오.
- ② ⇒ 모서리가 둥근 사각형(크기 : 170 × 150)
  외곽선(두께 : 9px, 색상 : 0E25E8)
  그림자(두께 : 6px, 거리 : 7px, 분산도 : 3px, 각도 : 300°)

≪원본파일≫ ≪결과파일≫

[Hint]
- '사진15' 레이어가 선택된 상태에서 레이어 영역 상단에 있는 [클리핑 마스크] 단추를 클릭합니다.
- 편집 도구 상자에서 [직접 선택]을 클릭한 후 '사진15' 레이어가 선택된 상태에서 도형 주변을 클릭하여 이미지의 크기 조절점을 활성화합니다.

출제 유형 문제

▶ 예제 파일 : 유형 분석 07₩유형 06_문제.gpdp   ▶ 완성 파일 : 유형 분석 07₩유형 06_완성.gpdp

05 원본파일을 처리조건에 따라 결과파일로 완성하시오.

처리조건
▶ 도형 도구와 '사진18.jpg'를 이용하여 클리핑 마스크를 생성하시오.
- ② ⇒ 원형/타원형(크기 : 140 × 160)
  외곽선(두께 : 8px, 색상 : 12EBE3)
  그림자(두께 : 3px, 거리 : 4px, 분산도 : 7px, 각도 : 320°)

≪원본파일≫ ≪결과파일≫

▶ 예제 파일 : 유형 분석 07₩유형 07_문제.gpdp   ▶ 완성 파일 : 유형 분석 07₩유형 07_완성.gpdp

06 원본파일을 처리조건에 따라 결과파일로 완성하시오.

처리조건
▶ 도형 도구와 '사진21.jpg'를 이용하여 클리핑 마스크를 생성하시오.
- ② ⇒ 모서리가 둥근 사각형(크기 : 180 × 120)
  외곽선(두께 : 6px, 색상 : EB1242)
  그림자(두께 : 2px, 거리 : 6px, 분산도 : 4px, 각도 : 330°)

≪원본파일≫ ≪결과파일≫

[Hint]
- 외곽선 항목을 활성화한 후 두께 입력란에 "6px", 색상 입력란에 "EB1242"를 각각 입력합니다.
- 그림자 항목을 활성화한 후 두께 입력란에 "2px", 거리 입력란에 "6px", 분산도 입력란에 "4px", 각도 입력란에 "330°"를 각각 입력합니다.

유형분석 08 — 미디어 소스 파일 배치

핵심만 쏙쏙 원본 파일 불러오기 / 타임라인 패널에 미디어 소스 배치

곰믹스 for DIAT 프로그램을 실행한 후 문제의 《처리조건》에 따라 주어진 원본(미디어 소스) 파일을 불러오기하고, 타임라인의 '비디오1' 트랙에 순차적으로 배치하는 방법에 대하여 알아봅니다.

▶ 예제 파일 : 없음　▶ 완성 파일 : 유형 분석 08₩유형 01_완성.gmep

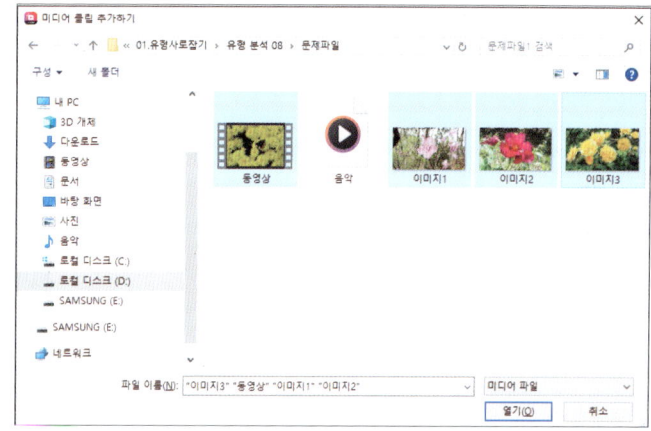

▲ 곰믹스 초기 화면-[미디어 파일 추가하기] 버튼

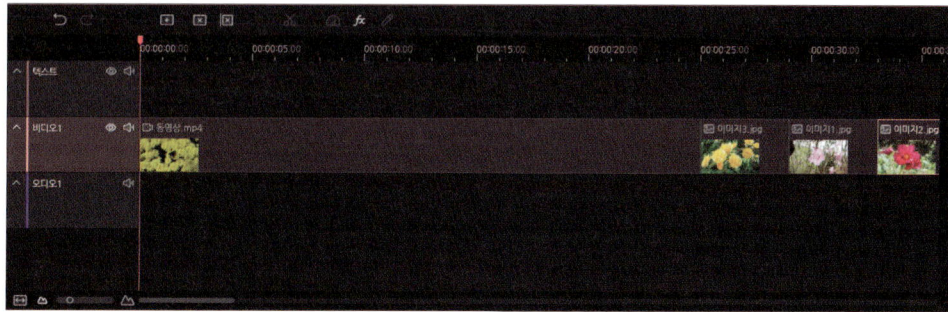

▲ 미디어 소스-타임라인 패널에 드래그

클래스 업

- [미디어 클립 추가하기] 대화 상자에서 찾는 위치와 파일 이름을 선택합니다.
- 문제의 《처리조건》에 따라 미디어 소스를 순차적으로 드래그하여 타임라인 패널에 배치합니다.
- 미디어 소스의 배치 순서를 확인하기 위하여 타임라인 패널 왼쪽 하단에서 [축소] 단추를 클릭합니다.

유형잡기 01 곰믹스에서 원본 파일 불러오기

① 곰믹스 for DIAT 프로그램을 실행한 후 프로젝트 생성 안내 화면에서 [DIAT 시험 프로젝트 생성하기] 버튼을 클릭합니다.

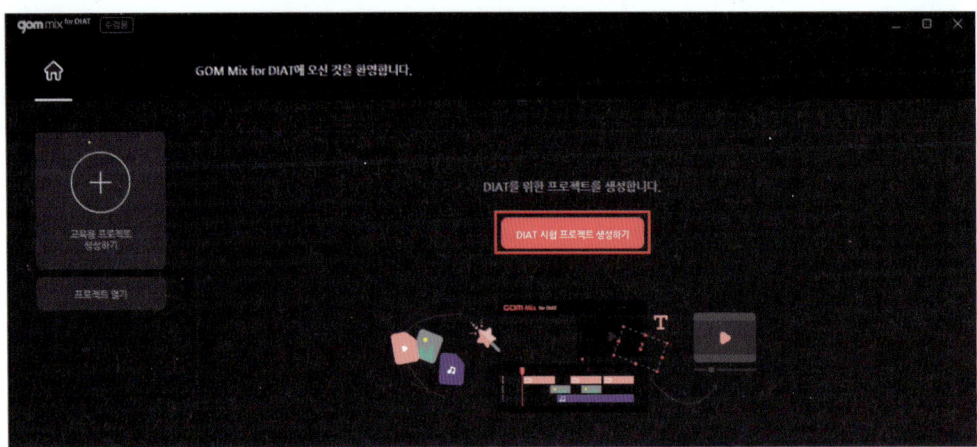

② 곰믹스 for DIAT 프로그램 초기 화면에서 [미디어 파일 추가하기] 버튼을 클릭합니다.

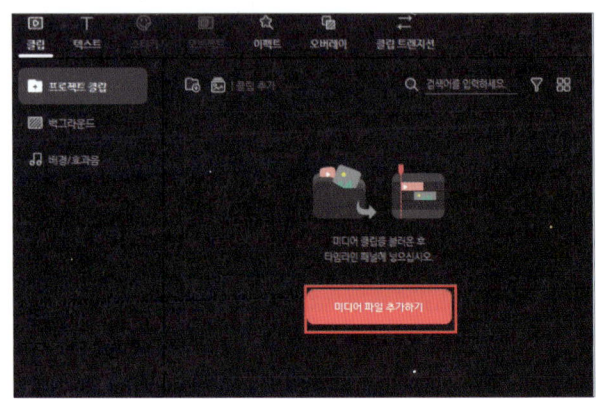

③ [미디어 클립 추가하기] 대화 상자에서 찾는 위치(01.유형사로잡기₩유형 분석 08₩문제파일)와 파일 이름(동영상.mp4, 이미지1, 2, 3.jpg)을 선택하고, [열기] 버튼을 클릭합니다.

Tip 원본 파일 불러오기

실제 시험에서는 답안 전송 프로그램을 설치한 후 바탕 화면의 [KAIT]-[제출파일] 폴더에 있는 동영상 파일과 이미지 파일을 선택합니다.

❹ 소스 및 효과 패널에 선택한 미디어 파일들이 클립으로 추가된 것을 확인할 수 있습니다.

 **소스 및 효과 패널**

소스 클립을 불러오거나 만들고 카테고리별 이펙트를 제공하며 속성을 적용하는 작업 패널로 작업할 파일 목록을 관리하면서 다양한 효과를 추가할 수 있습니다.

유형잡기 02 타임라인에 미디어 소스 배치하기

❶ 문제의 《처리조건》에 따라 미디어 소스를 배치하기 위하여 '동영상.mp4' 파일을 타임라인 패널의 '비디오1' 트랙으로 드래그합니다.

 **타임라인 패널**

제작하려는 영상의 시간, 진행 상태를 보여주고 클립들을 트랙에 배치하고 편집하는 패널로 영상 작업에 필요한 클립이나 효과를 편집할 수 있습니다.

❷ 동일한 방법으로 '이미지3.jpg', '이미지1.jpg', '이미지2.jpg' 파일을 차례로 드래그하여 '동영상.mp4' 파일 뒤쪽에 배치합니다.

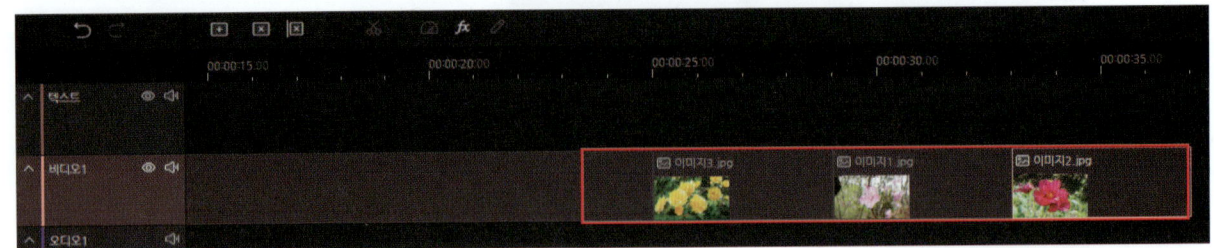

 배치 순서

이미지의 배치 순서가 잘못된 경우에는 '비디오1' 트랙에서 변경할 파일을 선택하고, 원하는 위치로 드래그하면 됩니다.

❸ 미디어 소스의 배치 순서를 확인하기 위하여 타임라인 패널 왼쪽 하단에서 축소(🔲) 단추를 클릭합니다.

❹ [파일]-[프로젝트 전체 저장]을 선택한 후 [보관용 프로젝트로 저장] 대화 상자에서 이름(유형01_완성)과 경로 설정(01.유형사로잡기₩유형 분석 08)을 지정하고, [확인] 버튼을 클릭하여 완성된 파일을 저장합니다.

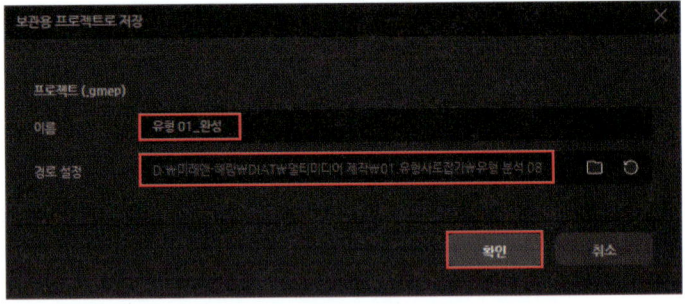

 파일 저장 시 주의사항

실제 시험장에서 답안 파일이 저장되는 위치는 지정된 폴더(바탕 화면의 [KAIT]-[제출파일] 폴더)이며, 이는 답안 전송 프로그램 로그인 시 바탕 화면에 자동으로 생성됩니다.

동영상 파일 저장	① [파일] - [프로젝트 전체 저장]을 눌러서 저장		
	② 저장 위치 : [바탕 화면] - [KAIT] - [제출파일]		
동영상 파일명	GMEP	dpi_03_수검번호_성명	※ 예시 : 수검번호가 DPI-XXXX-123456인 경우 "dpi_03_123456_성명"으로 저장할 것

※ 파일 확장자를 'GMDP'로 저장할 시에는 "0점" 처리됩니다.

출제 유형 문제

▶ 예제 파일 : 없음 ▶ 완성 파일 : 유형 분석 08₩유형 02_완성.gmep

01 처리조건에 따라 출력형태와 같이 완성하시오.

| 처리조건 | 원본 파일 | 이미지4.jpg, 이미지5.jpg, 이미지6.jpg, 동영상1.mp4 |

▶ 미디어 소스의 순서를 다음과 같이 지정하시오.
  • 미디어 소스 순서 ⇒ 동영상1.mp4 〉이미지4.jpg 〉이미지6.jpg 〉이미지5.jpg

《출력형태》

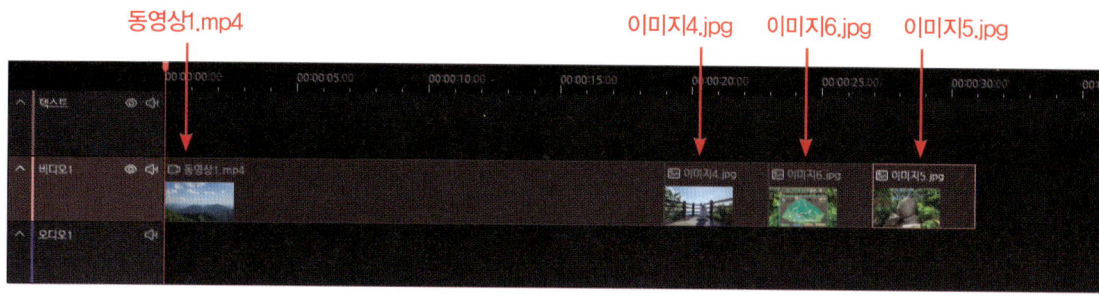

[Hint]
• 곰믹스 for DIAT 프로그램을 실행한 후 프로젝트 생성 안내 화면에서 [DIAT 시험 프로젝트 생성하기] 버튼을 클릭합니다.
• 곰믹스 for DIAT 프로그램 초기 화면에서 [미디어 파일 추가하기] 버튼을 클릭합니다.

▶ 예제 파일 : 없음 ▶ 완성 파일 : 유형 분석 08₩유형 03_완성.gmep

02 처리조건에 따라 출력형태와 같이 완성하시오.

| 처리조건 | 원본 파일 | 이미지7.jpg, 이미지8.jpg, 이미지9.jpg, 동영상2.mp4 |

▶ 미디어 소스의 순서를 다음과 같이 지정하시오.
  • 미디어 소스 순서 ⇒ 동영상2.mp4 〉이미지7.jpg 〉이미지9.jpg 〉이미지8.jpg

《출력형태》

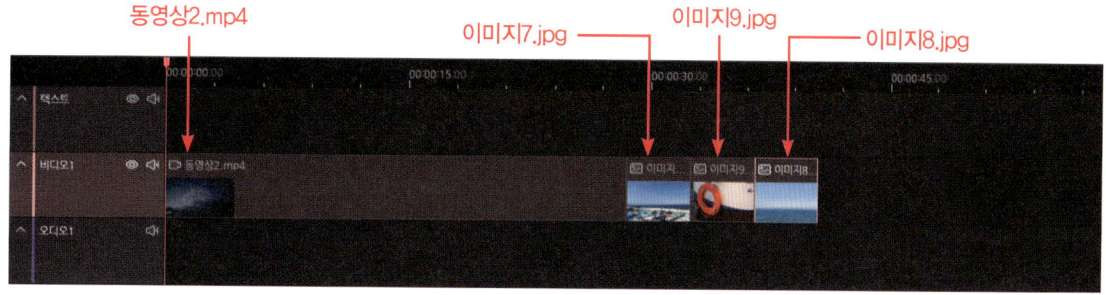

[Hint]
[미디어 클립 추가하기] 대화 상자에서 찾는 위치(01.유형사로잡기₩유형 분석 08₩문제파일)와 파일 이름(동영상2.mp4, 이미지7, 8, 9.jpg)을 선택하고, [열기] 버튼을 클릭합니다.

출제 유형 문제

> 예제 파일 : 없음 > 완성 파일 : 유형 분석 08₩유형 04_완성.gmep

03 처리조건에 따라 출력형태와 같이 완성하시오.

| 처리조건 | 원본 파일 | 이미지10.jpg, 이미지11.jpg, 이미지12.jpg, 동영상3.mp4 |

▶ 미디어 소스의 순서를 다음과 같이 지정하시오.
  • 미디어 소스 순서 ⇒ 동영상3.mp4 〉 이미지10.jpg 〉 이미지12.jpg 〉 이미지11.jpg

≪출력형태≫

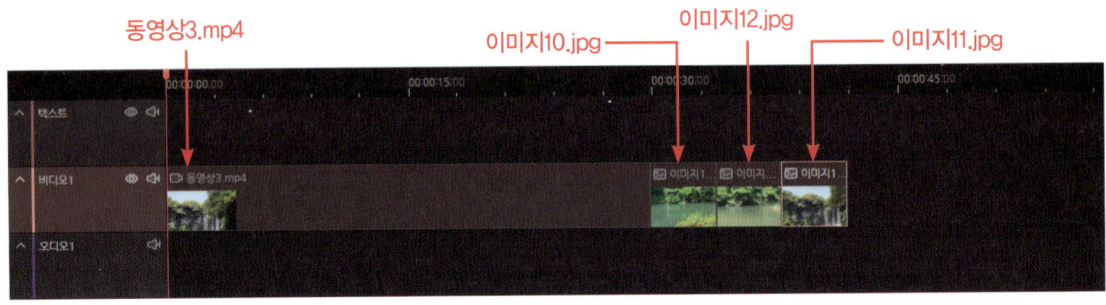

[Hint]
• 미디어 소스를 배치하기 위하여 '동영상3.mp4' 파일을 타임라인의 '비디오1' 트랙으로 드래그합니다.
• 동일한 방법으로 '이미지10.jpg', '이미지12.jpg', '이미지11.jpg' 파일을 차례로 드래그하여 '동영상3.mp4' 파일 뒤쪽에 배치합니다.

> 예제 파일 : 없음 > 완성 파일 : 유형 분석 08₩유형 05_완성.gmep

04 처리조건에 따라 출력형태와 같이 완성하시오.

| 처리조건 | 원본 파일 | 이미지13.jpg, 이미지14.jpg, 이미지15.jpg, 동영상4.mp4 |

▶ 미디어 소스의 순서를 다음과 같이 지정하시오.
  • 미디어 소스 순서 ⇒ 동영상4.mp4 〉 이미지14.jpg 〉 이미지13.jpg 〉 이미지15.jpg

≪출력형태≫

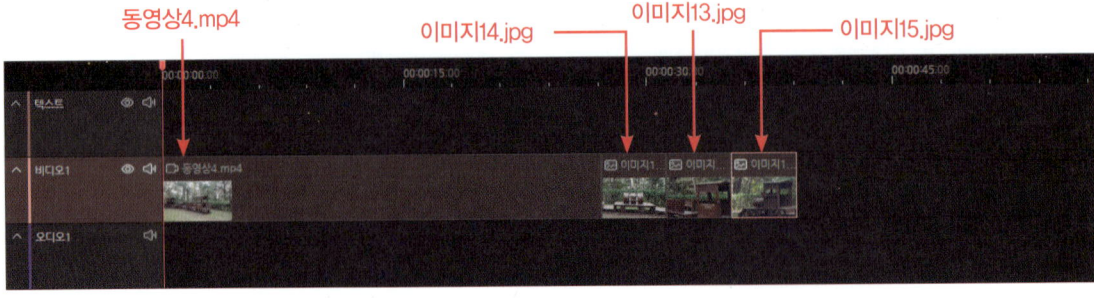

[Hint]
• 미디어 소스를 배치하기 위하여 '동영상4.mp4' 파일을 타임라인의 '비디오1' 트랙으로 드래그합니다.
• 동일한 방법으로 '이미지14.jpg', '이미지13.jpg', '이미지15.jpg' 파일을 차례로 드래그하여 '동영상4.mp4' 파일 뒤쪽에 배치합니다.

출제 유형 문제

▶ 예제 파일 : 없음 ▶ 완성 파일 : 유형 분석 08₩유형 06_완성.gmep

05 처리조건에 따라 출력형태와 같이 완성하시오.

처리조건	원본 파일	이미지16.jpg, 이미지17.jpg, 이미지18.jpg, 동영상5.mp4

▶ 미디어 소스의 순서를 다음과 같이 지정하시오.
  • 미디어 소스 순서 ⇒ 동영상5.mp4 〉이미지16.jpg 〉이미지18.jpg 〉이미지17.jpg

≪출력형태≫

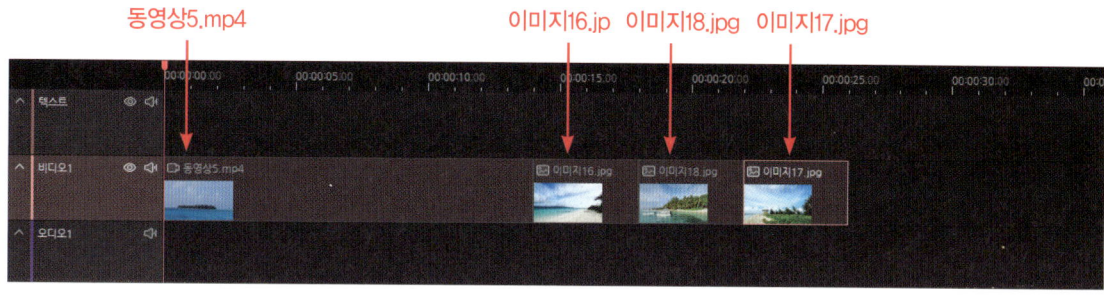

[Hint]
미디어 소스의 배치 순서를 한 번에 확인하기 위하여 타임라인 패널 왼쪽 하단에서 [축소] 단추를 클릭합니다.

▶ 예제 파일 : 없음 ▶ 완성 파일 : 유형 분석 08₩유형 07_완성.gmep

06 처리조건에 따라 출력형태와 같이 완성하시오.

처리조건	원본 파일	이미지19.jpg, 이미지20.jpg, 이미지21.jpg, 동영상6.mp4

▶ 미디어 소스의 순서를 다음과 같이 지정하시오.
  • 미디어 소스 순서 ⇒ 동영상6.mp4 〉이미지20.jpg 〉이미지21.jpg 〉이미지19.jpg

≪출력형태≫

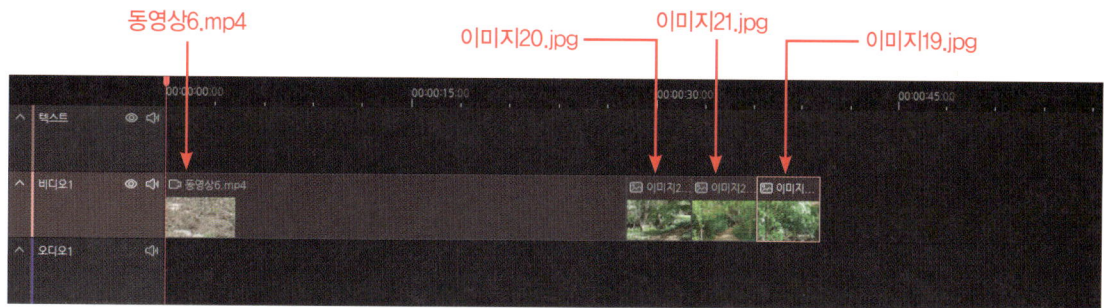

유형분석 09

동영상 파일 편집

핵심만 쏙쏙 동영상 음소거 / 재생 속도와 동영상 자르기 / 이펙트 지정과 텍스트 입력

동영상에 음소거, 재생 속도, 영상 자르기를 설정한 후 다양한 이펙트 속성 적용 및 입력한 텍스트에 글꼴 서식을 지정하고, 텍스트의 재생 시간을 편집하는 방법에 대하여 알아봅니다.

핵심 짚어보기

▶ 예제 파일 : 유형 분석 09₩유형 01_문제.gmep ▶ 완성 파일 : 유형 분석 09₩유형 01_완성.gmep

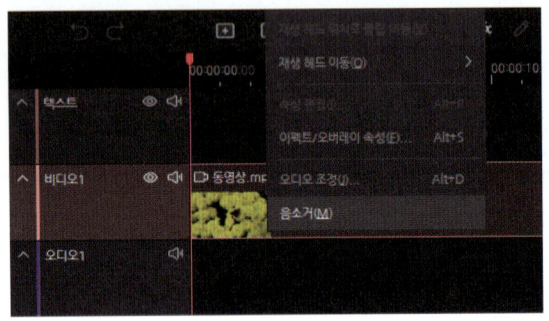

▲ 바로 가기 메뉴-[음소거]

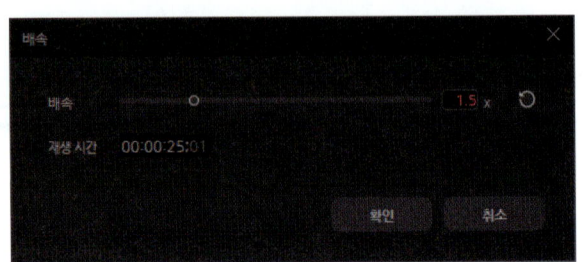

▲ [타임라인 툴바]-[배속] 단추

▲ 타임라인 툴바

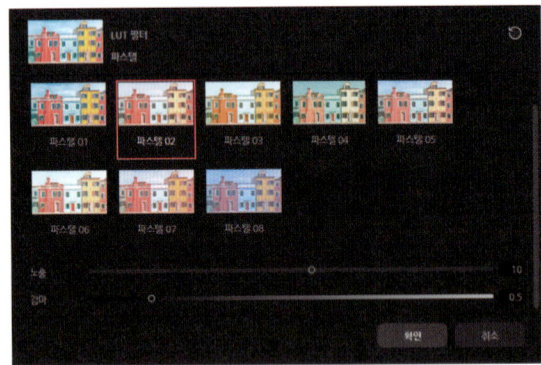

▲ 소스 및 효과 패널에서 [이펙트] 탭

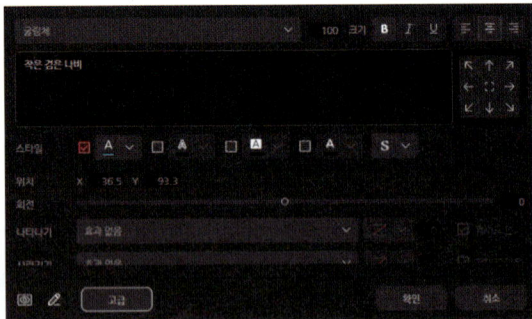

▲ 소스 및 효과 패널에서 [텍스트] 탭

클래스 업

- 원본 동영상에 음소거를 설정한 후 재생 속도를 지정하고, 원하는 시간에 동영상을 자릅니다.
- 동영상에 다양한 이펙트 속성(LUT 필터, 노출, 감마)을 지정합니다.
- 동영상에 텍스트를 입력한 후 글꼴 서식을 지정하고, 텍스트의 재생 시간을 설정합니다.

유형잡기 01 동영상에서 음소거하기

① 화면에서 [파일]-[프로젝트 열기]를 선택하고, [프로젝트 열기] 대화 상자에서 '유형 분석 09₩유형01_문제₩유형 01_문제.gmep'를 불러오기 합니다. (해당 파일을 더블 클릭하여 실행할 수도 있음)

② 원본 동영상에 음소거를 설정하기 위하여 타임라인 패널의 '동영상.mp4' 클립에서 마우스 오른쪽 버튼을 클릭하고, [음소거]를 선택합니다.

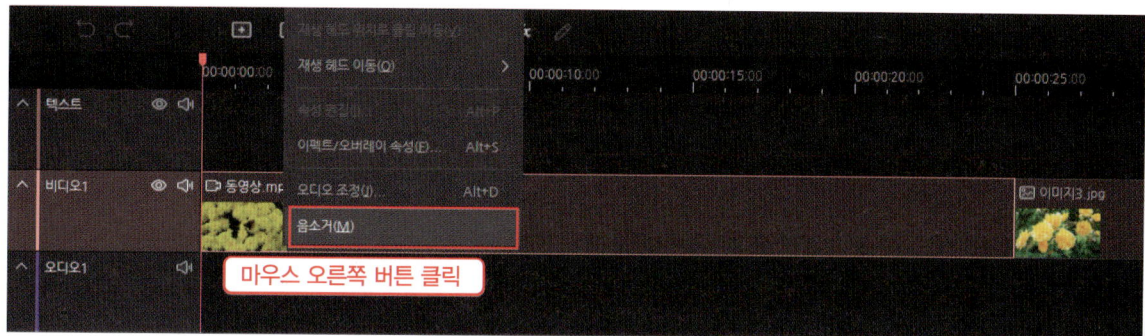

③ 동영상에 음소거가 설정되면 클립 왼쪽 하단에 음소거 표시가 나타납니다.

유형잡기 02 재생 속도 설정과 동영상 자르기

① 동영상의 재생 속도를 설정하기 위하여 타임라인 패널에서 '동영상.mp4' 클립을 선택한 후 타임라인 툴바에서 배속(🔘) 단추를 클릭합니다.

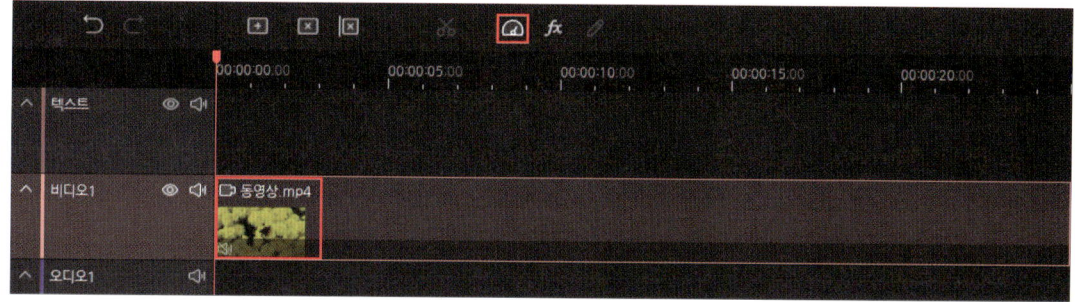

❷ [배속] 대화 상자가 나타나면 배속 입력란에 "1.5"를 입력하고, [확인] 버튼을 클릭합니다.

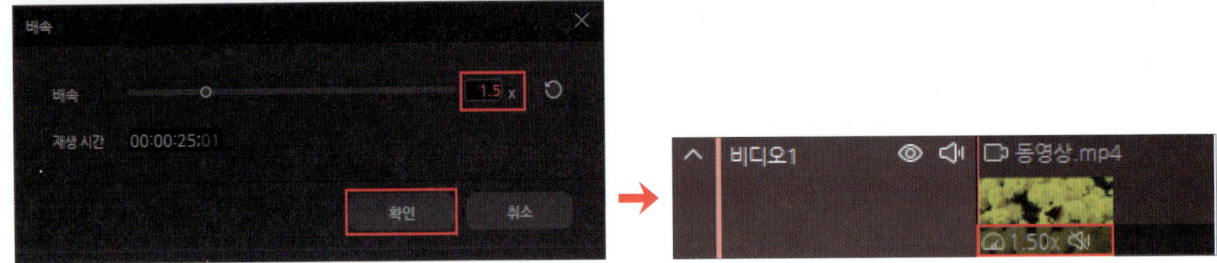

❸ 동영상을 자르기 위하여 미리보기 패널에서 재생 헤드 위치를 "12.20"으로 입력합니다.

❹ 타임라인 패널에서 클립 재생 헤드가 '12.20'에 위치한 것을 확인한 후 타임라인 툴바에서 클립 자르기(✂) 단추를 클릭합니다.

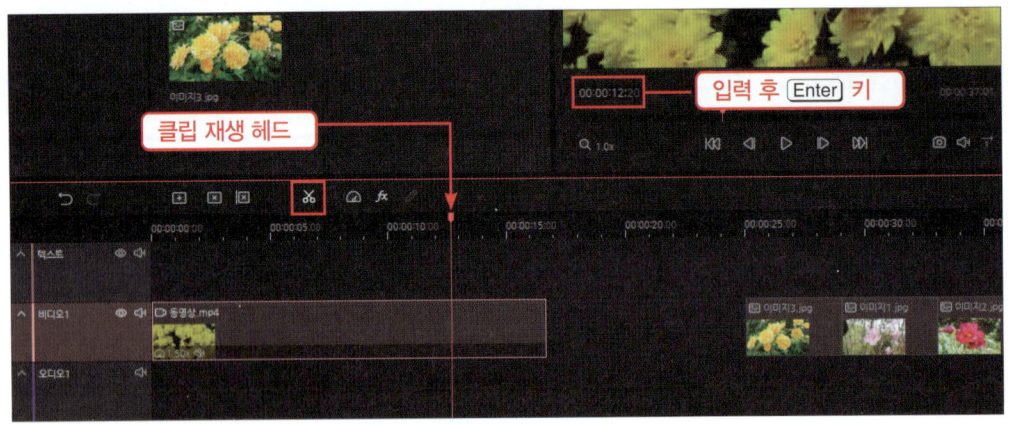

> **Tip** 재생 헤드 위치
>
> 클립 재생 헤드의 위치(시:분:초:프레임 번호)를 보여주며, 여기에 숫자를 직접 입력하면 클립 재생 헤드가 이동됩니다.
>

❺ 클립 재생 헤드를 기준으로 동영상이 둘로 나누어지면 뒤쪽 동영상을 선택한 후 Delete 키를 눌러서 동영상을 삭제합니다.

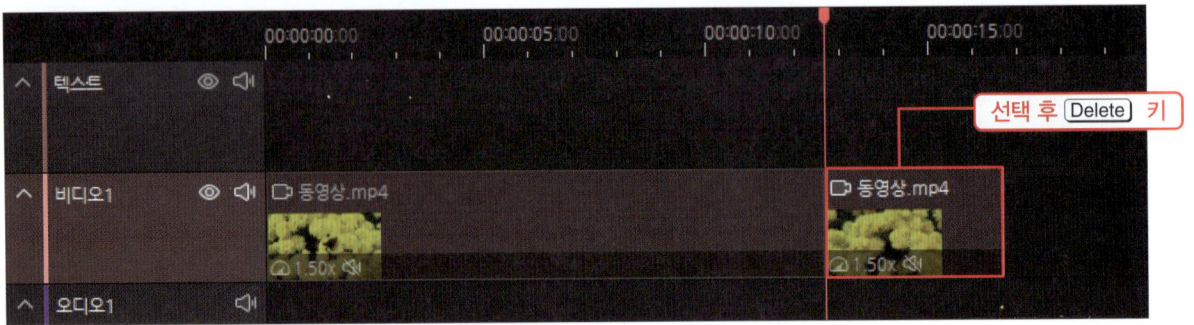

❻ 공백 부분에서 마우스 오른쪽 버튼을 클릭한 후 [모든 공백 삭제]를 선택하여 공백을 제거합니다.
(이미지 클립을 드래그하여 이동할 수도 있음)

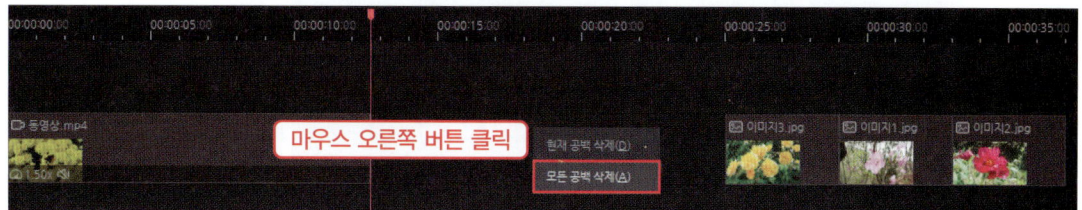

 타임라인 툴바

- ① 실행 취소/다시 실행 : 이전 작업 단계로 돌아갑니다./이전 단계로 갔다가 다시 실행합니다.
- ② 클립 추가 : 프로젝트 클립 리스트에 선택된 클립을 타임라인의 선택된 트랙 맨 뒤로 추가합니다.
- ③ 클립 삭제 : 타임라인에서 선택된 클립을 삭제하되 삭제된 클립의 길이만큼 공백으로 남습니다.
- ④ 클립 당기며 삭제 : 타임라인에서 선택된 클립을 당기면서 삭제하되 삭제된 클립의 길이만큼 뒤에 있는 클립들이 당겨집니다.
- ⑤ 클립 자르기 : 타임라인에서 선택된 클립을 재생 헤드가 위치한 시간에서 자릅니다.
- ⑥ 배속 : 타임라인에서 선택된 비디오/오디오 클립의 배속을 지정합니다.
- ⑦ 이펙트/오버레이 속성 : 타임라인에서 선택된 클립에 적용되어 있는 이펙트 속성을 보여주며, 이펙트를 삭제하거나 순서 및 속성을 변경합니다.
- ⑧ 속성 편집 : 타임라인에서 적용된 클립 중 편집이 가능한 텍스트/오브젝트 클립을 클릭 시 활성화됩니다.

유형잡기 03 동영상에 이펙트 지정하기

❶ 타임라인 패널에서 '동영상.mp4' 클립을 선택한 후 소스 및 효과 패널 상단에 있는 [이펙트] 탭을 클릭합니다.

❷ 화면 왼쪽의 전체보기에서 [LUT 필터]-[파스텔]을 선택합니다.

③ 유형 중 '파스텔 02'를 선택한 후 주어진 노출값(10)과 감마값(0.5)을 각각 지정하고, [확인] 버튼을 클릭합니다.

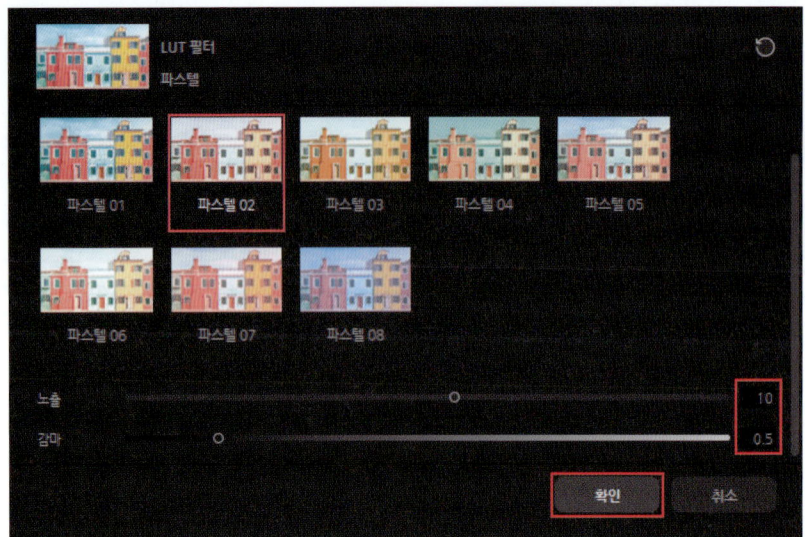

④ 미리보기 패널에는 동영상에 이펙트가 적용된 것을 확인할 수 있고, 타임라인 패널의 '동영상.mp4' 클립에는 이펙트 속성이 표시됩니다.

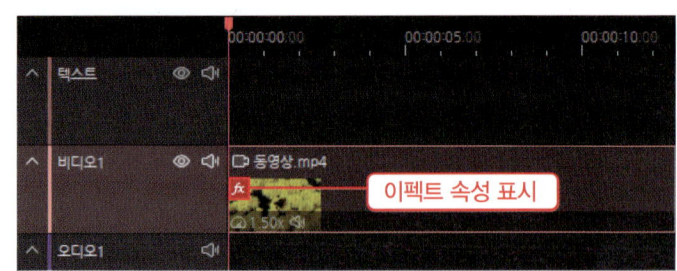

Tip [이펙트] 탭
- 영상의 크기를 바꾸거나 색상과 이미지 보정 등 클립에 적용되는 여러 이펙트 기능을 모아 놓은 창입니다.
- 카테고리별로 분류되어 있으며, 타임라인 작업 영역에 추가한 클립을 선택한 후 이펙트를 지정합니다.

유형잡기 04 동영상에 텍스트 입력하기

① 동영상에 텍스트를 입력하기 위하여 타임라인 패널에서 '텍스트'를 선택한 후 소스 및 효과 패널 상단에 있는 [텍스트] 탭을 클릭합니다.

❷ 화면 왼쪽의 전체보기에서 [기본자막]을 선택하고, 기본자막의 ➕ 을 클릭합니다.

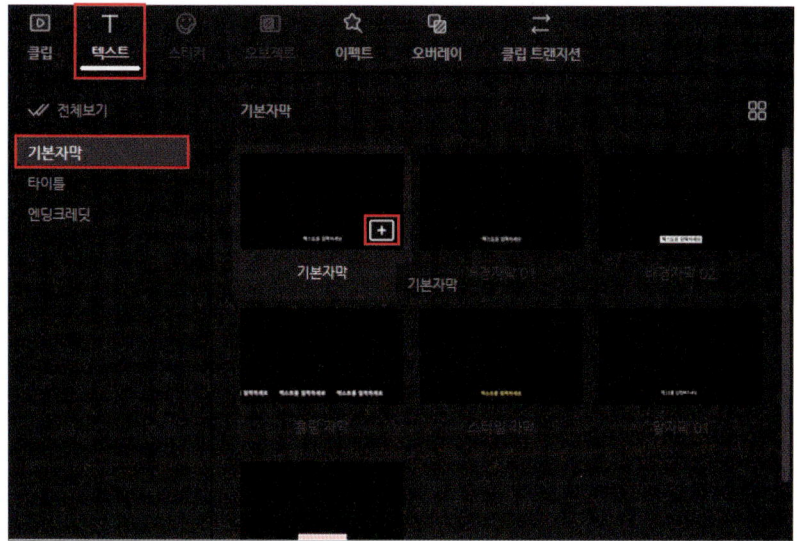

❸ 타임라인 패널에 추가된 기본자막 클립을 더블 클릭한 후 주어진 텍스트 "작은 검은 나비"를 입력하고 글꼴(굴림체), 글꼴 크기(100), 위치 설정(화면 정가운데 아래)을 각각 지정합니다.

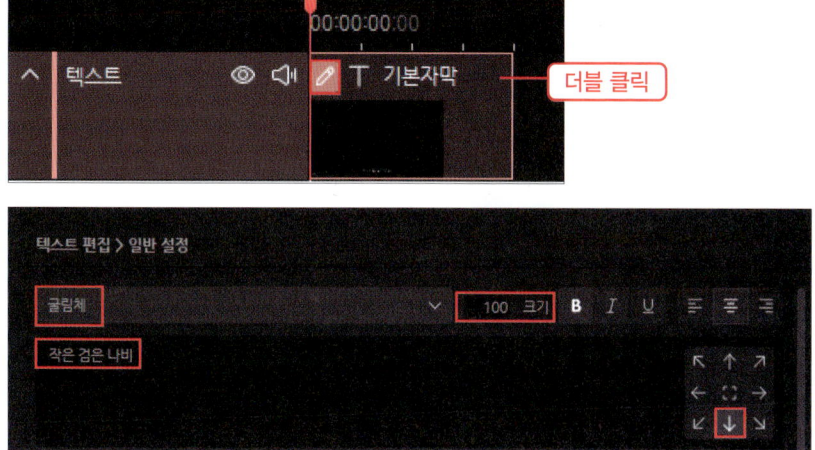

 **글꼴 크기와 위치 설정**

- 글꼴 크기 : 원하는 글자 크기를 직접 입력하거나 마우스 포인터를 에디트 컨트롤 위에 올려놓고 마우스를 누른 채 좌우로 움직이면 글자 크기가 변경됩니다.
- 위치 설정 : 텍스트 프레임을 미리 정한 9개의 구역으로 이동시킵니다.

④ 텍스트 색상을 설정하기 위하여 스타일에서 ▥ 단추를 클릭하고, [다른 색상]을 선택합니다.

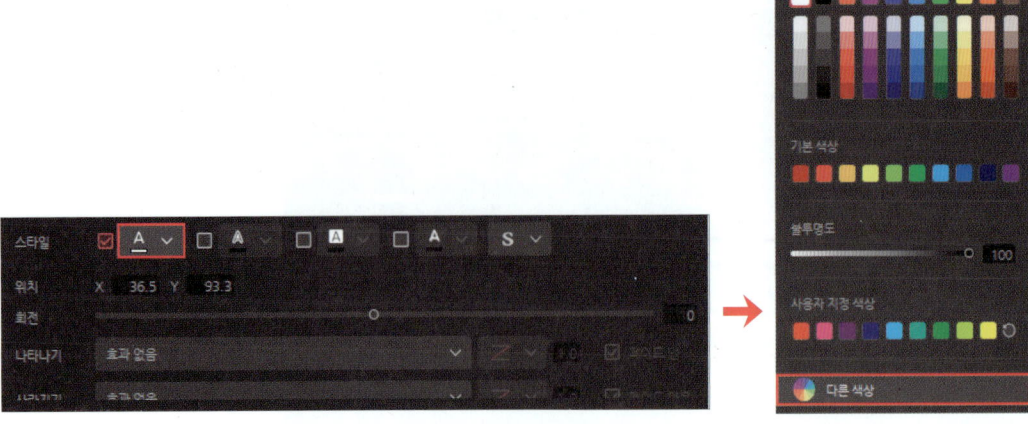

⑤ [색상 선택] 대화 상자가 나타나면 주어진 색상값(47d8ff)을 입력하고, [확인]/[확인] 버튼을 클릭합니다.

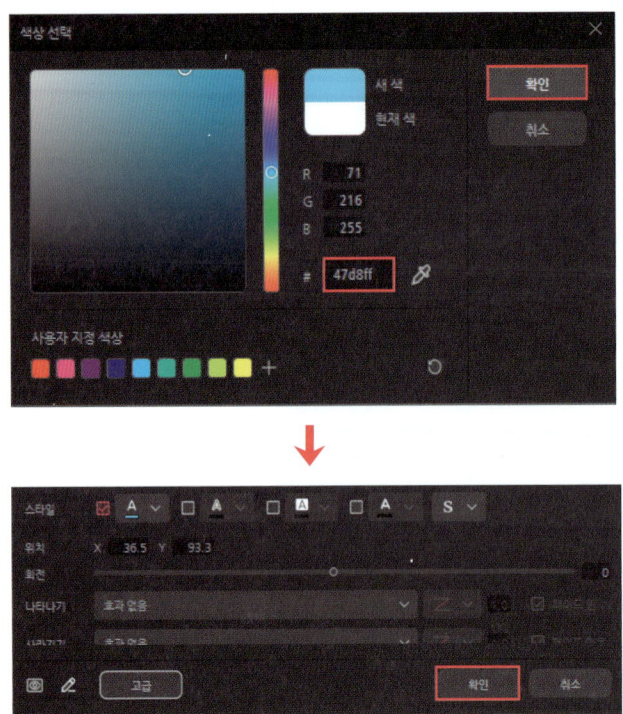

 **텍스트 스타일**

- 기본적으로 텍스트 색상(단색)에 체크 박스가 표시되어 있으며, 자유롭게 활성화/비활성화가 가능합니다.
- 《처리조건》에서 추가적인 스타일이 있을 경우 해당 스타일에 체크 표시를 선택하여 지정합니다.

① 텍스트 색상, ② 텍스트 윤곽선, ③ 텍스트 바탕, ④ 텍스트 그림자, ⑤ 텍스트 스타일

⑥ 텍스트의 재생 시간을 설정하기 위하여 재생 헤드 위치를 "5.10"으로 입력한 후 텍스트 클립을 클립 재생 헤드 뒤쪽으로 드래그합니다.

⑦ 이동된 텍스트 클립 위에서 마우스 오른쪽 버튼을 클릭하고, [길이 변경]을 선택합니다.

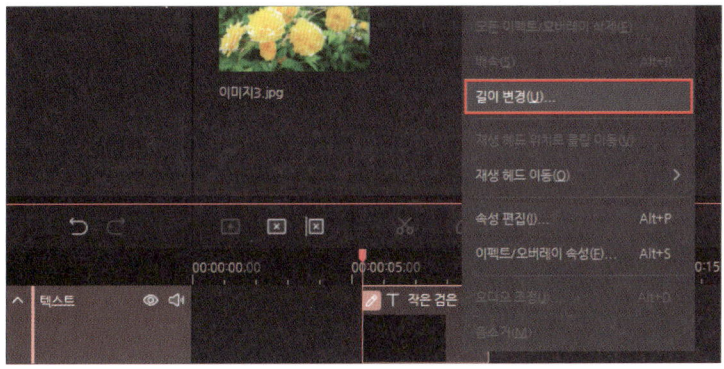

⑧ [길이 변경] 대화 상자가 나타나면 클립 길이를 "5.00"으로 지정하고, [확인] 버튼을 클릭합니다.

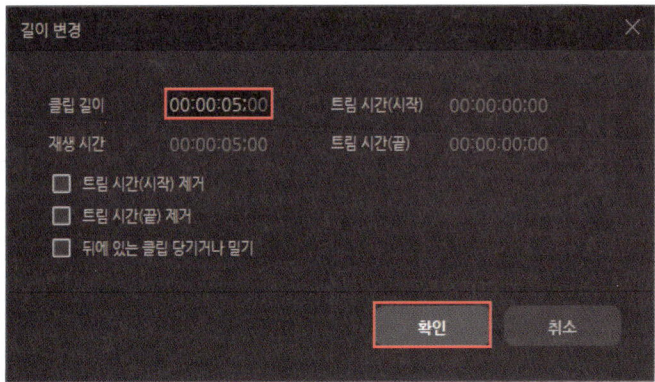

⑨ 미리보기 패널에서 재생(▶) 단추를 클릭하여 편집된 동영상을 확인합니다.

⑩ [파일]-[프로젝트 전체 저장]을 선택한 후 [보관용 프로젝트로 저장] 대화 상자에서 이름(유형01_완성)과 경로 설정(01.유형사로잡기₩유형 분석 09)을 지정하고, [확인] 버튼을 클릭하여 완성된 파일을 저장합니다.

출제 유형 문제

▶ 예제 파일 : 유형 분석 09₩유형 02_문제.gmep   ▶ 완성 파일 : 유형 분석 09₩유형 02_완성.gmep

01 처리조건에 따라 출력형태와 같이 완성하시오.

처리조건
▶ 동영상 파일('동영상1.mp4')을 다음과 같이 처리하시오.
- 배 속 : 1.2×   • 자르기 : 시작 시간(0.00), 재생 시간(12.25)
- 이펙트 : LUT 필터-에메랄드-에메랄드 01(노출 : 6, 감마 : 1.5)
- 텍스트 ⇒ 텍스트 입력 : 금학산 정상에서
  텍스트 서식 : 기본자막(바탕체, 크기 170, d4e119), 윤곽선 설정(없음),
  위치 설정(화면 정가운데 아래), 시작 시간(5.20), 클립 길이(5.00)
- 재생 속도 설정 후 자르기를 하여야 하며, 잘라진 뒷부분의 동영상 및 트랙의 모든 공백을 삭제할 것
- 원본 동영상에 포함된 오디오는 모두 음소거 할 것

≪출력형태≫

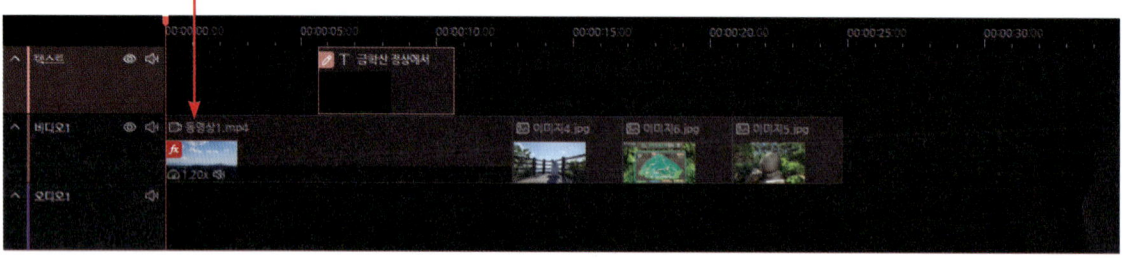

[Hint]
- 동영상에 음소거를 설정하기 위하여 타임라인 패널의 '동영상1.mp4' 클립에서 마우스 오른쪽 버튼을 클릭하고, [음소거]를 선택합니다.
- 동영상의 재생 속도를 설정하기 위하여 타임라인 패널에서 '동영상1.mp4' 클립을 선택한 후 타임라인 툴바에서 [배속] 단추를 클릭합니다.
- [배속] 대화 상자가 나타나면 배속 입력란에 "1.2"를 입력하고, [확인] 버튼을 클릭합니다.

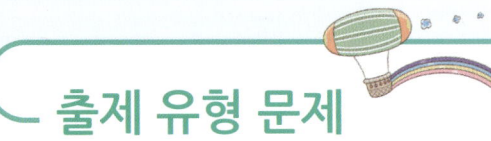

출제 유형 문제

▶ 예제 파일 : 유형 분석 09₩유형 03_문제.gmep   ▶ 완성 파일 : 유형 분석 09₩유형 03_완성.gmep

02 처리조건에 따라 출력형태와 같이 완성하시오.

처리조건

▶ 동영상 파일('동영상2.mp4')을 다음과 같이 처리하시오.
- 배 속 : 1.3×   • 자르기 : 시작 시간(0.00), 재생 시간(12.20)
- 이펙트 : LUT 필터-카메라 필름-카메라 필름 02(노출 : 8, 감마 : 0.7)
- 텍스트 ⇒ 텍스트 입력 : 멋진 드론들
  텍스트 서식 : 기본자막(굴림체, 크기 130, dbef1d), 윤곽선 설정(없음),
  위치 설정(화면 정가운데 아래), 시작 시간(5.20), 클립 길이(6.00)
- 재생 속도 설정 후 자르기를 하여야 하며, 잘라진 뒷부분의 동영상 및 트랙의 모든 공백을 삭제할 것
- 원본 동영상에 포함된 오디오는 모두 음소거 할 것

≪출력형태≫

[Hint]
- 동영상을 자르기 위하여 미리보기 패널에서 재생 헤드 위치를 "12.20"으로 입력합니다.
- 타임라인 패널에서 클립 재생 헤드가 '12.20'에 위치한 것을 확인한 후 타임라인 툴바에서 [클립 자르기] 단추를 클릭합니다.
- 클립 재생 헤드를 기준으로 동영상이 둘로 나누어지면 뒤쪽 동영상을 선택한 후 Delete 키를 눌러서 동영상 및 트랙의 모든 공백을 삭제합니다.

출제 유형 문제

▶ 예제 파일 : 유형 분석 09₩유형 04_문제.gmep   ▶ 완성 파일 : 유형 분석 09₩유형 04_완성.gmep

03 처리조건에 따라 출력형태와 같이 완성하시오.

처리조건

▶ 동영상 파일('동영상3.mp4')을 다음과 같이 처리하시오.
- 배 속 : 1.4×   • 자르기 : 시작 시간(0.00), 재생 시간(12.10)
- 이펙트 : LUT 필터-빈티지-빈티지 05(노출 : 9, 감마 : 0.8)
- 텍스트 ⇒ 텍스트 입력 : ┃ 웅장한 폭포 경치 ┃
  텍스트 서식 : 기본자막(궁서체, 크기 140, e7e61f), 윤곽선 설정(없음),
  위치 설정(화면 정가운데 아래), 시작 시간(5.20), 클립 길이(5.00)
- 재생 속도 설정 후 자르기를 하여야 하며, 잘라진 뒷부분의 동영상 및 트랙의 모든 공백을 삭제할 것
- 원본 동영상에 포함된 오디오는 모두 음소거 할 것

《출력형태》

[Hint]
- '동영상3.mp4' 클립을 선택한 후 소스 및 효과 패널 상단에 있는 [이펙트] 탭을 클릭합니다.
- 화면 왼쪽의 전체보기에서 [LUT 필터]-[빈티지]를 선택합니다.
- 유형 중에서 '빈티지 05'를 선택한 후 주어진 노출값(9)과 감마값(0.8)을 각각 지정하고, [확인] 버튼을 클릭합니다.

출제 유형 문제

▶ 예제 파일 : 유형 분석 09₩유형 05_문제.gmep   ▶ 완성 파일 : 유형 분석 09₩유형 05_완성.gmep

04 처리조건에 따라 출력형태와 같이 완성하시오.

처리조건

▶ 동영상 파일('동영상4.mp4')을 다음과 같이 처리하시오.
- 배 속 : 1.5×
- 자르기 : 시작 시간(0.00), 재생 시간(12.10)
- 이펙트 : LUT 필터-파스텔-파스텔 02(노출 : 10, 감마 : 0.7)
- 텍스트 ⇒ 텍스트 입력 : 재미있는 나무 기차
  텍스트 서식 : 기본자막(돋움체, 크기 150, e03535), 윤곽선 설정(없음),
  위치 설정(화면 정가운데 아래), 시작 시간(5.10), 클립 길이(5.00)
- 재생 속도 설정 후 자르기를 하여야 하며, 잘라진 뒷부분의 동영상 및 트랙의 모든 공백을 삭제할 것
- 원본 동영상에 포함된 오디오는 모두 음소거 할 것

≪출력형태≫

[Hint]
- 텍스트를 입력하기 위하여 타임라인 패널에서 '텍스트'를 선택한 후 소스 및 효과 패널 상단에 있는 [텍스트] 탭을 클릭합니다.
- 화면 왼쪽의 전체보기에서 [기본자막]을 선택하고, 기본자막의 [+]을 클릭합니다.
- 타임라인 패널에 추가된 기본자막 클립을 더블 클릭한 후 주어진 텍스트 "재미있는 나무 기차"를 입력하고 글꼴(돋움체), 글꼴 크기(150), 위치 설정(화면 정가운데 아래)을 각각 지정합니다.

출제 유형 문제

▶ 예제 파일 : 유형 분석 09₩유형 06_문제.gmep ▶ 완성 파일 : 유형 분석 09₩유형 06_완성.gmep

05 처리조건에 따라 출력형태와 같이 완성하시오.

처리조건

▶ 동영상 파일('동영상5.mp4')을 다음과 같이 처리하시오.
- 배 속 : 1.6×   • 자르기 : 시작 시간(0.00), 재생 시간(8.00)
- 이펙트 : LUT 필터-맑은 햇살-맑은 햇살 01(노출 : 8, 감마 : 0.9)
- 텍스트 ⇒ 텍스트 입력 : 자연이 빚어낸 섬
  텍스트 서식 : 기본자막(맑은 고딕, 크기 160, e0275f), 윤곽선 설정(없음),
  위치 설정(화면 정가운데 아래), 시작 시간(5.00), 클립 길이(4.00)
- 재생 속도 설정 후 자르기를 하여야 하며, 잘라진 뒷부분의 동영상 및 트랙의 모든 공백을 삭제할 것
- 원본 동영상에 포함된 오디오는 모두 음소거 할 것

《출력형태》

[Hint]
- 타임라인 패널에 추가된 기본자막 클립을 더블 클릭한 후 주어진 텍스트 "자연이 빚어낸 섬"을 입력하고 글꼴(맑은 고딕), 글꼴 크기(160), 위치 설정(화면 정가운데 아래)을 각각 지정합니다.
- 텍스트 색상을 설정하기 위하여 스타일에서 첫 번째 단추를 클릭하고, [다른 색상]을 선택합니다.
- [색상 선택] 대화 상자가 나타나면 주어진 색상값(e0275f)을 입력하고, [확인]/[확인] 버튼을 클릭합니다.

출제 유형 문제

▶ 예제 파일 : 유형 분석 09₩유형 07_문제.gmep   ▶ 완성 파일 : 유형 분석 09₩유형 07_완성.gmep

06 처리조건에 따라 출력형태와 같이 완성하시오.

처리조건

▶ 동영상 파일('동영상6.mp4')을 다음과 같이 처리하시오.
- 배 속 : 1.5×   • 자르기 : 시작 시간(0.00), 재생 시간(12.20)
- 이펙트 : LUT 필터-파스텔-파스텔 03(노출 : 9, 감마 : 0.9)
- 텍스트 ⇒ 텍스트 입력 : 작은 다람쥐
  텍스트 서식 : 기본자막(나눔고딕, 크기 120, ef25ff), 윤곽선 설정(없음),
  위치 설정(화면 정가운데 아래), 시작 시간(5.10), 클립 길이(6.00)
- 재생 속도 설정 후 자르기를 하여야 하며, 잘라진 뒷부분의 동영상 및 트랙의 모든 공백을 삭제할 것
- 원본 동영상에 포함된 오디오는 모두 음소거 할 것

≪출력형태≫

[Hint]
- 텍스트의 재생 시간을 설정하기 위하여 재생 헤드 위치를 "5.10"으로 입력한 후 텍스트 클립을 클립 재생 헤드 뒤쪽으로 드래그합니다.
- 이동된 텍스트 클립 위에서 마우스 오른쪽 버튼을 클릭하고, [길이 변경]을 선택합니다.
- [길이 변경] 대화 상자가 나타나면 클립 길이를 "6.00"으로 지정하고, [확인] 버튼을 클릭합니다.

유형분석 10 : 이미지 파일 편집

핵심만 쏙쏙 이미지 클립 길이 / 오버레이 / 클립 트랜지션

타임라인 패널에 있는 각 이미지에 대하여 《처리조건》에서 주어진 이미지 클립 길이, 오버레이, 클립 트랜지션을 세부적으로 편집하는 방법에 대하여 알아봅니다.

핵심 짚어보기

▶ 예제 파일 : 유형 분석 10₩유형 01_문제.gmep ▶ 완성 파일 : 유형 분석 10₩유형 01_완성.gmep

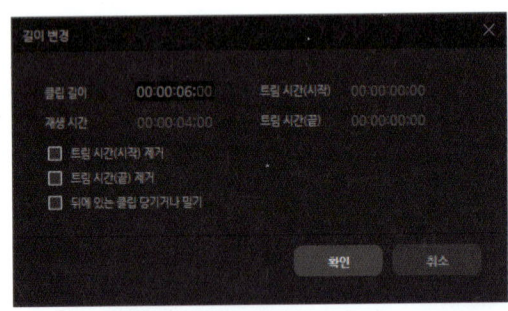
◀ 클립의 바로 가기 메뉴-[길이 변경]

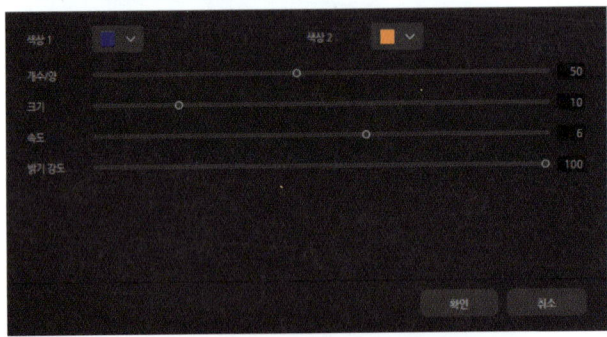
◀ [오버레이] 탭-유형 선택

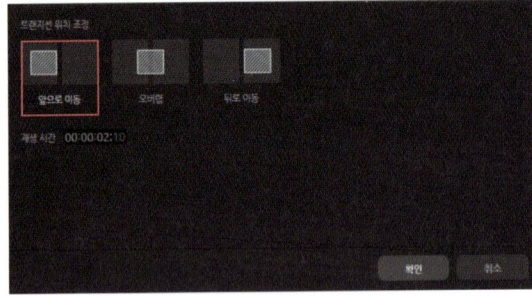
◀ 클립에 적용된 효과 옵션을 더블 클릭

클래스 업

- 해당 이미지의 [길이 변경] 대화 상자에서 클립 길이를 지정합니다.
- [오버레이] 탭에서 유형을 찾아 선택한 후 크기, 속도, 밝기 강도 등을 지정합니다.
- [클립 트랜지션] 탭에서 클립 효과를 적용한 후 위치 조정과 재생 시간을 지정합니다.

유형잡기 01 이미지 편집하기(1)

① 화면에서 [파일]-[프로젝트 열기]를 선택하고, [프로젝트 열기] 대화 상자에서 '유형 분석 10₩유형01_문제₩유형 01_문제.gmep'를 불러오기 합니다.

② 타임라인 패널에서 '이미지3.jpg' 클립을 선택한 후 마우스 오른쪽 버튼을 클릭하고, [길이 변경]을 선택합니다.

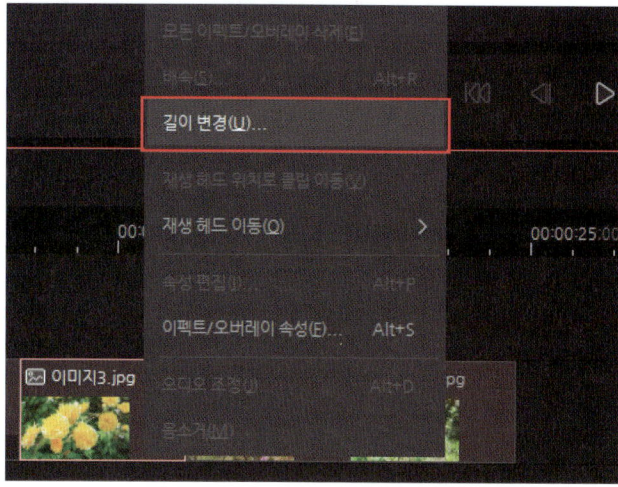

③ [길이 변경] 대화 상자에서 클립 길이를 "6.00"으로 지정하고, [확인] 버튼을 클릭합니다. 다음과 같은 [알림] 대화 상자가 나타나면 [예] 버튼을 클릭합니다.

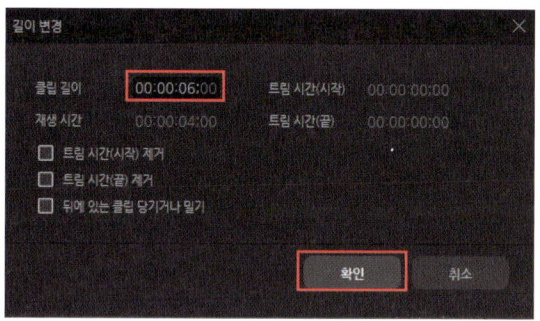
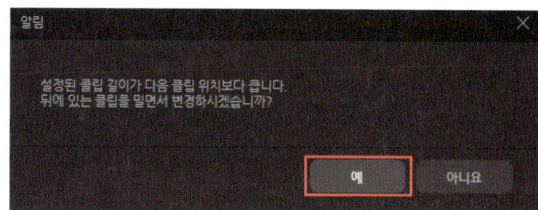

④ '이미지3.jpg' 클립이 선택된 상태에서 소스 및 효과 패널 상단에 있는 [오버레이] 탭을 클릭합니다.

⑤ 전체보기에서 '영롱한'을 찾아 선택한 후 《처리조건》에 따라 크기(10)와 속도(6)를 지정하고, [확인] 버튼을 클릭합니다.

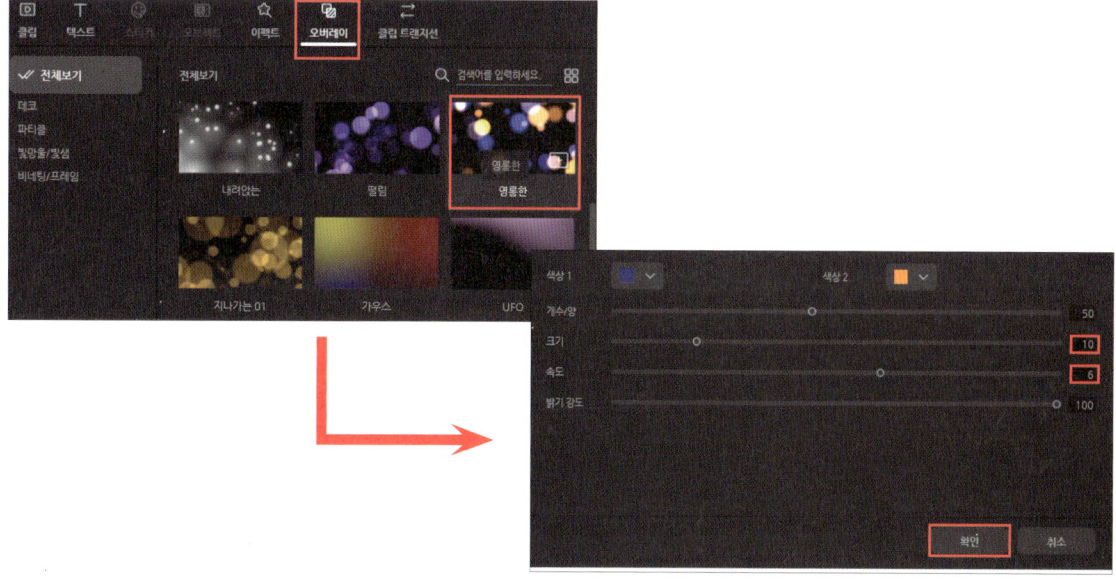

 **Tip** [오버레이] 탭

영상의 속성 변경없이 클립 위에서 오버랩하여 꾸며주는 클립을 모아 놓은 창으로 타임라인에 담긴 클립을 선택한 후 다른 오버레이를 누적해서 적용할 수 있지만 같은 오버레이를 클립에 중복해서 적용할 수는 없습니다.

⑥ '이미지3.jpg' 클립이 선택된 상태에서 소스 및 효과 패널 상단에 있는 [클립 트랜지션] 탭을 클릭한 후 전체보기에서 '왼쪽으로 스크롤'의 ➕를 클릭합니다.

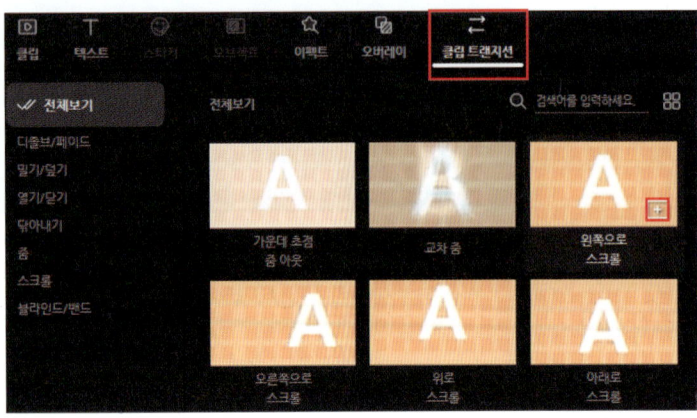

⑦ 타임라인 패널의 '이미지3.jpg' 클립에 적용된 효과 옵션을 더블 클릭한 후 트랜지션 위치 조정(앞으로 이동)과 재생 시간(2.10)을 지정하고, [확인] 버튼을 클릭합니다.

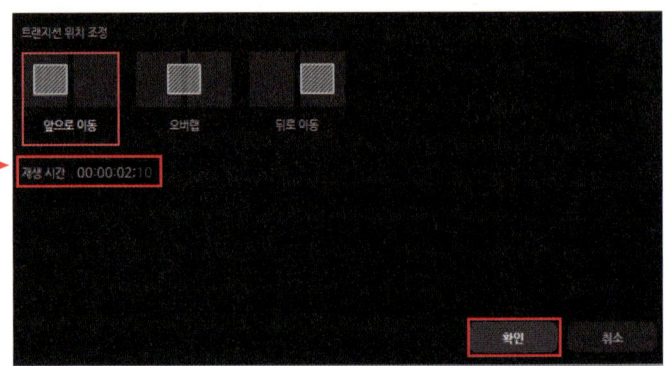

 **Tip** [클립 트랜지션] 탭

- 왼쪽 클립과 오른쪽 클립을 나란히 한 후 각 트랙의 영상을 혼합하여 결과 영상을 만드는 것으로 결과물은 적용하려는 클립을 선택한 다음에 적용됩니다.
- 클립 트랜지션 컨트롤 클립의 길이가 적용되는 시간에서 컨트롤 클립을 늘리거나 줄이고 이동 및 삭제할 수 있습니다.

유형잡기 02 이미지 편집하기(2)

① 타임라인 패널에서 '이미지1.jpg' 클립을 선택한 후 마우스 오른쪽 버튼을 클릭하고, [길이 변경]을 선택합니다.

② [길이 변경] 대화 상자에서 클립 길이를 "5.00"으로 지정하고, [확인] 버튼을 클릭합니다. [알림] 대화 상자가 나타나면 [예] 버튼을 클릭합니다.

③ '이미지1.jpg' 클립이 선택된 상태에서 소스 및 효과 패널 상단에 있는 [오버레이] 탭을 클릭합니다.

④ 전체보기에서 '원형 비넷'을 찾아 선택한 후 《처리조건》에 따라 반경(70)을 지정하고, [확인] 버튼을 클릭합니다.

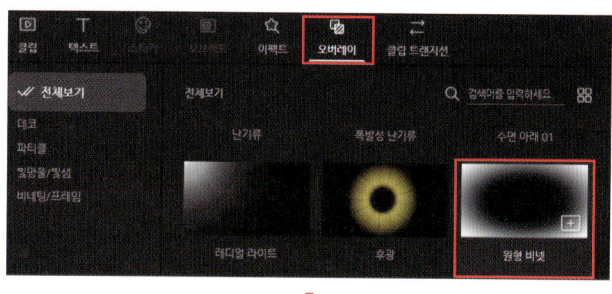

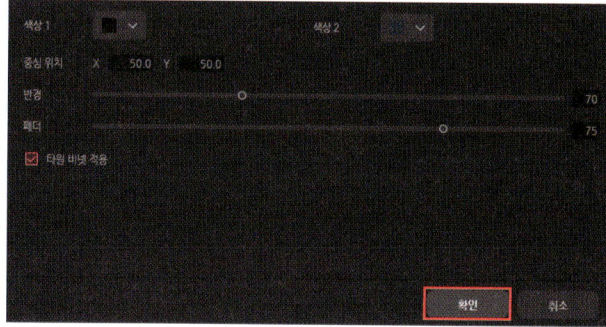

⑤ '이미지1.jpg' 클립이 선택된 상태에서 소스 및 효과 패널 상단에 있는 [클립 트랜지션] 탭을 클릭한 후 전체보기에서 '문 열기'의 ➕ 를 클릭합니다.

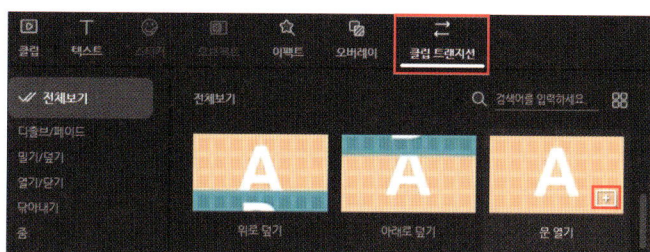

⑥ 타임라인 패널의 '이미지1.jpg' 클립에 적용된 효과 옵션을 더블 클릭한 후 트랜지션 위치 조정(오버랩)과 재생 시간(1.00)을 지정하고, [확인] 버튼을 클릭합니다.

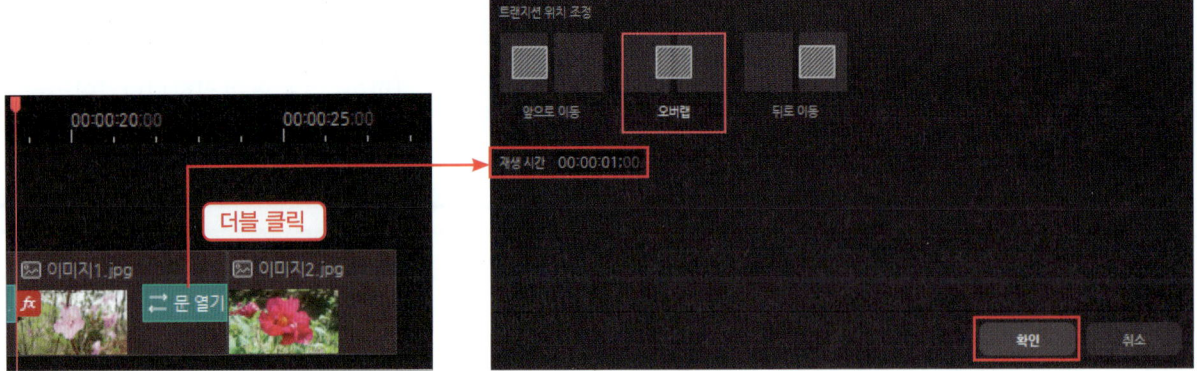

 **트랜지션 모드**

• 위치 조정 : 트랜지션 모드 설정을 통해 왼쪽 클립, 오른쪽 클립의 전환 방식을 선택합니다.
• 재생 시간 : 클립 트랜지션이 지속되는 시간으로 시간을 수정하면 클립 트랜지션 컨트롤 클립의 길이가 변경됩니다.

유형잡기 03 이미지 편집하기(3)

① 타임라인 패널에서 '이미지2.jpg' 클립을 선택한 후 마우스 오른쪽 버튼을 클릭하고, [길이 변경]을 선택합니다.

② [길이 변경] 대화 상자에서 클립 길이를 "7.00"으로 지정하고, [확인] 버튼을 클릭합니다.

 →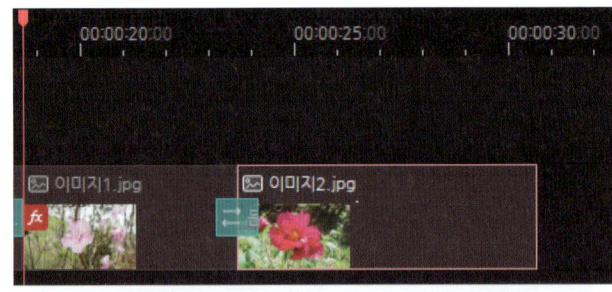

③ '이미지2.jpg' 클립이 선택된 상태에서 소스 및 효과 패널 상단에 있는 [오버레이] 탭을 클릭합니다.

④ 전체보기에서 '비누 방울'을 찾아 선택한 후 《처리조건》에 따라 속도(8)를 지정하고, [확인] 버튼을 클릭합니다.

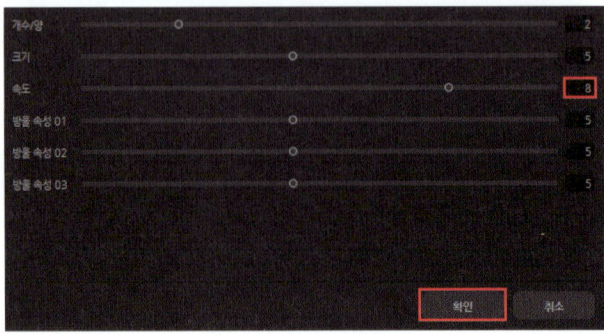

❺ '이미지2.jpg' 클립이 선택된 상태에서 소스 및 효과 패널 상단에 있는 [클립 트랜지션] 탭을 클릭한 후 전체 보기에서 '위로 덮기'의 ￼를 클릭합니다.

❻ 타임라인 패널의 '이미지2.jpg' 클립에 적용된 효과 옵션을 더블 클릭한 후 트랜지션 위치 조정(앞으로 이동)과 재생 시간(1.00)을 지정하고, [확인] 버튼을 클릭합니다.

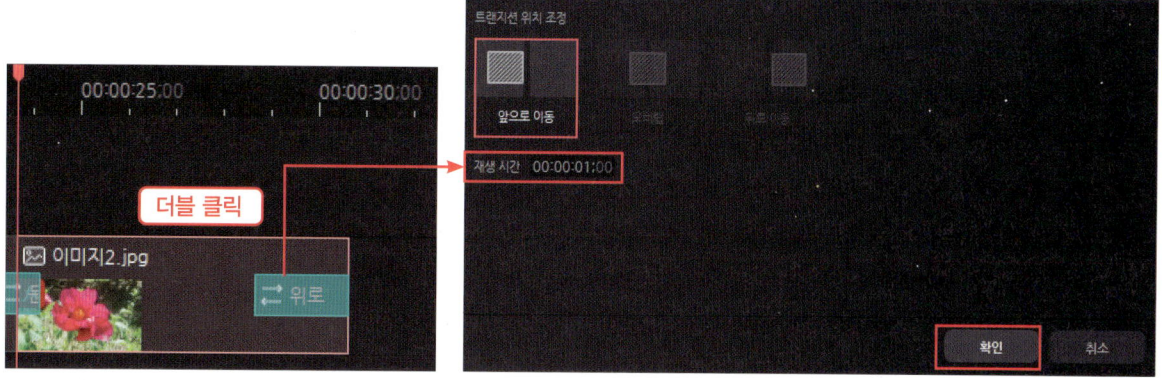

❼ [파일]-[프로젝트 전체 저장]을 선택한 후 [보관용 프로젝트로 저장] 대화 상자에서 이름(유형01_완성)과 경로 설정(01.유형사로잡기₩유형 분석 10)을 지정하고, [확인] 버튼을 클릭하여 완성된 파일을 저장합니다.

출제 유형 문제

▶ 예제 파일 : 유형 분석 10₩유형 02_문제.gmep   ▶ 완성 파일 : 유형 분석 10₩유형 02_완성.gmep

01 처리조건에 따라 출력형태와 같이 완성하시오.

처리조건

▶ 이미지 파일을 다음과 같이 처리하시오.
- '이미지4.jpg' ⇒ 이미지 클립 길이 : 5.00, 오버레이 : 흩날림(크기 : 8),
  클립 트랜지션 : 아래로 밀기(앞으로 이동, 재생 시간 : 2.00)
- '이미지6.jpg' ⇒ 이미지 클립 길이 : 4.00, 오버레이 : 비누 방울(속도 : 9),
  클립 트랜지션 : 위로 덮기(앞으로 이동, 재생 시간 : 2.00)
- '이미지5.jpg' ⇒ 이미지 클립 길이 : 6.00, 오버레이 : 지나가는 01(비넷 : 25),
  클립 트랜지션 : 문 열기(앞으로 이동, 재생 시간 : 1.00)
- 지시사항이 없는 경우는 기본 값을 적용하시오.

≪출력형태≫

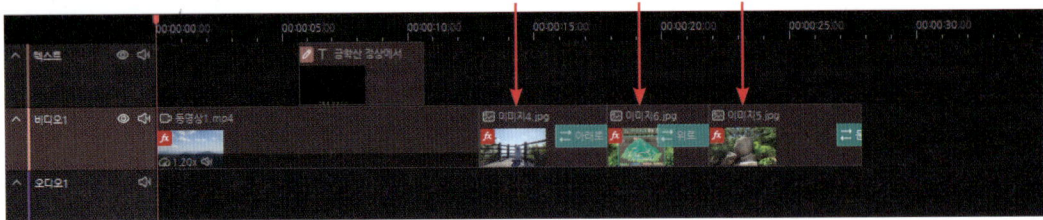

[Hint]
타임라인 패널에서 '이미지4.jpg' 클립을 선택한 후 마우스 오른쪽 버튼을 클릭하고, [길이 변경]을 선택합니다.

▶ 예제 파일 : 유형 분석 10₩유형 03_문제.gmep   ▶ 완성 파일 : 유형 분석 10₩유형 03_완성.gmcp

02 처리조건에 따라 출력형태와 같이 완성하시오.

처리조건

▶ 이미지 파일을 다음과 같이 처리하시오.
- '이미지7.jpg' ⇒ 이미지 클립 길이 : 5.00, 오버레이 : 색종이 조각(속도 : 9),
  클립 트랜지션 : 위로 덮기(앞으로 이동, 재생 시간 : 2.00)
- '이미지9.jpg' ⇒ 이미지 클립 길이 : 5.00, 오버레이 : 불꽃 스파크(속도 : 7),
  클립 트랜지션 : 왼쪽으로 닦아내기(앞으로 이동, 재생 시간 : 1.00)
- '이미지8.jpg' ⇒ 이미지 클립 길이 : 6.00, 오버레이 : 후광 프레임(페더 : 90),
  클립 트랜지션 : 문 열기(앞으로 이동, 재생 시간 : 1.00)
- 지시사항이 없는 경우는 기본 값을 적용하시오.

≪출력형태≫

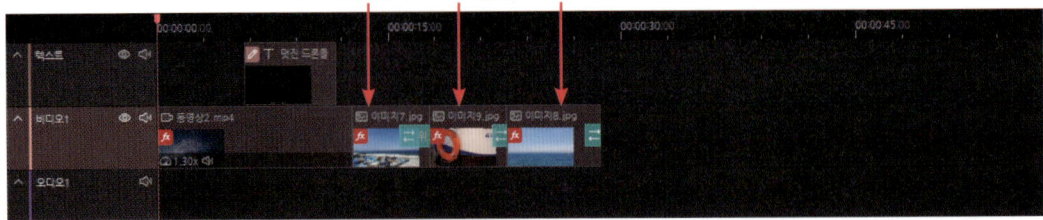

[Hint]
[길이 변경] 대화 상자에서 클립 길이를 "5.00"으로 지정하고, [확인] 버튼을 클릭합니다. [알림] 대화 상자가 나타나면 [예] 버튼을 클릭합니다.

출제 유형 문제

> 예제 파일 : 유형 분석 10₩유형 04_문제.gmep > 완성 파일 : 유형 분석 10₩유형 04_완성.gmep

03 처리조건에 따라 출력형태와 같이 완성하시오.

처리조건

▶ 이미지 파일을 다음과 같이 처리하시오.
- '이미지10.jpg' ⇒ 이미지 클립 길이 : 5.00, 오버레이 : 원형 비넷(반경 : 65),
  클립 트랜지션 : 문 열기(앞으로 이동, 재생 시간 : 2.00)
- '이미지12.jpg' ⇒ 이미지 클립 길이 : 6.00, 오버레이 : 비누 방울(속도 : 10),
  클립 트랜지션 : 위로 덮기(앞으로 이동, 재생 시간 : 1.00)
- '이미지11.jpg' ⇒ 이미지 클립 길이 : 5.00, 오버레이 : 떨림(크기 : 10),
  클립 트랜지션 : 아래로 밀기(앞으로 이동, 재생 시간 : 1.00)
- 지시사항이 없는 경우는 기본 값을 적용하시오.

≪출력형태≫

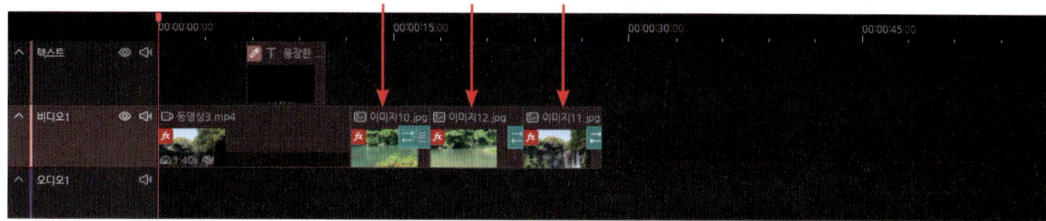

[Hint]
- '이미지10.jpg' 클립이 선택된 상태에서 소스 및 효과 패널 상단에 있는 [오버레이] 탭을 클릭합니다.
- 전체보기에서 '원형 비넷'을 찾아 선택한 후 반경(65)을 지정하고, [확인] 버튼을 클릭합니다.

> 예제 파일 : 유형 분석 10₩유형 05_문제.gmep > 완성 파일 : 유형 분석 10₩유형 05_완성.gmep

04 처리조건에 따라 출력형태와 같이 완성하시오.

처리조건

▶ 이미지 파일을 다음과 같이 처리하시오.
- '이미지14.jpg' ⇒ 이미지 클립 길이 : 5.00, 오버레이 : 떨림(크기 : 13),
  클립 트랜지션 : 아래로 스크롤(앞으로 이동, 재생 시간 : 1.00)
- '이미지13.jpg' ⇒ 이미지 클립 길이 : 6.00, 오버레이 : 불꽃 스파크(속도 : 8),
  클립 트랜지션 : 문 열기(오버랩, 재생 시간 : 1.00)
- '이미지15.jpg' ⇒ 이미지 클립 길이 : 6.00, 오버레이 : 후광 프레임(페더 : 90),
  클립 트랜지션 : 위로 밀기(앞으로 이동, 재생 시간 : 2.00)
- 지시사항이 없는 경우는 기본 값을 적용하시오.

≪출력형태≫

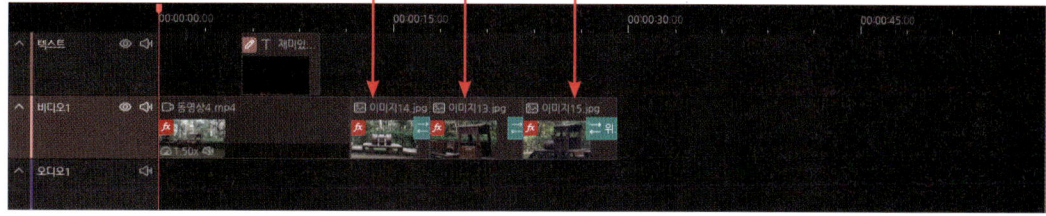

[Hint]
'이미지14.jpg' 클립이 선택된 상태에서 소스 및 효과 패널 상단에 있는 [클립 트랜지션] 탭을 클릭한 후 전체보기에서 '아래로 스크롤'의 [+]를 클릭합니다.

출제 유형 문제

▶ 예제 파일 : 유형 분석 10₩유형 06_문제.gmep   ▶ 완성 파일 : 유형 분석 10₩유형 06_완성.gmep

05 처리조건에 따라 출력형태와 같이 완성하시오.

처리조건

▶ 이미지 파일을 다음과 같이 처리하시오.
- '이미지16.jpg' ⇒ 이미지 클립 길이 : 5.00, 오버레이 : 난기류(크기 : 450),
  클립 트랜지션 : 왼쪽으로 덮기(앞으로 이동, 재생 시간 : 2.00)
- '이미지18.jpg' ⇒ 이미지 클립 길이 : 6.00, 오버레이 : 스페이스 01(속도 : 7),
  클립 트랜지션 : 오른쪽으로 밀기(앞으로 이동, 재생 시간 : 2.00)
- '이미지17.jpg' ⇒ 이미지 클립 길이 : 6.00, 오버레이 : 흩날림(속도 : 5),
  클립 트랜지션 : 문 열기(앞으로 이동, 재생 시간 : 1.00)
- 지시사항이 없는 경우는 기본 값을 적용하시오.

≪출력형태≫

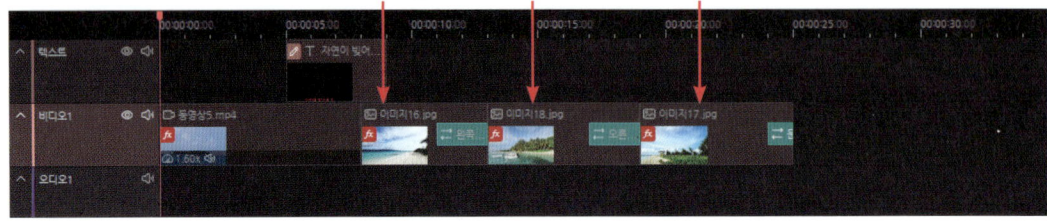

[Hint]
타임라인 패널의 '이미지16.jpg' 클립에 적용된 효과 옵션을 더블 클릭한 후 위치 조정(앞으로 이동)과 재생 시간 (2.00)을 지정하고, [확인] 버튼을 클릭합니다.

▶ 예제 파일 : 유형 분석 10₩유형 07_문제.gmep   ▶ 완성 파일 : 유형 분석 10₩유형 07_완성.gmep

06 처리조건에 따라 출력형태와 같이 완성하시오.

처리조건

▶ 이미지 파일을 다음과 같이 처리하시오.
- '이미지20.jpg' ⇒ 이미지 클립 길이 : 6.00, 오버레이 : 가랜드(색상 시프트 속도 : 12),
  클립 트랜지션 : 문 열기(뒤로 이동, 재생 시간 : 1.00)
- '이미지21.jpg' ⇒ 이미지 클립 길이 : 5.00, 오버레이 : 좋아요(크기 : 6),
  클립 트랜지션 : 위로 덮기(오버랩, 재생 시간 : 2.00)
- '이미지19.jpg' ⇒ 이미지 클립 길이 : 6.00, 오버레이 : 불꽃 스파크(속도 : 9),
  클립 트랜지션 : 아래로 스크롤(앞으로 이동, 재생 시간 : 1.00)
- 지시사항이 없는 경우는 기본 값을 적용하시오.

≪출력형태≫

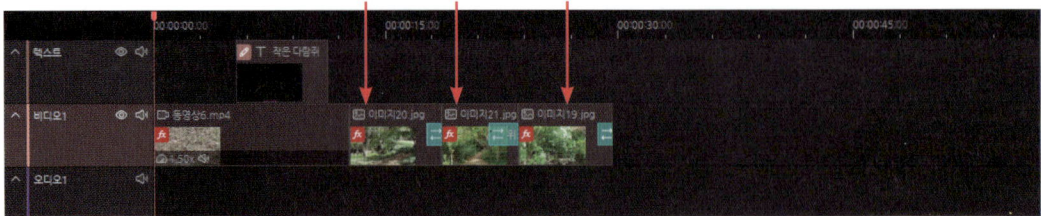

[Hint]
타임라인 패널의 '이미지19.jpg' 클립에 적용된 효과 옵션을 더블 클릭한 후 위치 조정(앞으로 이동)과 재생 시간 (1.00)을 지정하고, [확인] 버튼을 클릭합니다.

유형분석 11 텍스트 입력과 편집

핵심만 쏙쏙 텍스트 입력과 서식 지정 / 텍스트 애니메이션 효과 설정

동영상 시작 부분에 텍스트를 입력한 후 텍스트 서식과 윤곽선을 설정하고, 텍스트 애니메이션 효과와 함께 텍스트 클립 길이를 지정하는 방법에 대하여 알아봅니다.

▶ 예제 파일 : 유형 분석 11₩유형 01_문제.gmep   ▶ 완성 파일 : 유형 분석 11₩유형 01_완성.gmep

▲ [텍스트] 탭-기본자막-[+] 단추

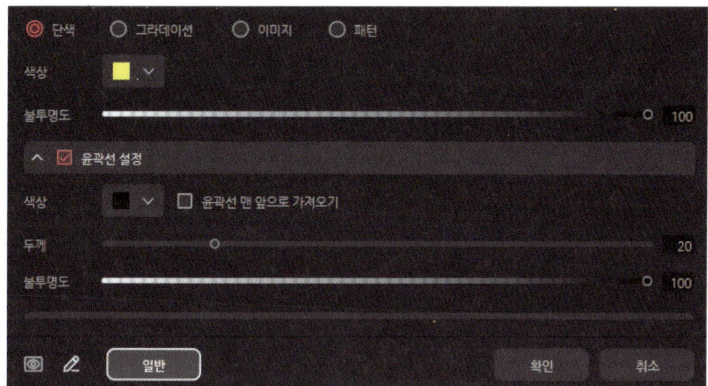

▲ 텍스트 편집 창-[고급] 버튼

▲ 텍스트 편집 창-애니메이션 효과

클래스 업

- 타임라인 패널에 추가된 기본자막 클립을 더블 클릭한 후 주어진 텍스트를 입력하고 글꼴, 글꼴 크기, 텍스트 색상을 각각 지정합니다.
- [고급] 버튼을 클릭한 후 텍스트의 윤곽선 색상과 두께를 지정합니다.
- 텍스트 편집 창에서 애니메이션 나타나기의 효과와 지속 시간을 지정합니다.

유형잡기 01 　텍스트 입력과 서식 지정하기

① 화면에서 [파일]-[프로젝트 열기]를 선택하고, [프로젝트 열기] 대화 상자에서 '유형 분석 11₩유형01_문제₩유형 01_문제.gmep'를 불러오기 합니다.

② 타임라인 패널에서 '텍스트'를 선택한 후 소스 및 효과 패널 상단에 있는 [텍스트] 탭을 클릭합니다.

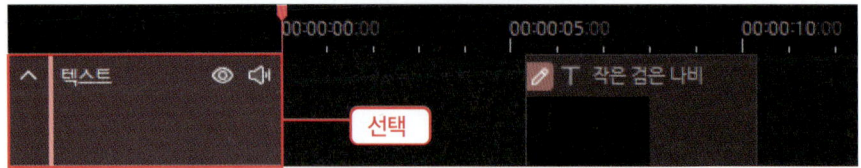

③ 화면 왼쪽의 전체보기에서 [기본자막]을 선택하고, 기본자막의 ➕ 을 클릭합니다.

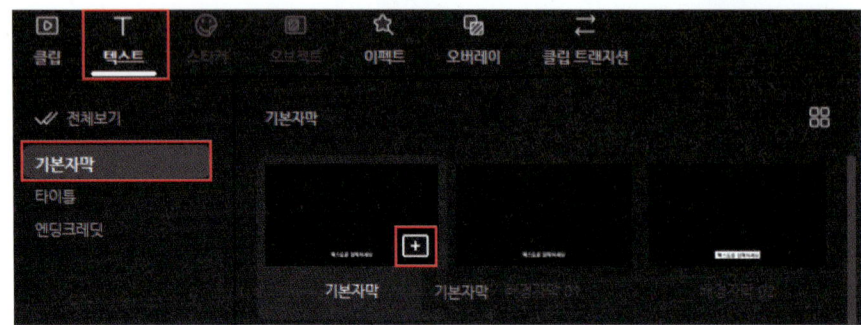

④ 타임라인 패널에 추가된 기본자막 클립을 더블 클릭한 후 주어진 텍스트를 입력하고 글꼴(휴먼옛체), 글꼴 크기(150), 텍스트 색상(fff400)을 각각 지정합니다.

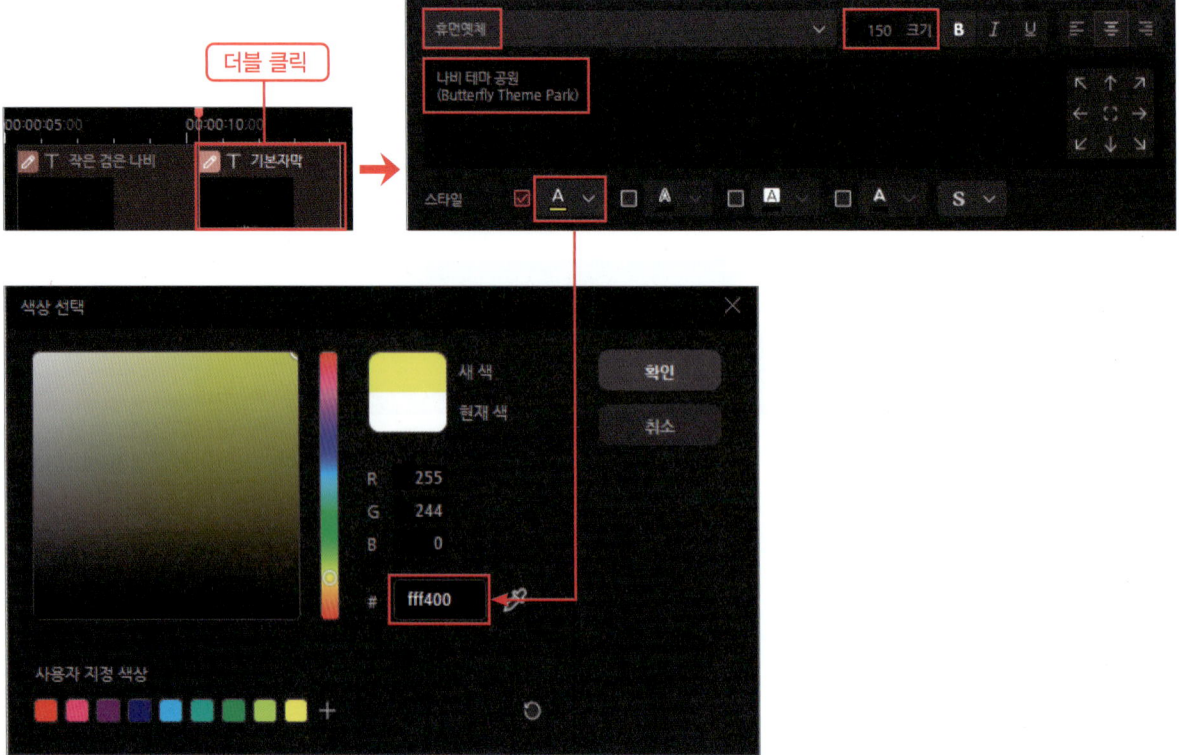

⑤ 텍스트 편집 창 하단에서 [고급] 버튼을 클릭한 후 '윤곽선 설정'을 선택하여 체크 표시합니다.

⑥ [색상] 버튼을 클릭하여 윤곽선 색상값(000000)을 입력한 후 두께를 '20'으로 지정하고, [일반] 버튼을 클릭합니다.

Tip 윤곽선 설정

- 색상 : 윤곽선의 색상을 지정합니다.
- 두께 : 윤곽선의 두께를 지정합니다 (단위는 %이며 글자 크기에 따라 굵기가 달라짐).
- 불투명도 : 윤곽선의 불투명도를 지정합니다.
- 윤곽선 맨 앞으로 가져오기 : 활성화 되어 있을 경우 윤곽선 레이어를 맨 앞으로 가져옵니다. 이때, 윤곽선의 두께에 따라 텍스트가 완전히 가려질 수 있습니다.

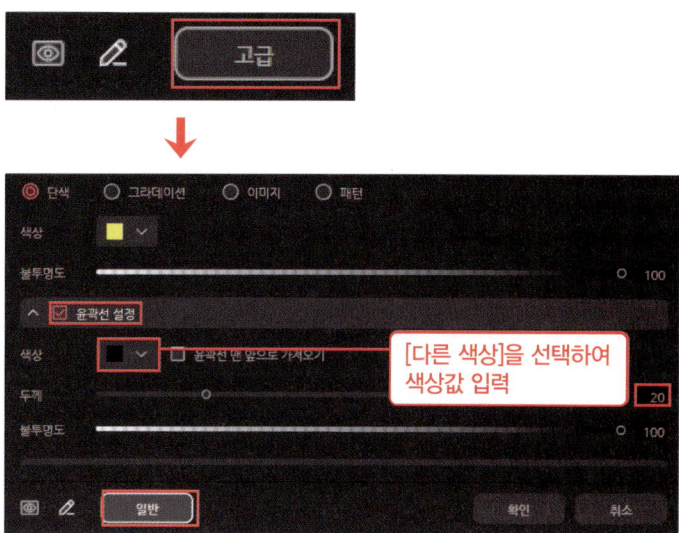

유형잡기 02 나타나기 효과 설정하기

① 텍스트 편집 창에서 나타나기의 목록(∨) 단추를 클릭하고, [왼쪽으로 닦아내기]를 선택합니다.

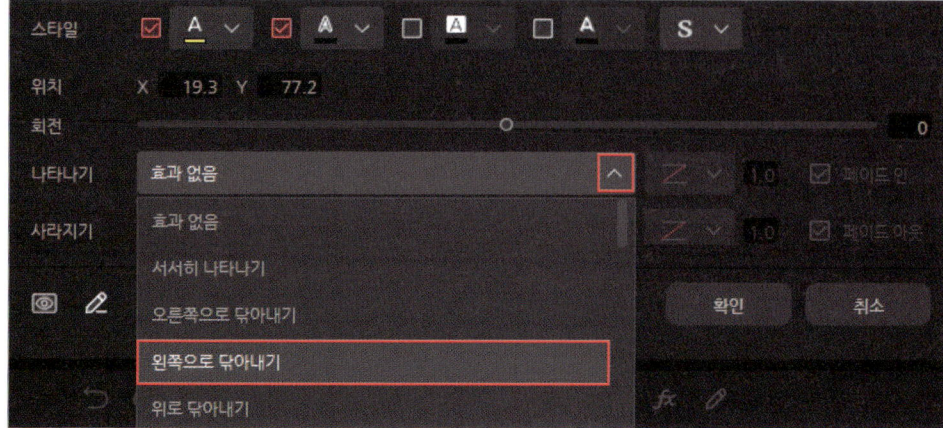

② 나타나기의 지속 시간을 '2.00'으로 지정하고, [확인] 버튼을 클릭합니다.

Tip 애니메이션 유형

- 나타나기 : 텍스트 프레임의 나타나기 유형으로 나타나는 시간을 설정합니다. '페이드 인'을 체크하면 나타나기할 때 서서히 나타납니다.
- 사라지기 : 텍스트 프레임의 사라지기 유형으로 사라지는 시간을 설정합니다. '페이드 아웃'을 체크하면 사라지기할 때 서서히 사라집니다.

❸ 텍스트의 재생 시간을 시작 부분에 설정하기 위하여 텍스트 클립을 타임라인 맨 앞쪽으로 드래그하여 이동합니다.

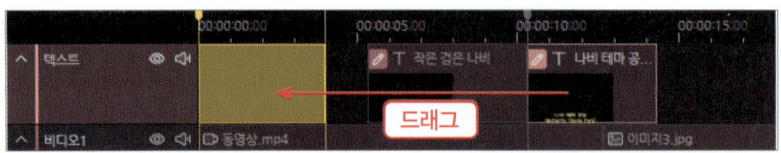

❹ 해당 텍스트 클립에서 마우스 오른쪽 버튼을 클릭하고, [길이 변경]을 선택합니다.

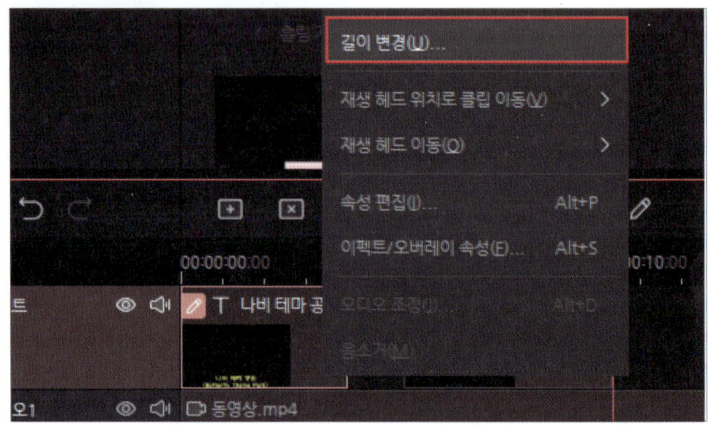

❺ [길이 변경] 대화 상자가 나타나면 클립 길이를 "4.00"으로 지정하고, [확인] 버튼을 클릭합니다.

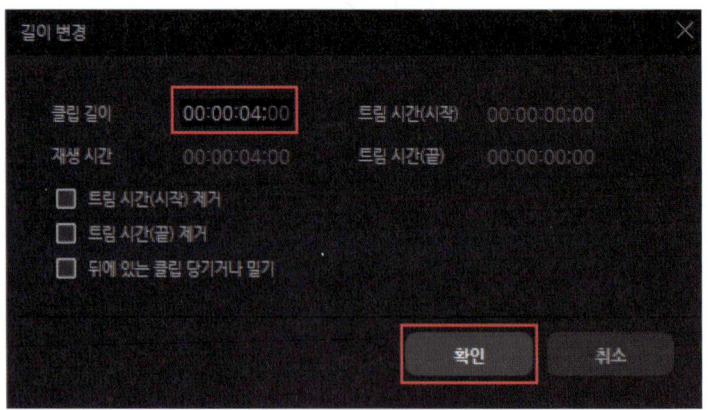

❻ [파일]-[프로젝트 전체 저장]을 선택한 후 [보관용 프로젝트로 저장] 대화 상자에서 이름(유형01_완성)과 경로 설정(01.유형사로잡기₩유형 분석 11)을 지정하고, [확인] 버튼을 클릭하여 완성된 파일을 저장합니다.

출제 유형 문제

▶ 예제 파일 : 유형 분석 11₩유형 02_문제.gmep   ▶ 완성 파일 : 유형 분석 11₩유형 02_완성.gmep

01 처리조건에 따라 출력형태와 같이 완성하시오.

처리조건

▶ 다음 조건에 따라 동영상 시작 부분에 텍스트를 지정하시오.
- 텍스트 입력 : 금학산의 기운 (Energy of a Mountain)

텍스트 서식(돋움체, 크기 150, 40c7c1), 윤곽선 설정(색상 : 000000, 두께 : 30),
나타나기(서서히 나타나기, 지속 시간 : 2.00), 시작 시간(0.00), 텍스트 클립 길이(4.00)

《출력형태》

[Hint]
- 타임라인 패널에서 '텍스트'를 선택한 후 소스 및 효과 패널 상단에 있는 [텍스트] 탭을 클릭합니다.
- 화면 왼쪽의 전체보기에서 [기본자막]을 선택하고, 기본자막의 [+]을 클릭합니다.

▶ 예제 파일 : 유형 분석 11₩유형 03_문제.gmep   ▶ 완성 파일 : 유형 분석 11₩유형 03_완성.gmep

02 처리조건에 따라 출력형태와 같이 완성하시오.

처리조건

▶ 다음 조건에 따라 동영상 시작 부분에 텍스트를 지정하시오.
- 텍스트 입력 : 드론 쇼 (Drone Show)

텍스트 서식(바탕체, 크기 140, 158fdb), 윤곽선 설정(색상 : cbedf9, 두께 : 20),
나타나기(아래로 닦아내기, 지속 시간 : 2.00), 시작 시간(0.00), 텍스트 클립 길이(4.00)

《출력형태》

[Hint]
타임라인 패널에 추가된 기본자막 클립을 더블 클릭한 후 주어진 텍스트를 입력하고 글꼴(바탕체), 글꼴 크기 (140), 텍스트 색상(158fdb)을 각각 지정합니다.

출제 유형 문제

▶ 예제 파일 : 유형 분석 11₩유형 04_문제.gmep ▶ 완성 파일 : 유형 분석 11₩유형 04_완성.gmep

03 처리조건에 따라 출력형태와 같이 완성하시오.

처리조건
▶ 다음 조건에 따라 동영상 시작 부분에 텍스트를 지정하시오.
- 텍스트 입력 : 멋진 폭포 (Nice Waterfall)

텍스트 서식(맑은 고딕, 크기 130, 003de1), 윤곽선 설정(색상 : c2deff, 두께 : 25), 나타나기(위로 닦아내기, 지속 시간 : 2.00), 시작 시간(0.00), 텍스트 클립 길이(5.00)

≪출력형태≫

[Hint]
- 텍스트 편집 창 하단에서 [고급] 버튼을 클릭한 후 '윤곽선 설정'을 선택하여 체크 표시합니다.
- [색상] 버튼을 클릭하여 윤곽선 색상값(c2deff)을 입력한 후 두께를 '25'로 지정하고, [일반] 버튼을 클릭합니다.

▶ 예제 파일 : 유형 분석 11₩유형 05_문제.gmep ▶ 완성 파일 : 유형 분석 11₩유형 05_완성.gmep

04 처리조건에 따라 출력형태와 같이 완성하시오.

처리조건
▶ 다음 조건에 따라 동영상 시작 부분에 텍스트를 지정하시오.
- 텍스트 입력 : 멋진 기차 모형 (Fine Train Model)

텍스트 서식(굴림체, 크기 120, 4de01f), 윤곽선 설정(색상 : 062b07, 두께 : 35), 나타나기(오른쪽으로 닦아내기, 지속 시간 : 2.00), 시작 시간(0.00), 텍스트 클립 길이(4.00)

≪출력형태≫

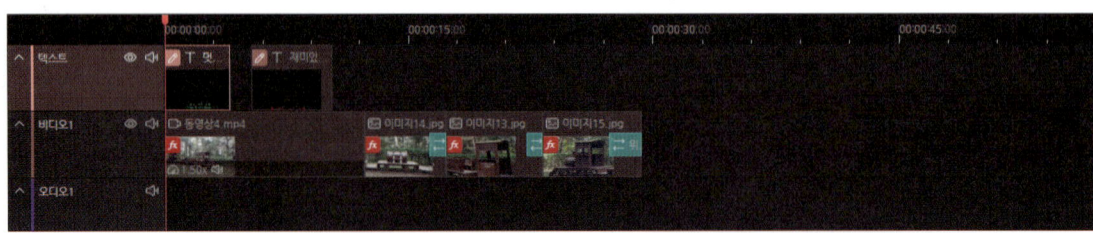

[Hint]
- 텍스트 편집 창에서 나타나기의 [목록] 단추를 클릭하고, [오른쪽으로 닦아내기]를 선택합니다.
- 나타나기의 지속 시간을 '2.00'으로 지정하고, [확인] 버튼을 클릭합니다.

출제 유형 문제

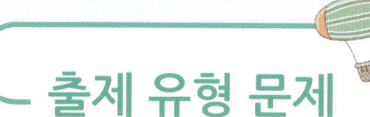

▶ 예제 파일 : 유형 분석 11₩유형 06_문제.gmep   ▶ 완성 파일 : 유형 분석 11₩유형 06_완성.gmep

05 처리조건에 따라 출력형태와 같이 완성하시오.

처리조건

▶ 다음 조건에 따라 동영상 시작 부분에 텍스트를 지정하시오.
- 텍스트 입력 : 마나가하섬으로 가자 (Let's go to Managaha Island)

텍스트 서식(나눔고딕, 크기 110, 6c4ce9), 윤곽선 설정(색상 : ffffff, 두께 : 40), 나타나기(서서히 나타나기, 지속 시간 : 2.00), 시작 시간(0.00), 텍스트 클립 길이(4.00)

≪출력형태≫

[Hint]
입력한 텍스트의 재생 시간을 시작 부분에 설정하기 위하여 텍스트 클립을 타임라인 맨 앞쪽으로 드래그하여 이동합니다.

▶ 예제 파일 : 유형 분석 11₩유형 07_문제.gmep   ▶ 완성 파일 : 유형 분석 11₩유형 07_완성.gmep

06 처리조건에 따라 출력형태와 같이 완성하시오.

처리조건

▶ 다음 조건에 따라 동영상 시작 부분에 텍스트를 지정하시오.
- 텍스트 입력 : 귀여운 다람쥐 (Cute Squirrel)

텍스트 서식(궁서체, 크기 160, ffe63c), 윤곽선 설정(색상 : 5a4409, 두께 : 45), 나타나기(위로 닦아내기, 지속 시간 : 2.00), 시작 시간(0.00), 텍스트 클립 길이(4.00)

≪출력형태≫

[Hint]
- 앞쪽으로 이동한 텍스트 클립에서 마우스 오른쪽 버튼을 클릭하고, [길이 변경]을 선택합니다.
- [길이 변경] 대화 상자에서 클립 길이를 "4.00"으로 지정하고, [확인] 버튼을 클릭합니다.

유형분석 12 음악 파일 삽입

핵심만 쏙쏙 음악 파일 추가 / 음악 파일 편집

동영상 전체에 음악 파일을 삽입하기 위하여 주어진 음악 파일을 불러온 후 오디오 클립의 시작 시간 및 재생 시간과 페이드 아웃을 설정하는 방법에 대하여 알아봅니다.

핵심 짚어보기

▶ 예제 파일 : 유형 분석 12\유형 01_문제.gmep   ▶ 완성 파일 : 유형 분석 12\유형 01_완성.gmep

▲ [클립] 탭-[미디어 클립 추가하기] 단추

▲ [미리보기 패널]-[재생 헤드 위치]

▲ [이펙트] 탭-[전체보기]-[오디오]-[페이드 아웃]

> **클래스 업**
>
> - [미디어 클립 추가하기] 대화 상자에서 음악 파일의 찾는 위치와 파일 이름을 선택합니다.
> - 타임라인 패널에 삽입한 오디오 클립에 대하여 재생 헤드 위치를 지정합니다.
> - [전체보기]-[오디오]를 선택하고, 페이드 아웃의 지속 시간을 지정합니다.

유형잡기 01 음악 파일 추가하기

① 화면에서 [파일]-[프로젝트 열기]를 선택하고, [프로젝트 열기] 대화 상자에서 '유형 분석 12₩유형01_문제₩유형 01_문제.gmep'를 불러오기 합니다.

② 음악 파일을 추가하기 위하여 소스 및 효과 패널 상단의 [클립] 탭에서 미디어 클립 추가하기(📁) 단추를 클릭합니다.

③ [미디어 클립 추가하기] 대화 상자에서 찾는 위치(01.유형사로잡기₩유형 분석 12₩유형 01_문제₩medias)와 파일 이름(음악.mp3)을 선택하고, [열기] 버튼을 클릭합니다.

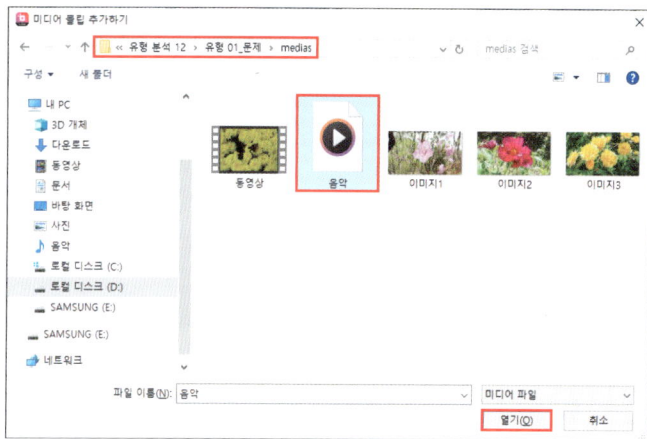

 **음악 파일 불러오기**

실제 시험에서는 답안 전송 프로그램을 설치한 후 바탕 화면의 [KAIT]-[제출파일] 폴더에 있는 음악 파일(음악.mp3)을 선택합니다.

④ 소스 및 효과 패널에 음악 파일이 추가되면 '음악.mp3' 파일을 타임라인 패널의 '오디오1' 트랙으로 드래그 합니다.

 **클립의 종류**

- 비디오 클립 : 비디오로 사용되는 MP4, AVI, MOV, FLV 포맷 등의 동영상 파일입니다.
- 이미지 클립 : 사진, 클립아트 등으로 사용되는 JPG, PNG, BMP, GIF 포맷 등의 이미지 파일입니다.
- 텍스트 클립 : 타이틀, 자막으로 사용되는 텍스트의 속성을 갖는 곰믹스 내부의 텍스트 파일입니다.

| 유형잡기 02 | 음악 파일 편집하기 |

① 타임라인 패널에 추가된 오디오(음악.mp3) 클립을 선택한 후 미리보기 패널에서 재생 헤드 위치를 "30.10"으로 지정합니다.

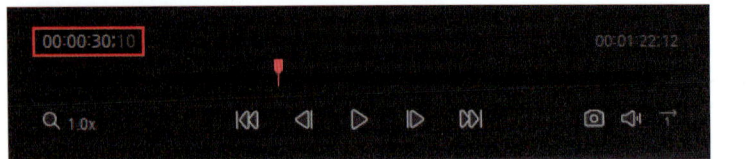

Tip 보기 배율 모드

보기 배율 모드(🔍 1.0x) 버튼은 모니터 화면의 현재 보기 배율로 버튼 오른쪽에 (1.0x)로 표시됩니다.

② 타임라인 패널에서 클립 재생 헤드가 '30.10'에 위치한 것을 확인한 후 타임라인 툴바에서 클립 자르기(✂) 단추를 클릭합니다.

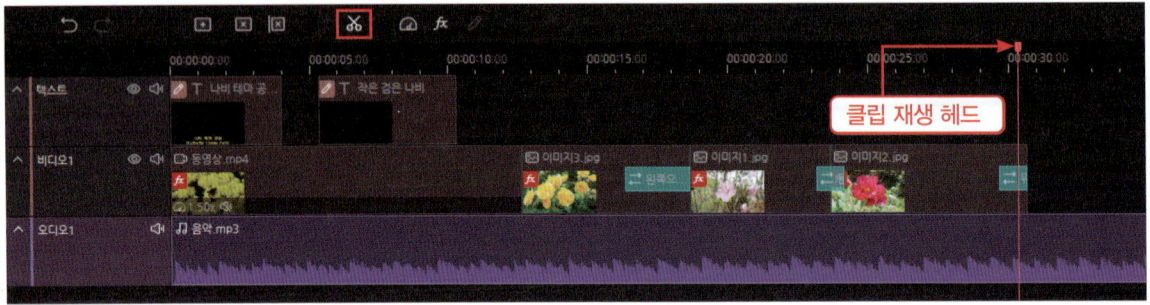

③ 클립 재생 헤드를 기준으로 오디오 클립이 둘로 나누어지면 뒤쪽 음악 파일을 선택한 후 Delete 키를 눌러서 삭제합니다.

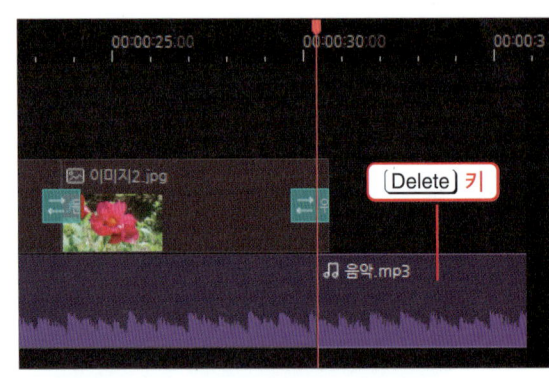

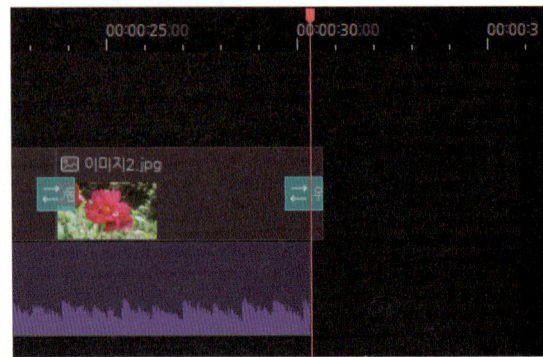

④ 오디오 클립이 선택된 상태에서 소스 및 효과 패널 상단에 있는 [이펙트] 탭을 클릭합니다.

⑤ 화면 왼쪽의 전체보기에서 [오디오]를 선택하고, '페이드 아웃'을 더블 클릭합니다.

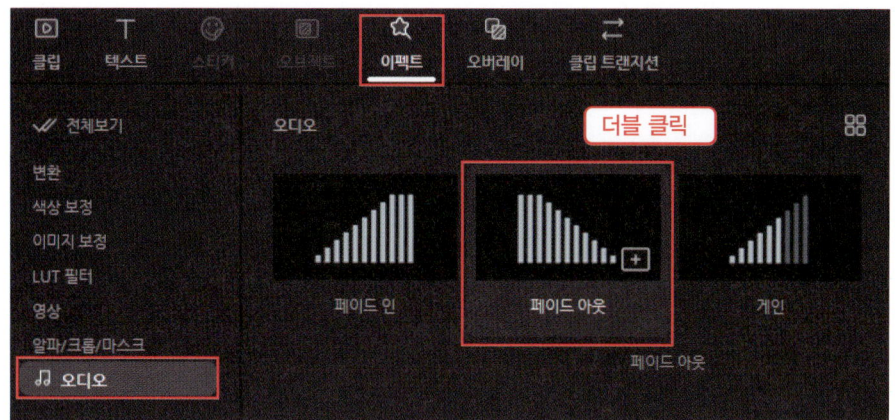

⑥ 페이드 아웃의 지속 시간을 '03.00'으로 지정하고, [확인] 버튼을 클릭합니다.

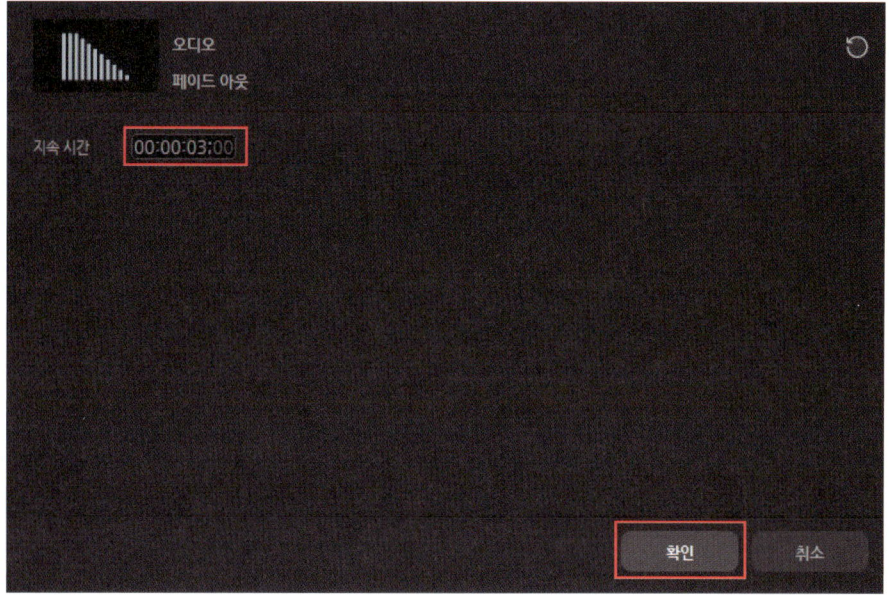

⑦ [파일]-[프로젝트 전체 저장]을 선택한 후 [보관용 프로젝트로 저장] 대화 상자에서 이름(유형01_완성)과 경로 설정(01.유형사로잡기₩유형 분석 12)을 지정하고, [확인] 버튼을 클릭하여 완성된 파일을 저장합니다.

출제 유형 문제

▶ 예제 파일 : 유형 분석 12\유형 02_문제.gmep   ▶ 완성 파일 : 유형 분석 12\유형 02_완성.gmep

01 처리조건에 따라 출력형태와 같이 완성하시오.

처리조건
▶ 다음 조건에 따라 동영상 전체에 음악 파일('음악1.mp3')을 삽입하시오.
- 시작 시간 : 0.00, 재생 시간 : 27.20, 페이드 아웃 : 3.00
- 재생 시간 설정 후 자르기 하여야 하며, 잘라진 뒷부분의 음악 파일은 삭제할 것

≪출력형태≫

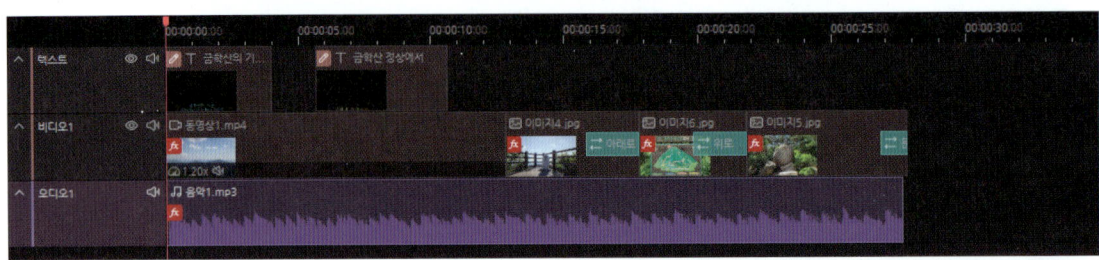

[Hint]
음악 파일을 추가하기 위하여 소스 및 효과 패널 상단의 [클립] 탭에서 [미디어 클립 추가하기] 단추를 클릭합니다.

▶ 예제 파일 : 유형 분석 12\유형 03_문제.gmep   ▶ 완성 파일 : 유형 분석 12\유형 03_완성.gmep

02 처리조건에 따라 출력형태와 같이 완성하시오.

처리조건
▶ 다음 조건에 따라 동영상 전체에 음악 파일('음악2.mp3')을 삽입하시오.
- 시작 시간 : 0.00, 재생 시간 : 28.00, 페이드 아웃 : 2.00
- 재생 시간 설정 후 자르기 하여야 하며, 잘라진 뒷부분의 음악 파일은 삭제할 것

≪출력형태≫

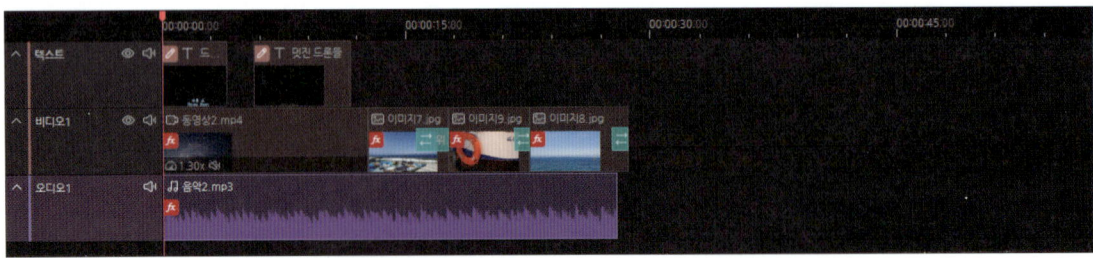

[Hint]
[미디어 클립 추가하기] 대화 상자에서 찾는 위치(01.유형사로잡기\유형 분석 12\유형 03_문제\medias)와 파일 이름(음악2.mp3)을 선택하고, [열기] 버튼을 클릭합니다.

출제 유형 문제

▶ 예제 파일 : 유형 분석 12₩유형 04_문제.gmep   ▶ 완성 파일 : 유형 분석 12₩유형 04_완성.gmep

03 처리조건에 따라 출력형태와 같이 완성하시오.

처리조건

▶ 다음 조건에 따라 동영상 전체에 음악 파일('음악3.mp3')을 삽입하시오.
- 시작 시간 : 0.00, 재생 시간 : 28.10, 페이드 아웃 : 2.00
- 재생 시간 설정 후 자르기 하여야 하며, 잘라진 뒷부분의 음악 파일은 삭제할 것

≪출력형태≫

[Hint]
소스 및 효과 패널에 음악 파일이 추가되면 '음악3.mp3' 파일을 타임라인 패널의 '오디오1' 트랙으로 드래그합니다.

▶ 예제 파일 : 유형 분석 12₩유형 05_문제.gmep   ▶ 완성 파일 : 유형 분석 12₩유형 05_완성.gmep

04 처리조건에 따라 출력형태와 같이 완성하시오.

처리조건

▶ 다음 조건에 따라 동영상 전체에 음악 파일('음악4.mp3')을 삽입하시오.
- 시작 시간 : 0.00, 재생 시간 : 29.10, 페이드 아웃 : 2.00
- 재생 시간 설정 후 자르기 하여야 하며, 잘라진 뒷부분의 음악 파일은 삭제할 것

≪출력형태≫

[Hint]
타임라인 패널에 추가된 오디오(음악4.mp3) 클립을 선택한 후 미리보기 패널에서 재생 헤드 위치를 "29.10"으로 지정합니다.

출제 유형 문제

▶ 예제 파일 : 유형 분석 12₩유형 06_문제.gmep   ▶ 완성 파일 : 유형 분석 12₩유형 06_완성.gmep

05 처리조건에 따라 출력형태와 같이 완성하시오.

처리조건
▶ 다음 조건에 따라 동영상 전체에 음악 파일('음악5.mp3')을 삽입하시오.
• 시작 시간 : 0.00, 재생 시간 : 24.00, 페이드 아웃 : 3.00
• 재생 시간 설정 후 자르기 하여야 하며, 잘라진 뒷부분의 음악 파일은 삭제할 것

≪출력형태≫

[Hint]
• 타임라인 패널에서 클립 재생 헤드가 '24.00'에 위치한 것을 확인한 후 타임라인 툴바에서 [클립 자르기] 단추를 클릭합니다.
• 클립 재생 헤드를 기준으로 오디오 클립이 둘로 나누어지면 뒤쪽 음악 파일을 선택한 후 Delete 키를 눌러서 삭제합니다.

▶ 예제 파일 : 유형 분석 12₩유형 07_문제.gmep   ▶ 완성 파일 : 유형 분석 12₩유형 07_완성.gmep

06 처리조건에 따라 출력형태와 같이 완성하시오.

처리조건
▶ 다음 조건에 따라 동영상 전체에 음악 파일('음악6.mp3')을 삽입하시오.
• 시작 시간 : 0.00, 재생 시간 : 29.00, 페이드 아웃 : 2.00
• 재생 시간 설정 후 자르기 하여야 하며, 잘라진 뒷부분의 음악 파일은 삭제할 것

≪출력형태≫

[Hint]
• 오디오 클립이 선택된 상태에서 소스 및 효과 패널 상단에 있는 [이펙트] 탭을 클릭합니다.
• [전체보기]-[오디오]를 선택하고, '페이드 아웃'을 더블 클릭합니다.
• 페이드 아웃의 지속 시간을 '02.00'으로 지정하고, [확인] 버튼을 클릭합니다.

PART

02

실전모의고사

제 **01**회 실전모의고사

제 **02**회 실전모의고사

제 **03**회 실전모의고사

제 **04**회 실전모의고사

제 **05**회 실전모의고사

제 **06**회 실전모의고사

제 **07**회 실전모의고사

제 **08**회 실전모의고사

제 **09**회 실전모의고사

제 **10**회 실전모의고사

제 **11**회 실전모의고사

제 **12**회 실전모의고사

제 **13**회 실전모의고사

제 **14**회 실전모의고사

제 **15**회 실전모의고사

제 01 회 실전모의고사

◎ 시험과목 : 멀티미디어제작 (곰픽, 곰믹스)
◎ 시험일자 : 20○○. ○○. ○○.(X)
◎ 응시자 기재사항 및 감독위원 확인

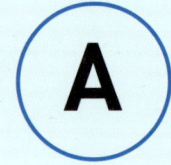

수검번호	DPI – XXXX –	감독위원 확인
성 명		

응시자 유의사항

1. 응시자는 신분증을 지참하여야 시험에 응시할 수 있으며, 시험이 종료될 때까지 신분증을 제시하지 못 할 경우 해당 시험은 0점 처리됩니다.
2. 시스템(PC작동여부, 네트워크 상태 등)의 이상여부를 반드시 확인하여야 하며, 시스템 이상이 있을시 감독위원에게 조치를 받으셔야 합니다.
3. 시험 중 부주의 또는 고의로 시스템을 파손한 경우는 응시자 부담으로 합니다.
4. 답안 전송 프로그램을 통해 다운로드 받은 파일을 이용하여 답안파일을 작성하시기 바랍니다.
5. 작성한 답안 파일은 답안 전송 프로그램을 통하여 전송됩니다. 감독위원의 지시에 따라 주시기 바랍니다.
6. 다음사항의 경우 실격(0점) 혹은 부정행위 처리됩니다.
    1) 답안파일을 저장하지 않았거나, 저장한 파일이 손상되었을 경우
    2) 답안파일을 지정된 폴더(바탕화면 – "KAIT" 폴더)에 저장하지 않았을 경우
        ※ 답안 전송 프로그램 로그인 시 바탕화면에 자동 생성됨
    3) 답안파일을 다른 보조 기억장치(USB) 혹은 네트워크(메신저, 게시판 등)로 전송할 경우
    4) 휴대용 전화기 등 통신기기를 사용할 경우
7. 답안은 Gom Pic for DIAT과 Gom Mix for DIAT를 활용하여 작성하십시오.
    ※ Gom Mix for DIAT는 'DIAT 시험 프로젝트 생성하기'로 진입하여 작성하십시오.
    ※ Gom Mix for DIAT 답안파일은 반드시 프로그램 전체저장으로 저장하십시오.(미준수시 0점 처리)
8. 시험지에 제시된 글꼴이 응시 프로그램에 없는 경우, 반드시 감독위원에게 해당 내용을 통보한 뒤 조치를 받아야 합니다.
9. 시험의 완료는 작성이 완료된 답안을 저장하고, 답안 전송이 완료된 상태를 확인한 것으로 합니다. 답안 전송 확인 후 문제지는 감독위원에게 제출한 후 퇴실하여야 합니다.
10. 답안전송이 완료된 경우에는 수정 또는 정정이 불가능합니다.
11. 시험시행 후 문제 공개 및 합격자 발표는 홈페이지(www.ihd.or.kr)에서 확인하시기 바랍니다.
    1) 문제 및 모범답안 공개 : 20XX. XX. XX.(X)
    2) 합격자 발표 : 20XX. XX. XX.(X)

식별CODE

디지털정보활용능력 | 멀티미디어제작 [시험시간 : 40분]

※ "Gom Pic for DIAT 프로그램"을 활용하여 [문제 1], [문제 2]를 작업하시오.

[문제 1] 원본파일을 처리조건에 따라 결과파일로 완성하시오. (50점)

《 원본파일 》   《 결과파일 》

《처리조건》

▶ 다음과 같이 캔버스를 설정하시오.
  • 크기 ⇒ 너비(650 픽셀) X 높이(350 픽셀)

▶ '사진1.jpg' 이미지를 불러와 기존 캔버스에 복사한 후 다음과 같이 처리하시오.
  • 이미지 복사 ⇒ 크기 변형으로 캔버스 크기에 맞게 변형, 레이어 이름 – Bee
  • 밝기 조정 ⇒ 밝기/대비를 이용하여 이미지 조정 (밝기 : 25, 대비 : 7)
  • ① ⇒ 복제 도장을 이용하여 이미지 복사
  • ② ⇒ 색조/채도를 이용하여 빨간색 계열로 조정

▶ 도형 도구를 이용하여 다음과 같이 처리하시오.
  • ③ ⇒ 사각형(크기 : 650 x 25), 채우기(색상 : FFE000), 혼합모드(중첩, 불투명도 : 55)

▶ 지시사항이 없는 경우는 기본값을 적용하시오.

이미지 파일 저장	① [파일] – [내보내기]를 눌러서 저장 ② 저장위치 : [바탕화면] – [KAIT] – [제출파일]	
이미지 파일명	JPG	dpi_01_수검번호_성명	※ 예시 : 수검번호가 DPI-XXXX-123456인 경우 "dpi_01_123456_성명"으로 저장할 것
	GPDP	dpi_01_수검번호_성명	

※ 'JPG'와 'GPDP' 파일 중 하나라도 누락하여 저장할 시에는 "0점" 처리됩니다.

[문제 2] 원본파일을 처리조건에 따라 결과파일로 완성하시오. (80점)

《 원본파일 》	《 결과파일 》

《처리조건》

▶ 다음과 같이 캔버스를 변경하시오.
- 크기 ⇒ 너비(650 픽셀) X 높이(450 픽셀)
- 배경 ⇒ 색상 : (F3DD3F)

▶ '사진2.jpg' 이미지를 불러와 기존 캔버스에 복사한 후 다음과 같이 처리하시오.
- 이미지 복사 ⇒ 레이어 마스크 설정, 가로 방향으로 흐릿하게

▶ 도형 도구와 텍스트를 이용하여 다음과 같이 처리하시오.
- ① ⇒ 모서리가 둥근 사각형(크기 : 250 x 50), 그라데이션(색상 : A0E92C − FFFFFF)
- 습지 공원 ⇒ 글꼴(돋움), 글꼴 스타일(굵게, 기울임꼴), 크기(30pt),
  채우기(색상 : 7F4409), 외곽선(두께 : 5px, 색상 : FFFFFF)

▶ 도형 도구와 '사진3.jpg'를 이용하여 클리핑 마스크를 생성하시오.
- ② ⇒ 사각형(크기 : 250 × 150)
  외곽선(두께 : 5px, 색상 : FBC714)
  그림자(두께 : 3px, 거리 : 10px, 분산도 : 5px, 각도 : 320°)

▶ 지시사항이 없는 경우는 기본 값을 적용하시오.

이미지 파일 저장	① [파일] – [내보내기]를 눌러서 저장 ② 저장위치 : [바탕화면] – [KAIT] – [제출파일]	
이미지 파일명	JPG	dpi_02_수검번호_성명
	GPDP	dpi_02_수검번호_성명

※ 예시 : 수검번호가 DPI-XXXX-123456인 경우 "dpi_02_123456_성명"으로 저장할 것

※ 'JPG'와 'GPDP' 파일 중 하나라도 누락하여 저장할 시에는 "0점" 처리됩니다.

디지털정보활용능력 — 멀티미디어제작 [시험시간 : 40분]

※ "Gom Mix for DIAT 프로그램"을 활용하여 [문제3]을 작업하시오.

[문제 3] 처리조건에 따라 출력형태와 같이 완성하시오. (70점)

《출력형태》

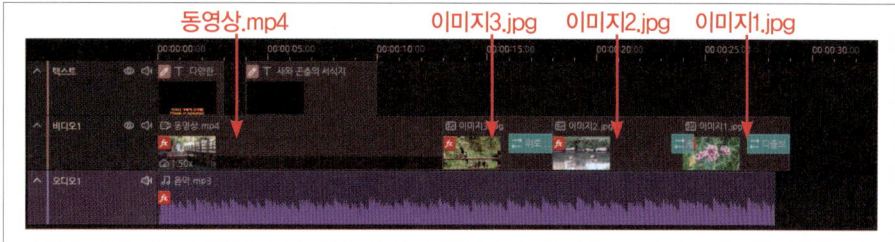

《처리조건》

원본파일	이미지1.jpg, 이미지2.jpg, 이미지3.jpg, 동영상.mp4, 음악.mp3

▶ 미디어 소스의 순서를 다음과 같이 지정하시오.
  • 미디어 소스 순서 ⇒ 동영상.mp4 〉 이미지3.jpg 〉 이미지2.jpg 〉 이미지1.jpg

▶ 동영상 파일('동영상.mp4')을 다음과 같이 처리하시오.
  • 배 속 : 1.5x   • 자르기 : 시작 시간(0.00), 재생 시간(13.00)
  • 이펙트 : LUT 필터-카메라 필름-카메라 필름 07(노출 : -10, 감마 : 1.5)
  • 텍스트 ⇒ 텍스트 입력 : [새와 곤충의 서식지]
         텍스트 서식 : 기본자막(굴림체, 크기 100, ffc247), 윤곽선 설정(없음),
         위치 설정(화면 정가운데 아래), 시작 시간(4.00), 클립 길이(6.00)
  • 재생 속도 설정 후 자르기를 하여야 하며, 잘라진 뒷부분의 동영상 및 트랙의 모든 공백을 삭제할 것
  • 원본 동영상에 포함된 오디오는 모두 음소거 할 것

▶ 이미지 파일을 다음과 같이 처리하시오.
  • '이미지3.jpg' ⇒ 이미지 클립 길이 : 5.00, 오버레이 : 비누 방울(개수/양 : 5),
             클립 트랜지션 : 위로 스크롤(앞으로 이동, 재생 시간 : 2.00)
  • '이미지2.jpg' ⇒ 이미지 클립 길이 : 6.00, 오버레이 : 원형 비넷(반경 : 60),
             클립 트랜지션 : 십자형 나누기(오버랩, 재생 시간 : 1.00)
  • '이미지1.jpg' ⇒ 이미지 클립 길이 : 5.00, 오버레이 : 폭발성 난기류(지속성 : 12),
             클립 트랜지션 : 디졸브(앞으로 이동, 재생 시간 : 2.00)
  • 지시사항이 없는 경우는 기본 값을 적용하시오.

▶ 다음 조건에 따라 동영상 시작 부분에 텍스트를 지정하시오.
  • 텍스트 입력 : [다양한 생태계 친구들 (Friends of Ecosystem)]
   텍스트 서식(휴먼옛체, 크기 150, fa2424), 윤곽선 설정(색상 : fffe37, 두께 : 20),
   나타나기(아래로 닦아내기, 지속 시간 : 2.00), 시작 시간(0.00), 텍스트 클립 길이(3.00)

▶ 다음 조건에 따라 동영상 전체에 음악 파일('음악.mp3')을 삽입하시오.
  • 시작 시간 : 0.00, 재생 시간 : 28.10, 페이드 아웃 : 3.00
  • 재생 시간 설정 후 자르기 하여야 하며, 잘라진 뒷부분의 음악 파일은 삭제할 것

동영상 파일 저장	① [파일] – [프로젝트 전체저장]을 눌러서 저장 ② 저장위치 : [바탕화면] – [KAIT] – [제출파일]	
동영상 파일명	GMEP	dpi_03_수검번호_성명	※ 예시 : 수검번호가 DPI-XXXX-123456인 경우 "dpi_03_123456_성명"으로 저장할 것

※ 파일 확장자를 'GMDP'로 저장할 시에는 "0점" 처리됩니다.

제 02 회 실전모의고사

◎ 시험과목 : 멀티미디어제작 (곰픽, 곰믹스)
◎ 시험일자 : 20○○. ○○. ○○.(X)
◎ 응시자 기재사항 및 감독위원 확인

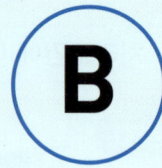

수검번호	DPI – XXXX –	감독위원 확인
성 명		

응시자 유의사항

1. 응시자는 신분증을 지참하여야 시험에 응시할 수 있으며, 시험이 종료될 때까지 신분증을 제시하지 못 할 경우 해당 시험은 0점 처리됩니다.
2. 시스템(PC작동여부, 네트워크 상태 등)의 이상여부를 반드시 확인하여야 하며, 시스템 이상이 있을시 감독위원에게 조치를 받으셔야 합니다.
3. 시험 중 부주의 또는 고의로 시스템을 파손한 경우는 응시자 부담으로 합니다.
4. 답안 전송 프로그램을 통해 다운로드 받은 파일을 이용하여 답안파일을 작성하시기 바랍니다.
5. 작성한 답안 파일은 답안 전송 프로그램을 통하여 전송됩니다. 감독위원의 지시에 따라 주시기 바랍니다.
6. 다음사항의 경우 실격(0점) 혹은 부정행위 처리됩니다.
    1) 답안파일을 저장하지 않았거나, 저장한 파일이 손상되었을 경우
    2) 답안파일을 지정된 폴더(바탕화면 – "KAIT" 폴더)에 저장하지 않았을 경우
       ※ 답안 전송 프로그램 로그인 시 바탕화면에 자동 생성됨
    3) 답안파일을 다른 보조 기억장치(USB) 혹은 네트워크(메신저, 게시판 등)로 전송할 경우
    4) 휴대용 전화기 등 통신기기를 사용할 경우
7. 답안은 Gom Pic for DIAT과 Gom Mix for DIAT를 활용하여 작성하십시오.
    ※ Gom Mix for DIAT는 'DIAT 시험 프로젝트 생성하기'로 진입하여 작성하십시오.
    ※ Gom Mix for DIAT 답안파일은 반드시 프로그램 전체저장으로 저장하십시오.(미준수시 0점 처리)
8. 시험지에 제시된 글꼴이 응시 프로그램에 없는 경우, 반드시 감독위원에게 해당 내용을 통보한 뒤 조치를 받아야 합니다.
9. 시험의 완료는 작성이 완료된 답안을 저장하고, 답안 전송이 완료된 상태를 확인한 것으로 합니다. 답안 전송 확인 후 문제지는 감독위원에게 제출한 후 퇴실하여야 합니다.
10. 답안전송이 완료된 경우에는 수정 또는 정정이 불가능합니다.
11. 시험시행 후 문제 공개 및 합격자 발표는 홈페이지(www.ihd.or.kr)에서 확인하시기 바랍니다.
    1) 문제 및 모범답안 공개 : 20XX. XX. XX.(X)
    2) 합격자 발표 : 20XX. XX. XX.(X)

식별CODE

디지털정보활용능력 　 멀티미디어제작 　 [시험시간 : 40분] 　 1/3

※ "Gom Pic for DIAT 프로그램"을 활용하여 [문제 1], [문제 2]를 작업하시오.

[문제 1] 원본파일을 처리조건에 따라 결과파일로 완성하시오. (50점)

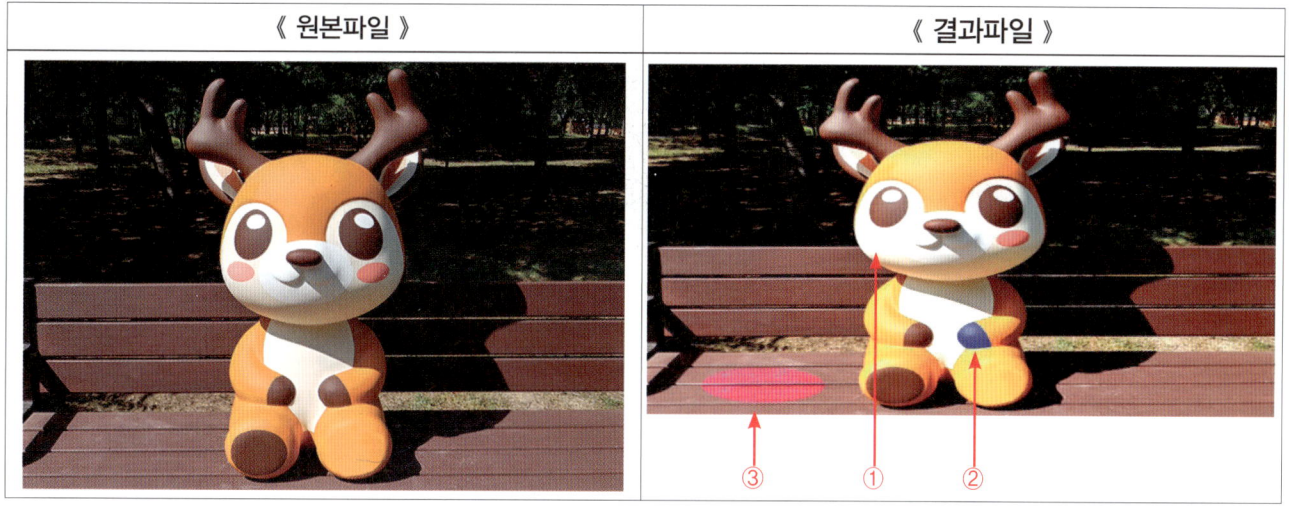

《 원본파일 》　　　　　《 결과파일 》

《처리조건》

▶ 다음과 같이 캔버스를 설정하시오.
　• 크기 ⇒ 너비(650 픽셀) X 높이(350 픽셀)

▶ '사진1.jpg' 이미지를 불러와 기존 캔버스에 복사한 후 다음과 같이 처리하시오.
　• 이미지 복사 ⇒ 크기 변형으로 캔버스 크기에 맞게 변형, 레이어 이름 – Deer
　• 밝기 조정 ⇒ 감마를 이용하여 이미지 조정 (어두운 영역 : 0.85, 밝은 영역 : 1.35)
　• ① ⇒ 올가미 선택을 이용하여 이미지 제거
　• ② ⇒ 세피아를 이용하여 파란색 계열로 조정

▶ 도형 도구를 이용하여 다음과 같이 처리하시오.
　• ③ ⇒ 원형/타원형(크기 : 125 x 35), 채우기(색상 : 7E13AC), 혼합모드(반사, 불투명도 : 82)

▶ 지시사항이 없는 경우는 기본값을 적용하시오.

이미지 파일 저장	① [파일] – [내보내기]를 눌러서 저장		
	② 저장위치 : [바탕화면] – [KAIT] – [제출파일]		
이미지 파일명	JPG	dpi_01_수검번호_성명	※ 예시 : 수검번호가 DPI-XXXX-123456인 경우 "dpi_01_123456_성명"으로 저장할 것
	GPDP	dpi_01_수검번호_성명	

※ 'JPG'와 'GPDP' 파일 중 하나라도 누락하여 저장할 시에는 "0점" 처리됩니다.

[문제 2] 원본파일을 처리조건에 따라 결과파일로 완성하시오. (80점)

《처리조건》

- ▶ 다음과 같이 캔버스를 변경하시오.
  - 크기 ⇒ 너비(650 픽셀) X 높이(450 픽셀)
  - 배경 ⇒ 색상 : (C909D0)

- ▶ '사진2.jpg' 이미지를 불러와 기존 캔버스에 복사한 후 다음과 같이 처리하시오.
  - 이미지 복사 ⇒ 레이어 마스크 설정, 세로 방향으로 흐릿하게

- ▶ 도형 도구와 텍스트를 이용하여 다음과 같이 처리하시오.
  - ① ⇒ 원형/타원형(크기 : 320 x 70), 그라데이션(색상 : 07531C – FFC100)
  - 숲속 동물원 ⇒ 글꼴(궁서체), 글꼴 스타일(밑줄), 크기(30pt), 채우기(색상 : C5A6EC), 외곽선(두께 : 3px, 색상 : 32240D)

- ▶ 도형 도구와 '사진3.jpg'를 이용하여 클리핑 마스크를 생성하시오.
  - ② ⇒ 모서리가 둥근 사각형(크기 : 185 × 160)
    외곽선(두께 : 7px, 색상 : 9CFB14)
    그림자(두께 : 10px, 거리 : 10px, 분산도 : 3px, 각도 : 120°)

- ▶ 지시사항이 없는 경우는 기본 값을 적용하시오.

이미지 파일 저장		① [파일] – [내보내기]를 눌러서 저장 ② 저장위치 : [바탕화면] – [KAIT] – [제출파일]	
이미지 파일명	JPG	dpi_02_수검번호_성명	※ 예시 : 수검번호가 DPI-XXXX-123456인 경우 "dpi_02_123456_성명"으로 저장할 것
	GPDP	dpi_02_수검번호_성명	

※ 'JPG'와 'GPDP' 파일 중 하나라도 누락하여 저장할 시에는 "0점" 처리됩니다.

디지털정보활용능력 　멀티미디어제작　[시험시간 : 40분]

※ "Gom Mix for DIAT 프로그램"을 활용하여 [문제3]을 작업하시오.

[문제 3] 처리조건에 따라 출력형태와 같이 완성하시오. (70점)

《출력형태》

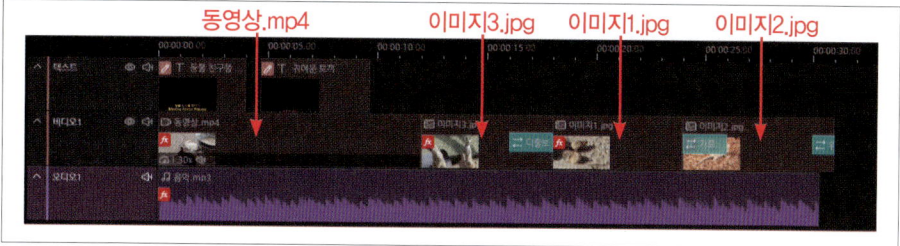

《처리조건》

원본파일	이미지1.jpg, 이미지2.jpg, 이미지3.jpg, 동영상.mp4, 음악.mp3

▶ 미디어 소스의 순서를 다음과 같이 지정하시오.
  • 미디어 소스 순서 ⇒ 동영상.mp4 〉 이미지3.jpg 〉 이미지1.jpg 〉 이미지2.jpg

▶ 동영상 파일('동영상.mp4')을 다음과 같이 처리하시오.
  • 배 속 : 1.3x 　　　　　• 자르기 : 시작 시간(0.00), 재생 시간(12.00)
  • 이펙트 : 이미지 보정-아웃 포커스 블러(페더 : 35)
  • 텍스트 ⇒ 텍스트 입력 : 귀여운 토끼
        텍스트 서식 : 기본자막(궁서체, 크기 125, f955db), 윤곽선 설정(없음),
        위치 설정(화면 정가운데 아래), 시작 시간(4.20), 클립 길이(5.00)
  • 재생 속도 설정 후 자르기를 하여야 하며, 잘라진 뒷부분의 동영상 및 트랙의 모든 공백을 삭제할 것
  • 원본 동영상에 포함된 오디오는 모두 음소거 할 것

▶ 이미지 파일을 다음과 같이 처리하시오.
  • '이미지3.jpg' ⇒ 이미지 클립 길이 : 6.00, 오버레이 : 레디얼 라이트(노출 : 30),
        클립 트랜지션 : 디졸브(앞으로 이동, 재생 시간 : 2.00)
  • '이미지1.jpg' ⇒ 이미지 클립 길이 : 6.00, 오버레이 : 흩날림(개수/양 : 35),
        클립 트랜지션 : 가로 순차 블라인드(뒤로 이동, 재생 시간 : 2.00)
  • '이미지2.jpg' ⇒ 이미지 클립 길이 : 7.00, 오버레이 : 색종이 조각(크기 : 8),
        클립 트랜지션 : 위로 닦아내기(앞으로 이동, 재생 시간 : 1.00)
  • 지시사항이 없는 경우는 기본 값을 적용하시오.

▶ 다음 조건에 따라 동영상 시작 부분에 텍스트를 지정하시오.
  • 텍스트 입력 : 동물 친구들 만나기
                (Meeting Animal Friends)
    텍스트 서식(돋움체, 크기 135, f2c62f), 윤곽선 설정(색상 : 292929, 두께 : 35),
    나타나기(위로 연하게 닦아내기, 지속 시간 : 2.00), 시작 시간(0.00), 텍스트 클립 길이(4.00)

▶ 다음 조건에 따라 동영상 전체에 음악 파일('음악.mp3')을 삽입하시오.
  • 시작 시간 : 0.00, 재생 시간 : 30.10, 페이드 아웃 : 2.00
  • 재생 시간 설정 후 자르기 하여야 하며, 잘라진 뒷부분의 음악 파일은 삭제할 것

동영상 파일 저장	① [파일] – [프로젝트 전체저장]을 눌러서 저장 ② 저장위치 : [바탕화면] – [KAIT] – [제출파일]	
동영상 파일명	GMEP　dpi_03_수검번호_성명	※ 예시 : 수검번호가 DPI-XXXX-123456인 경우 "dpi_03_123456_성명"으로 저장할 것

※ 파일 확장자를 'GMDP'로 저장할 시에는 "0점" 처리됩니다.

제 03 회 실전모의고사

◎ 시험과목 : 멀티미디어제작 (곰픽, 곰믹스)
◎ 시험일자 : 20○○. ○○. ○○.(X)
◎ 응시자 기재사항 및 감독위원 확인

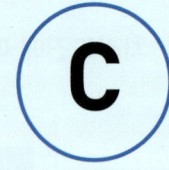

수검번호	DPI – XXXX –	감독위원 확인
성 명		

응시자 유의사항

1. 응시자는 신분증을 지참하여야 시험에 응시할 수 있으며, 시험이 종료될 때까지 신분증을 제시하지 못 할 경우 해당 시험은 0점 처리됩니다.
2. 시스템(PC작동여부, 네트워크 상태 등)의 이상여부를 반드시 확인하여야 하며, 시스템 이상이 있을시 감독위원에게 조치를 받으셔야 합니다.
3. 시험 중 부주의 또는 고의로 시스템을 파손한 경우는 응시자 부담으로 합니다.
4. 답안 전송 프로그램을 통해 다운로드 받은 파일을 이용하여 답안파일을 작성하시기 바랍니다.
5. 작성한 답안 파일은 답안 전송 프로그램을 통하여 전송됩니다. 감독위원의 지시에 따라 주시기 바랍니다.
6. 다음사항의 경우 실격(0점) 혹은 부정행위 처리됩니다.
    1) 답안파일을 저장하지 않았거나, 저장한 파일이 손상되었을 경우
    2) 답안파일을 지정된 폴더(바탕화면 – "KAIT" 폴더)에 저장하지 않았을 경우
        ※ 답안 전송 프로그램 로그인 시 바탕화면에 자동 생성됨
    3) 답안파일을 다른 보조 기억장치(USB) 혹은 네트워크(메신저, 게시판 등)로 전송할 경우
    4) 휴대용 전화기 등 통신기기를 사용할 경우
7. 답안은 Gom Pic for DIAT과 Gom Mix for DIAT를 활용하여 작성하십시오.
    ※ Gom Mix for DIAT는 'DIAT 시험 프로젝트 생성하기'로 진입하여 작성하십시오.
    ※ Gom Mix for DIAT 답안파일은 반드시 프로그램 전체저장으로 저장하십시오.(미준수시 0점 처리)
8. 시험지에 제시된 글꼴이 응시 프로그램에 없는 경우, 반드시 감독위원에게 해당 내용을 통보한 뒤 조치를 받아야 합니다.
9. 시험의 완료는 작성이 완료된 답안을 저장하고, 답안 전송이 완료된 상태를 확인한 것으로 합니다. 답안 전송 확인 후 문제지는 감독위원에게 제출한 후 퇴실하여야 합니다.
10. 답안전송이 완료된 경우에는 수정 또는 정정이 불가능합니다.
11. 시험시행 후 문제 공개 및 합격자 발표는 홈페이지(www.ihd.or.kr)에서 확인하시기 바랍니다.
    1) 문제 및 모범답안 공개 : 20XX. XX. XX.(X)
    2) 합격자 발표 : 20XX. XX. XX.(X)

식별CODE

디지털정보활용능력 | 멀티미디어제작 [시험시간 : 40분]

※ "Gom Pic for DIAT 프로그램"을 활용하여 [문제 1], [문제 2]를 작업하시오.

[문제 1] 원본파일을 처리조건에 따라 결과파일로 완성하시오. (50점)

《 원본파일 》 　　　　　《 결과파일 》

《처리조건》

▶ 다음과 같이 캔버스를 설정하시오.
  • 크기 ⇒ 너비(650 픽셀) X 높이(350 픽셀)

▶ '사진1.jpg' 이미지를 불러와 기존 캔버스에 복사한 후 다음과 같이 처리하시오.
  • 이미지 복사 ⇒ 크기 변형으로 캔버스 크기에 맞게 변형, 레이어 이름 – Pinwheel
  • 필터 효과 ⇒ 선명하게를 이용하여 이미지 조정 (양 : 7)
  • ① ⇒ 복제 도장을 이용하여 이미지 제거
  • ② ⇒ 세피아를 이용하여 초록색 계열로 조정

▶ 도형 도구를 이용하여 다음과 같이 처리하시오.
  • ③ ⇒ 원형/타원형(크기 : 80 x 60), 채우기(색상 : FFFFFF), 혼합모드(글로우, 불투명도 : 60)

▶ 지시사항이 없는 경우는 기본값을 적용하시오.

이미지 파일 저장	① [파일] – [내보내기]를 눌러서 저장	
	② 저장위치 : [바탕화면] – [KAIT] – [제출파일]	
이미지 파일명	JPG	dpi_01_수검번호_성명
	GPDP	dpi_01_수검번호_성명

※ 예시 : 수검번호가 DPI-XXXX-123456인 경우 "dpi_01_123456_성명"으로 저장할 것

※ 'JPG'와 'GPDP' 파일 중 하나라도 누락하여 저장할 시에는 "0점" 처리됩니다.

디지털정보활용능력 — 멀티미디어제작 [시험시간 : 40분]

[문제 2] 원본파일을 처리조건에 따라 결과파일로 완성하시오. (80점) (80점)

《 원본파일 》 　　　　　　　　　　《 결과파일 》

《처리조건》

▶ 다음과 같이 캔버스를 변경하시오.
- 크기 ⇒ 너비(650 픽셀) X 높이(450 픽셀)
- 배경 ⇒ 색상 : (DF6F20)

▶ '사진2.jpg' 이미지를 불러와 기존 캔버스에 복사한 후 다음과 같이 처리하시오.
- 이미지 복사 ⇒ 레이어 마스크 설정, 가로 방향으로 흐릿하게

▶ 도형 도구와 텍스트를 이용하여 다음과 같이 처리하시오.
- ① ⇒ 사각형(크기 : 300 x 60), 그라데이션(색상 : E11A1A - FFE374)
- 바람개비 공원 ⇒ 글꼴(맑은 고딕), 글꼴 스타일(기울임꼴), 크기(28pt),
  채우기(색상 : CD17CB), 외곽선(두께 : 4px, 색상 : FFFAE8)

▶ 도형 도구와 '사진3.jpg'를 이용하여 클리핑 마스크를 생성하시오.
- ② ⇒ 원형/타원형(크기 : 160 × 160)
  외곽선(두께 : 6px, 색상 : FFE374)
  그림자(두께 : 3px, 거리 : 5px, 분산도 : 3px, 각도 : 120°)

▶ 지시사항이 없는 경우는 기본 값을 적용하시오.

이미지 파일 저장		① [파일] - [내보내기]를 눌러서 저장 ② 저장위치 : [바탕화면] - [KAIT] - [제출파일]
이미지 파일명	JPG	dpi_02_수검번호_성명
	GPDP	dpi_02_수검번호_성명

※ 예시 : 수검번호가 DPI-XXXX-123456인 경우 "dpi_02_123456_성명"으로 저장할 것

※ 'JPG'와 'GPDP' 파일 중 하나라도 누락하여 저장할 시에는 "0점" 처리됩니다.

디지털정보활용능력 — 멀티미디어제작 [시험시간 : 40분]

※ "Gom Mix for DIAT 프로그램"을 활용하여 [문제3]을 작업하시오.

[문제 3] 처리조건에 따라 출력형태와 같이 완성하시오. (70점)

《출력형태》

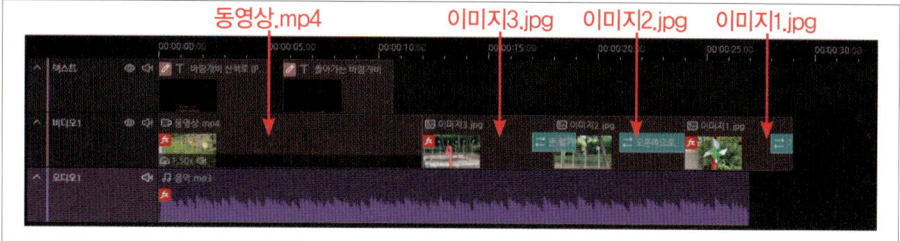

《처리조건》

원본파일	이미지1.jpg, 이미지2.jpg, 이미지3.jpg, 동영상.mp4, 음악.mp3

▶ 미디어 소스의 순서를 다음과 같이 지정하시오.
  • 미디어 소스 순서 ⇒ 동영상.mp4 〉이미지3.jpg 〉이미지2.jpg 〉이미지1.jpg

▶ 동영상 파일('동영상.mp4')을 다음과 같이 처리하시오.
  • 배 속 : 1.5x
  • 자르기 : 시작 시간(0.00), 재생 시간(12.00)
  • 이펙트 : LUT 필터-에메랄드-에메랄드 06(노출 : 5, 감마 : 0.8)
  • 텍스트 ⇒ 텍스트 입력 : 돌아가는 바람개비
        텍스트 서식 : 기본자막(돋움체, 크기 135, 14ff00), 윤곽선 설정(없음),
        위치 설정(화면 정가운데 아래), 시작 시간(5.20), 클립 길이(5.00)
  • 재생 속도 설정 후 자르기를 하여야 하며, 잘라진 뒷부분의 동영상 및 트랙의 모든 공백을 삭제할 것
  • 원본 동영상에 포함된 오디오는 모두 음소거 할 것

▶ 이미지 파일을 다음과 같이 처리하시오.
  • '이미지3.jpg' ⇒ 이미지 클립 길이 : 6.00, 오버레이 : 좋아요(개수/양 : 80),
        클립 트랜지션 : 문열기(오버랩, 재생 시간 : 2.00)
  • '이미지2.jpg' ⇒ 이미지 클립 길이 : 6.00, 오버레이 : 후광 프레임(꼭지점 개수 : 2),
        클립 트랜지션 : 오른쪽으로 스크롤(앞으로 이동, 재생 시간 : 3.00)
  • '이미지1.jpg' ⇒ 이미지 클립 길이 : 5.00, 오버레이 : 떠오르는 하트(간격 : 10),
        클립 트랜지션 : 가로 나누기(앞으로 이동, 재생 시간 : 1.00)
  • 지시사항이 없는 경우는 기본 값을 적용하시오.

▶ 다음 조건에 따라 동영상 시작 부분에 텍스트를 지정하시오.
  • 텍스트 입력 : 바람개비 산책로
            (Pinwheel Walkway)
    텍스트 서식(궁서체, 크기 135, ff3a00), 윤곽선 설정(색상 : 000000, 두께 : 25),
    나타나기(클립 오른쪽에서 나타나기, 지속 시간 : 2.00), 시작 시간(0.00), 텍스트 클립 길이(5.00)

▶ 다음 조건에 따라 동영상 전체에 음악 파일('음악.mp3')을 삽입하시오.
  • 시작 시간 : 0.00, 재생 시간 : 27.00, 페이드 아웃 : 2.00
  • 재생 시간 설정 후 자르기 하여야 하며, 잘라진 뒷부분의 음악 파일은 삭제할 것

동영상 파일 저장	① [파일] – [프로젝트 전체저장]을 눌러서 저장 ② 저장위치 : [바탕화면] – [KAIT] – [제출파일]	
동영상 파일명	GMEP	dpi_03_수검번호_성명	※ 예시 : 수검번호가 DPI-XXXX-123456인 경우 "dpi_03_123456_성명"으로 저장할 것

※ 파일 확장자를 'GMDP'로 저장할 시에는 "0점" 처리됩니다.

제 04 회 실전모의고사

◎ 시험과목 : 멀티미디어제작 (곰픽, 곰믹스)
◎ 시험일자 : 20○○. ○○. ○○.(X)
◎ 응시자 기재사항 및 감독위원 확인

수검번호	DPI - XXXX -	감독위원 확인
성 명		

응시자 유의사항

1. 응시자는 신분증을 지참하여야 시험에 응시할 수 있으며, 시험이 종료될 때까지 신분증을 제시하지 못 할 경우 해당 시험은 0점 처리됩니다.
2. 시스템(PC작동여부, 네트워크 상태 등)의 이상여부를 반드시 확인하여야 하며, 시스템 이상이 있을시 감독위원에게 조치를 받으셔야 합니다.
3. 시험 중 부주의 또는 고의로 시스템을 파손한 경우는 응시자 부담으로 합니다.
4. 답안 전송 프로그램을 통해 다운로드 받은 파일을 이용하여 답안파일을 작성하시기 바랍니다.
5. 작성한 답안 파일은 답안 전송 프로그램을 통하여 전송됩니다. 감독위원의 지시에 따라 주시기 바랍니다.
6. 다음사항의 경우 실격(0점) 혹은 부정행위 처리됩니다.
    1) 답안파일을 서장하지 않았거나, 저장한 파일이 손상되었을 경우
    2) 답안파일을 지정된 폴더(바탕화면 – "KAIT" 폴더)에 저장하지 않았을 경우
       ※ 답안 전송 프로그램 로그인 시 바탕화면에 자동 생성됨
    3) 답안파일을 다른 보조 기억장치(USB) 혹은 네트워크(메신저, 게시판 등)로 전송할 경우
    4) 휴대용 전화기 등 통신기기를 사용할 경우
7. 답안은 Gom Pic for DIAT과 Gom Mix for DIAT를 활용하여 작성하십시오.
    ※ Gom Mix for DIAT는 'DIAT 시험 프로젝트 생성하기'로 진입하여 작성하십시오.
    ※ Gom Mix for DIAT 답안파일은 반드시 프로그램 전체저장으로 저장하십시오.(미준수시 0점 처리)
8. 시험지에 제시된 글꼴이 응시 프로그램에 없는 경우, 반드시 감독위원에게 해당 내용을 통보한 뒤 조치를 받아야 합니다.
9. 시험의 완료는 작성이 완료된 답안을 저장하고, 답안 전송이 완료된 상태를 확인한 것으로 합니다. 답안 전송 확인 후 문제지는 감독위원에게 제출한 후 퇴실하여야 합니다.
10. 답안전송이 완료된 경우에는 수정 또는 정정이 불가능합니다.
11. 시험시행 후 문제 공개 및 합격자 발표는 홈페이지(www.ihd.or.kr)에서 확인하시기 바랍니다.
    1) 문제 및 모범답안 공개 : 20XX. XX. XX.(X)
    2) 합격자 발표 : 20XX. XX. XX.(X)

| 디지털정보활용능력 | 멀티미디어제작 | [시험시간 : 40분] |

※ "Gom Pic for DIAT 프로그램"을 활용하여 [문제 1], [문제 2]를 작업하시오.

[문제 1] 원본파일을 처리조건에 따라 결과파일로 완성하시오. (50점)

《처리조건》

▶ 다음과 같이 캔버스를 설정하시오.
  • 크기 ⇒ 너비(650 픽셀) X 높이(350 픽셀)

▶ '사진1.jpg' 이미지를 불러와 기존 캔버스에 복사한 후 다음과 같이 처리하시오.
  • 이미지 복사 ⇒ 크기 변형으로 캔버스 크기에 맞게 변형, 레이어 이름 - Leaf
  • 밝기 조정 ⇒ 노출을 이용하여 이미지 조정 (노출 : 35)
  • ① ⇒ 올가미 선택을 이용하여 이미지 복사
  • ② ⇒ 색조/채도를 이용하여 노란색 계열로 조정

▶ 도형 도구를 이용하여 다음과 같이 처리하시오.
  • ③ ⇒ 모서리가 둥근 사각형(크기 : 110 x 110), 채우기(색상 : E2EB23), 혼합모드(색 회피율, 불투명도 : 65)

▶ 지시사항이 없는 경우는 기본값을 적용하시오.

이미지 파일 저장		① [파일] – [내보내기]를 눌러서 저장	
		② 저장위치 : [바탕화면] – [KAIT] – [제출파일]	
이미지 파일명	JPG	dpi_01_수검번호_성명	※ 예시 : 수검번호가 DPI-XXXX-123456인 경우
	GPDP	dpi_01_수검번호_성명	"dpi_01_123456_성명"으로 저장할 것

※ 'JPG'와 'GPDP' 파일 중 하나라도 누락하여 저장할 시에는 "0점" 처리됩니다.

[문제 2] 원본파일을 처리조건에 따라 결과파일로 완성하시오. (80점) (80점)

《처리조건》

▶ 다음과 같이 캔버스를 변경하시오.
  • 크기 ⇒ 너비(650 픽셀) X 높이(450 픽셀)
  • 배경 ⇒ 색상 : (5B63D2)

▶ '사진2.jpg' 이미지를 불러와 기존 캔버스에 복사한 후 다음과 같이 처리하시오.
  • 이미지 복사 ⇒ 레이어 마스크 설정, 세로 방향으로 흐릿하게

▶ 도형 도구와 텍스트를 이용하여 다음과 같이 처리하시오.
  • ① ⇒ 원형/타원형(크기 : 315 x 100), 그라데이션(색상 : F6FF00 − 017F9F)
  • 섬으로 떠나는 여행 ⇒ 글꼴(굴림), 글꼴 스타일(굵게), 크기(22pt), 채우기(색상 : 3F7AFF), 외곽선(두께 : 5px, 색상 : FFFFFF)

▶ 도형 도구와 '사진3.jpg'를 이용하여 클리핑 마스크를 생성하시오.
  • ② ⇒ 사격형(크기 : 160 × 120)
    외곽선(두께 : 6px, 색상 : 02D7B6)
    그림자(두께 : 10px, 거리 : 7px, 분산도 : 10px, 각도 : 320°)

▶ 지시사항이 없는 경우는 기본 값을 적용하시오.

이미지 파일 저장		① [파일] − [내보내기]를 눌러서 저장 ② 저장위치 : [바탕화면] − [KAIT] − [제출파일]
이미지 파일명	JPG	dpi_02_수검번호_성명
	GPDP	dpi_02_수검번호_성명

※ 예시 : 수검번호가 DPI-XXXX-123456인 경우 "dpi_02_123456_성명"으로 저장할 것

※ 'JPG'와 'GPDP' 파일 중 하나라도 누락하여 저장할 시에는 "0점" 처리됩니다.

디지털정보활용능력 | 멀티미디어제작 [시험시간 : 40분]

※ "Gom Mix for DIAT 프로그램"을 활용하여 [문제3]을 작업하시오.

[문제 3] 처리조건에 따라 출력형태와 같이 완성하시오. (70점)

《출력형태》

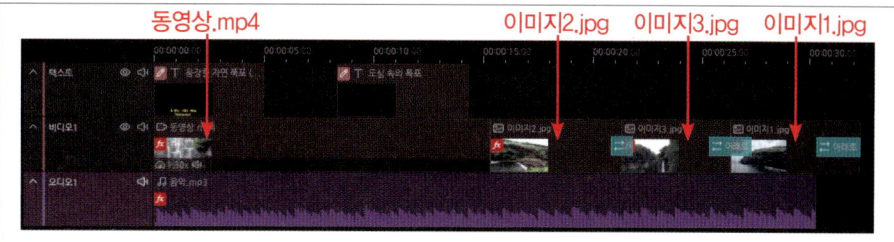

《처리조건》

원본파일	이미지1.jpg, 이미지2.jpg, 이미지3.jpg, 동영상.mp4, 음악.mp3

▶ 미디어 소스의 순서를 다음과 같이 지정하시오.
  • 미디어 소스 순서 ⇒ 동영상.mp4 〉 이미지2.jpg 〉 이미지3.jpg 〉 이미지1.jpg

▶ 동영상 파일('동영상.mp4')을 다음과 같이 처리하시오.
  • 배 속 : 1.3x
  • 자르기 : 시작 시간(0.00), 재생 시간(15.10)
  • 이펙트 : LUT 필터-파스텔-파스텔 03(노출 : 5, 감마 : 0.5)
  • 텍스트 ⇒ 텍스트 입력 : 도심 속의 폭포
      텍스트 서식 : 기본자막(바탕체, 크기 90, ff8e24), 윤곽선 설정(없음),
      위치 설정(화면 정가운데 아래), 시작 시간(8.10), 클립 길이(6.00)
  • 재생 속도 설정 후 자르기를 하여야 하며, 잘라진 뒷부분의 동영상 및 트랙의 모든 공백을 삭제할 것
  • 원본 동영상에 포함된 오디오는 모두 음소거 할 것

▶ 이미지 파일을 다음과 같이 처리하시오.
  • '이미지2.jpg' ⇒ 이미지 클립 길이 : 6.00, 오버레이 : 흩날림(속도 : 5),
      클립 트랜지션 : 가로 펼치면서 열기(오버랩, 재생 시간 : 1.00)
  • '이미지3.jpg' ⇒ 이미지 클립 길이 : 5.00, 오버레이 : 떨림(크기 : 10),
      클립 트랜지션 : 아래로 덮기(오버랩, 재생 시간 : 2.00)
  • '이미지1.jpg' ⇒ 이미지 클립 길이 : 6.00, 오버레이 : 수면 아래 01(강도 : 70),
      클립 트랜지션 : 아래로 닦아내기(앞으로 이동, 재생 시간 : 2.00)
  • 지시사항이 없는 경우는 기본 값을 적용하시오.

▶ 다음 조건에 따라 동영상 시작 부분에 텍스트를 지정하시오.
  • 텍스트 입력 : 웅장한 자연 폭포 (Waterfall)
    텍스트 서식(휴먼옛체, 크기 160, eaea01), 윤곽선 설정(색상 : 936c29, 두께 : 20),
    나타나기(서서히 나타나기, 지속 시간 : 3.00), 시작 시간(0.00), 텍스트 클립 길이(5.00)

▶ 다음 조건에 따라 동영상 전체에 음악 파일('음악.mp3')을 삽입하시오.
  • 시작 시간 : 0.00, 재생 시간 : 30.10, 페이드 아웃 : 2.00
  • 재생 시간 설정 후 자르기 하여야 하며, 잘라진 뒷부분의 음악 파일은 삭제할 것

동영상 파일 저장	① [파일] – [프로젝트 전체저장]을 눌러서 저장 ② 저장위치 : [바탕화면] – [KAIT] – [제출파일]	
동영상 파일명	GMEP	dpi_03_수검번호_성명	※ 예시 : 수검번호가 DPI-XXXX-123456인 경우 "dpi_03_123456_성명"으로 저장할 것

※ 파일 확장자를 'GMDP'로 저장할 시에는 "0점" 처리됩니다.

제 05 회 실전모의고사

◎ 시험과목 : 멀티미디어제작 (곰픽, 곰믹스)
◎ 시험일자 : 20○○. ○○. ○○.(X)
◎ 응시자 기재사항 및 감독위원 확인

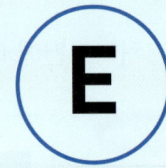

수검번호	DPI – XXXX –	감독위원 확인
성 명		

응시자 유의사항

1. 응시자는 신분증을 지참하여야 시험에 응시할 수 있으며, 시험이 종료될 때까지 신분증을 제시하지 못 할 경우 해당 시험은 0점 처리됩니다.
2. 시스템(PC작동여부, 네트워크 상태 등)의 이상여부를 반드시 확인하여야 하며, 시스템 이상이 있을시 감독위원에게 조치를 받으셔야 합니다.
3. 시험 중 부주의 또는 고의로 시스템을 파손한 경우는 응시자 부담으로 합니다.
4. 답안 전송 프로그램을 통해 다운로드 받은 파일을 이용하여 답안파일을 작성하시기 바랍니다.
5. 작성한 답안 파일은 답안 전송 프로그램을 통하여 전송됩니다. 감독위원의 지시에 따라 주시기 바랍니다.
6. 다음사항의 경우 실격(0점) 혹은 부정행위 처리됩니다.
   1) 답안파일을 저장하지 않았거나, 저장한 파일이 손상되었을 경우
   2) 답안파일을 지정된 폴더(바탕화면 – "KAIT" 폴더)에 저장하지 않았을 경우
      ※ 답안 전송 프로그램 로그인 시 바탕화면에 자동 생성됨
   3) 답안파일을 다른 보조 기억장치(USB) 혹은 네트워크(메신저, 게시판 등)로 전송할 경우
   4) 휴대용 전화기 등 통신기기를 사용할 경우
7. 답안은 Gom Pic for DIAT과 Gom Mix for DIAT를 활용하여 작성하십시오.
   ※ Gom Mix for DIAT는 'DIAT 시험 프로젝트 생성하기'로 진입하여 작성하십시오.
   ※ Gom Mix for DIAT 답안파일은 반드시 프로그램 전체저장으로 저장하십시오.(미준수시 0점 처리)
8. 시험지에 제시된 글꼴이 응시 프로그램에 없는 경우, 반드시 감독위원에게 해당 내용을 통보한 뒤 조치를 받아야 합니다.
9. 시험의 완료는 작성이 완료된 답안을 저장하고, 답안 전송이 완료된 상태를 확인한 것으로 합니다. 답안 전송 확인 후 문제지는 감독위원에게 제출한 후 퇴실하여야 합니다.
10. 답안전송이 완료된 경우에는 수정 또는 정정이 불가능합니다.
11. 시험시행 후 문제 공개 및 합격자 발표는 홈페이지(www.ihd.or.kr)에서 확인하시기 바랍니다.
    1) 문제 및 모범답안 공개 : 20XX. XX. XX.(X)
    2) 합격자 발표 : 20XX. XX. XX.(X)

식별CODE

| 디지털정보활용능력 | 멀티미디어제작 | [시험시간 : 40분] | 1/3 |

※ "Gom Pic for DIAT 프로그램"을 활용하여 [문제 1], [문제 2]를 작업하시오.

[문제 1] 원본파일을 처리조건에 따라 결과파일로 완성하시오. (50점)

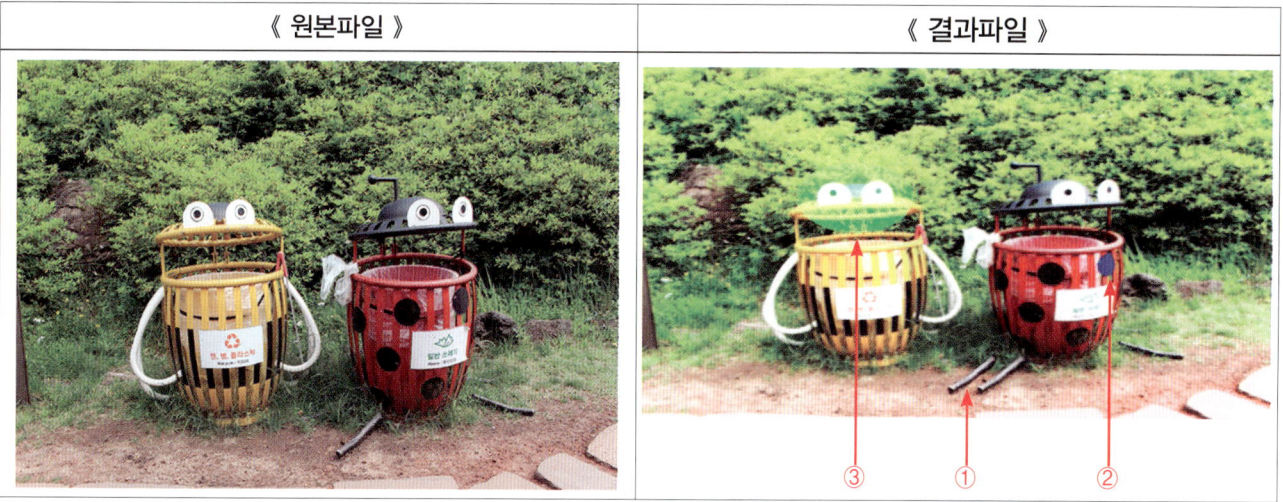

《 원본파일 》　　　《 결과파일 》

《처리조건》

▶ 다음과 같이 캔버스를 설정하시오.
  • 크기 ⇒ 너비(650 픽셀) X 높이(350 픽셀)

▶ '사진1.jpg' 이미지를 불러와 기존 캔버스에 복사한 후 다음과 같이 처리하시오.
  • 이미지 복사 ⇒ 크기 변형으로 캔버스 크기에 맞게 변형, 레이어 이름 – Recycling
  • 필터 효과 ⇒ 글로우를 이용하여 이미지 조정 (반경 : 2, 밝기 : –15, 대비 : 30)
  • ① ⇒ 복제 도장을 이용하여 이미지 복사
  • ② ⇒ 세피아를 이용하여 파란색 계열로 조정

▶ 도형 도구를 이용하여 다음과 같이 처리하시오.
  • ③ ⇒ 원형/타원형(크기 : 120 x 70), 채우기(색상 : 00FF55), 혼합모드(밝게, 불투명도 : 85)

▶ 지시사항이 없는 경우는 기본값을 적용하시오.

이미지 파일 저장	① [파일] – [내보내기]를 눌러서 저장	
	② 저장위치 : [바탕화면] – [KAIT] – [제출파일]	
이미지 파일명	JPG	dpi_01_수검번호_성명
	GPDP	dpi_01_수검번호_성명

※ 예시 : 수검번호가 DPI-XXXX-123456인 경우 "dpi_01_123456_성명"으로 저장할 것

※ 'JPG'와 'GPDP' 파일 중 하나라도 누락하여 저장할 시에는 "0점" 처리됩니다.

디지털정보활용능력 — 멀티미디어제작 [시험시간 : 40분]

[문제 2] 원본파일을 처리조건에 따라 결과파일로 완성하시오. (80점) (80점)

《 원본파일 》	《 결과파일 》

《처리조건》

▶ 다음과 같이 캔버스를 변경하시오.
- 크기 ⇒ 너비(650 픽셀) X 높이(450 픽셀)
- 배경 ⇒ 색상 : (0FEDAC)

▶ '사진2.jpg' 이미지를 불러와 기존 캔버스에 복사한 후 다음과 같이 처리하시오.
- 이미지 복사 ⇒ 레이어 마스크 설정, 세로 방향으로 흐릿하게

▶ 도형 도구와 텍스트를 이용하여 다음과 같이 처리하시오.
- ① ⇒ 사각형(크기 : 350 x 60), 그라데이션(색상 : 007979 – DDD734)
- 제주경마공원 ⇒ 글꼴(휴먼옛체), 글꼴 스타일(기울임꼴), 크기(34pt), 채우기(색상 : 22D450), 외곽선(두께 : 3px, 색상 : 3344DD)

▶ 도형 도구와 '사진3.jpg'를 이용하여 클리핑 마스크를 생성하시오.
- ② ⇒ 모서리가 둥근 사각형(크기 : 200 × 150)
  외곽선(두께 : 4px, 색상 : BBDD33)
  그림자(두께 : 3px, 거리 : 2px, 분산도 : 3px, 각도 : 180°)

▶ 지시사항이 없는 경우는 기본 값을 적용하시오.

이미지 파일 저장	① [파일] – [내보내기]를 눌러서 저장 ② 저장위치 : [바탕화면] – [KAIT] – [제출파일]	
이미지 파일명	JPG	dpi_02_수검번호_성명	※ 예시 : 수검번호가 DPI-XXXX-123456인 경우 "dpi_02_123456_성명"으로 저장할 것
	GPDP	dpi_02_수검번호_성명	

※ 'JPG'와 'GPDP' 파일 중 하나라도 누락하여 저장할 시에는 "0점" 처리됩니다.

디지털정보활용능력 - 멀티미디어제작 [시험시간 : 40분]

※ "Gom Mix for DIAT 프로그램"을 활용하여 [문제3]을 작업하시오.

[문제 3] 처리조건에 따라 출력형태와 같이 완성하시오. (70점)

《출력형태》

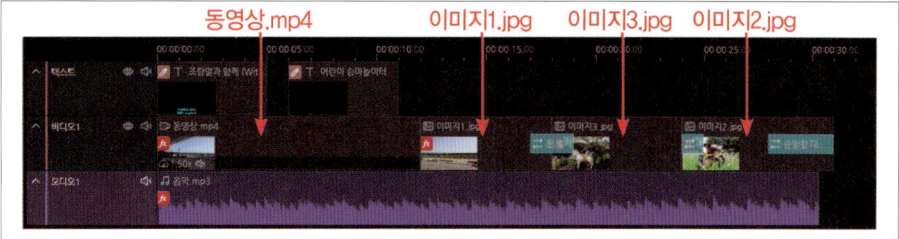

《처리조건》

원본파일	이미지1.jpg, 이미지2.jpg, 이미지3.jpg, 동영상.mp4, 음악.mp3

▶ 미디어 소스의 순서를 다음과 같이 지정하시오.
  • 미디어 소스 순서 ⇒ 동영상.mp4 〉 이미지1.jpg 〉 이미지3.jpg 〉 이미지2.jpg

▶ 동영상 파일('동영상.mp4')을 다음과 같이 처리하시오.
  • 배 속 : 1.5x   • 자르기 : 시작 시간(0.00), 재생 시간(12.00)
  • 이펙트 : 변환-노이즈 페이드(나타나는 : 2.0, 사라지는 : 2.0)
  • 텍스트 ⇒ 텍스트 입력 : 어린이 승마놀이터
        텍스트 서식 : 기본자막(돋움체, 크기 110, fe00f9), 윤곽선 설정(없음),
        위치 설정(화면 정가운데 아래), 시작 시간(6.00), 클립 길이(5.00)
  • 재생 속도 설정 후 자르기를 하여야 하며, 잘라진 뒷부분의 동영상 및 트랙의 모든 공백을 삭제할 것
  • 원본 동영상에 포함된 오디오는 모두 음소거 할 것

▶ 이미지 파일을 다음과 같이 처리하시오.
  • '이미지1.jpg' ⇒ 이미지 클립 길이 : 6.00, 오버레이 : 비누 방울(개수/양 : 6, 방울 속성 01 : 7),
        클립 트랜지션 : 문 열기(오버랩, 재생 시간 : 2.00)
  • '이미지3.jpg' ⇒ 이미지 클립 길이 : 6.00, 오버레이 : 사각 비넷(두께 : 30, 불투명도 : 80),
        클립 트랜지션 : 흰색 페이드(뒤로 이동, 재생 시간 : 1.00)
  • '이미지2.jpg' ⇒ 이미지 클립 길이 : 7.00, 오버레이 : 레디얼 라이트(크기 : 70),
        클립 트랜지션 : 순방향 대각선 블라인드(앞으로 이동, 재생 시간 : 3.00)
  • 지시사항이 없는 경우는 기본 값을 적용하시오.

▶ 다음 조건에 따라 동영상 시작 부분에 텍스트를 지정하시오.
  • 텍스트 입력 : 조랑말과 함께
            (With a pony)
    텍스트 서식(휴먼엑스포, 크기 130, 00ffdd), 윤곽선 설정(색상 : 337979, 두께 : 35),
    나타나기(아래로 닦아내기, 지속 시간 : 4.00), 시작 시간(0.00), 텍스트 클립 길이(5.00)

▶ 다음 조건에 따라 동영상 전체에 음악 파일('음악.mp3')을 삽입하시오.
  • 시작 시간 : 0.00, 재생 시간 : 30.10, 페이드 아웃 : 2.00
  • 재생 시간 설정 후 자르기 하여야 하며, 잘라진 뒷부분의 음악 파일은 삭제할 것

동영상 파일 저장	① [파일] – [프로젝트 전체저장]을 눌러서 저장 ② 저장위치 : [바탕화면] – [KAIT] – [제출파일]	
동영상 파일명	GMEP	dpi_03_수검번호_성명	※ 예시 : 수검번호가 DPI-XXXX-123456인 경우 "dpi_03_123456_성명"으로 저장할 것

※ 파일 확장자를 'GMDP'로 저장할 시에는 "0점" 처리됩니다.

제 **06** 회 **실전모의고사**

◎ 시험과목 : 멀티미디어제작 (곰픽, 곰믹스)
◎ 시험일자 : 20○○. ○○. ○○.(X)
◎ 응시자 기재사항 및 감독위원 확인

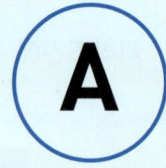

수검번호	DPI – XXXX –	감독위원 확인
성 명		

응시자 유의사항

1. 응시자는 신분증을 지참하여야 시험에 응시할 수 있으며, 시험이 종료될 때까지 신분증을 제시하지 못 할 경우 해당 시험은 0점 처리됩니다.
2. 시스템(PC작동여부, 네트워크 상태 등)의 이상여부를 반드시 확인하여야 하며, 시스템 이상이 있을시 감독위원에게 조치를 받으셔야 합니다.
3. 시험 중 부주의 또는 고의로 시스템을 파손한 경우는 응시자 부담으로 합니다.
4. 답안 전송 프로그램을 통해 다운로드 받은 파일을 이용하여 답안파일을 작성하시기 바랍니다.
5. 작성한 답안 파일은 답안 전송 프로그램을 통하여 전송됩니다. 감독위원의 지시에 따라 주시기 바랍니다.
6. 다음사항의 경우 실격(0점) 혹은 부정행위 처리됩니다.
   1) 답안파일을 저장하지 않았거나, 저장한 파일이 손상되었을 경우
   2) 답안파일을 지정된 폴더(바탕화면 – "KAIT" 폴더)에 저장하지 않았을 경우
      ※ 답안 전송 프로그램 로그인 시 바탕화면에 자동 생성됨
   3) 답안파일을 다른 보조 기억장치(USB) 혹은 네트워크(메신저, 게시판 등)로 전송할 경우
   4) 휴대용 전화기 등 통신기기를 사용할 경우
7. 답안은 Gom Pic for DIAT과 Gom Mix for DIAT를 활용하여 작성하십시오.
   ※ Gom Mix for DIAT는 'DIAT 시험 프로젝트 생성하기'로 진입하여 작성하십시오.
   ※ Gom Mix for DIAT 답안파일은 반드시 프로그램 전체저장으로 저장하십시오.(미준수시 0점 처리)
8. 시험지에 제시된 글꼴이 응시 프로그램에 없는 경우, 반드시 감독위원에게 해당 내용을 통보한 뒤 조치를 받아야 합니다.
9. 시험의 완료는 작성이 완료된 답안을 저장하고, 답안 전송이 완료된 상태를 확인한 것으로 합니다. 답안 전송 확인 후 문제지는 감독위원에게 제출한 후 퇴실하여야 합니다.
10. 답안전송이 완료된 경우에는 수정 또는 정정이 불가능합니다.
11. 시험시행 후 문제 공개 및 합격자 발표는 홈페이지(www.ihd.or.kr)에서 확인하시기 바랍니다.
    1) 문제 및 모범답안 공개 : 20XX. XX. XX.(X)
    2) 합격자 발표 : 20XX. XX. XX.(X)

| 디지털정보활용능력 | 멀티미디어제작 | [시험시간 : 40분] | 1/3 |

※ "Gom Pic for DIAT 프로그램"을 활용하여 [문제 1], [문제 2]를 작업하시오.

[문제 1] 원본파일을 처리조건에 따라 결과파일로 완성하시오. (50점)

《 원본파일 》　　　　《 결과파일 》

《처리조건》

▶ 다음과 같이 캔버스를 설정하시오.
　• 크기 ⇒ 너비(650 픽셀) X 높이(350 픽셀)

▶ '사진1.jpg' 이미지를 불러와 기존 캔버스에 복사한 후 다음과 같이 처리하시오.
　• 이미지 복사 ⇒ 크기 변형으로 캔버스 크기에 맞게 변형, 레이어 이름 – Village
　• 밝기 조정 ⇒ 생동감을 이용하여 이미지 조정 (생동감 : 70)
　• ① ⇒ 올가미 선택을 이용하여 이미지 제거
　• ② ⇒ 색조/채도를 이용하여 초록색 계열로 조정

▶ 도형 도구를 이용하여 다음과 같이 처리하시오.
　• ③ ⇒ 사각형(크기 : 90 x 350), 채우기(색상 : FF0000), 혼합모드(차이, 불투명도 : 90)

▶ 지시사항이 없는 경우는 기본값을 적용하시오.

이미지 파일 저장	① [파일] – [내보내기]를 눌러서 저장		
	② 저장위치 : [바탕화면] – [KAIT] – [제출파일]		
이미지 파일명	JPG	dpi_01_수검번호_성명	※ 예시 : 수검번호가 DPI-XXXX-123456인 경우 "dpi_01_123456_성명"으로 저장할 것
	GPDP	dpi_01_수검번호_성명	

※ 'JPG'와 'GPDP' 파일 중 하나라도 누락하여 저장할 시에는 "0점" 처리됩니다.

[문제 2] 원본파일을 처리조건에 따라 결과파일로 완성하시오. (80점)

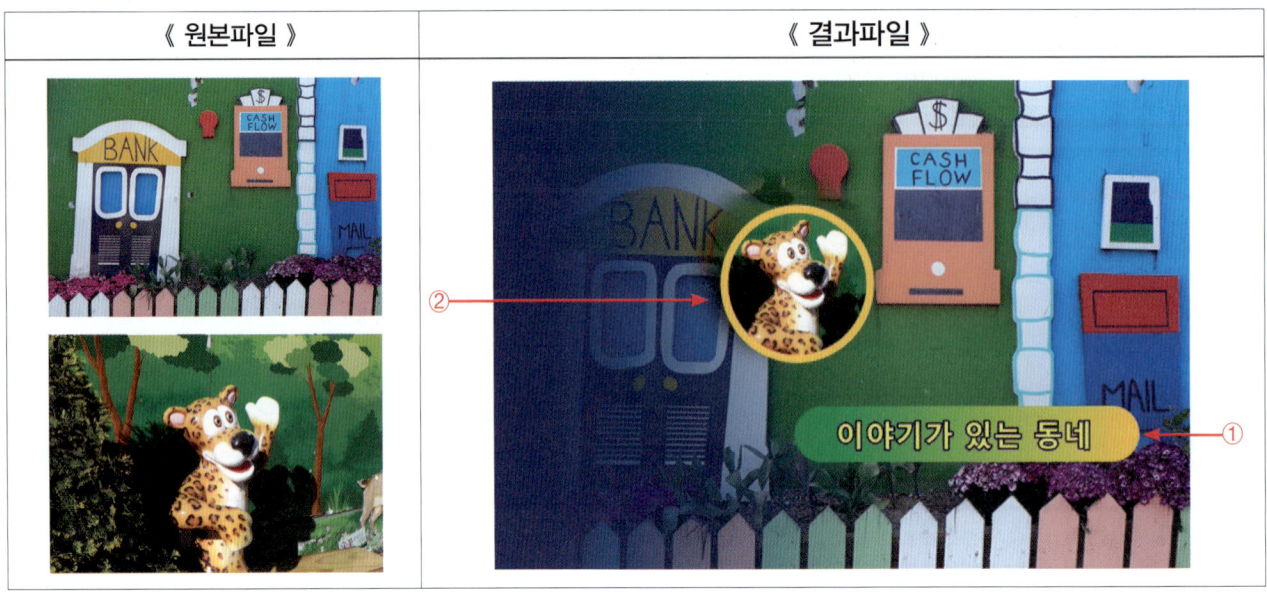

《처리조건》

▶ 다음과 같이 캔버스를 변경하시오.
- 크기 ⇒ 너비(650 픽셀) X 높이(450 픽셀)
- 배경 ⇒ 색상 : (003668)

▶ '사진2.jpg' 이미지를 불러와 기존 캔버스에 복사한 후 다음과 같이 처리하시오.
- 이미지 복사 ⇒ 레이어 마스크 설정, 가로 방향으로 흐릿하게

▶ 도형 도구와 텍스트를 이용하여 다음과 같이 처리하시오.
- ① ⇒ 모서리가 둥근 사각형(크기 : 320 x 50), 그라데이션(색상 : 0E9500 − FFC600)
- 이야기가 있는 동네 ⇒ 글꼴(맑은 고딕), 글꼴 스타일(굵게), 크기(20pt),
  채우기(색상 : FFFC00), 외곽선(두께 : 3px, 색상 : 050550)

▶ 도형 도구와 '사진3.jpg'를 이용하여 클리핑 마스크를 생성하시오.
- ② ⇒ 원형/타원형(크기 : 135 × 135)
  외곽선(두께 : 7px, 색상 : FEC500)
  그림자(두께 : 12px, 거리 : 20px, 분산도 : 10px, 각도 : 120°)

▶ 지시사항이 없는 경우는 기본 값을 적용하시오.

이미지 파일 저장	① [파일] – [내보내기]를 눌러서 저장 ② 저장위치 : [바탕화면] – [KAIT] – [제출파일]	
이미지 파일명	JPG	dpi_02_수검번호_성명
	GPDP	dpi_02_수검번호_성명

※ 예시 : 수검번호가 DPI-XXXX-123456인 경우 "dpi_02_123456_성명"으로 저장할 것

※ 'JPG'와 'GPDP' 파일 중 하나라도 누락하여 저장할 시에는 "0점" 처리됩니다.

디지털정보활용능력 — 멀티미디어제작 [시험시간 : 40분]

※ "Gom Mix for DIAT 프로그램"을 활용하여 [문제3]을 작업하시오.

[문제 3] 처리조건에 따라 출력형태와 같이 완성하시오. (70점)

《출력형태》

《처리조건》

원본파일	이미지1.jpg, 이미지2.jpg, 이미지3.jpg, 동영상.mp4, 음악.mp3

▶ 미디어 소스의 순서를 다음과 같이 지정하시오.
  • 미디어 소스 순서 ⇒ 동영상.mp4 〉 이미지3.jpg 〉 이미지1.jpg 〉 이미지2.jpg

▶ 동영상 파일('동영상.mp4')을 다음과 같이 처리하시오.
  • 배   속 : 1.3x
  • 자르기 : 시작 시간(0.00), 재생 시간(12.20)
  • 이펙트 : 이미지 보정-부드럽게(강도 : 30)
  • 텍스트 ⇒ 텍스트 입력 : 재미있는 캐릭터
      텍스트 서식 : 기본자막(돋움체, 크기 100, ff8e24), 윤곽선 설정(없음),
      위치 설정(화면 정가운데 아래), 시작 시간(5.10), 클립 길이(5.00)
  • 재생 속도 설정 후 자르기를 하여야 하며, 잘라진 뒷부분의 동영상 및 트랙의 모든 공백을 삭제할 것
  • 원본 동영상에 포함된 오디오는 모두 음소거 할 것

▶ 이미지 파일을 다음과 같이 처리하시오.
  • '이미지3.jpg' ⇒ 이미지 클립 길이 : 6.00, 오버레이 : 영롱한(크기 : 10, 속도 : 7),
           클립 트랜지션 : 왼쪽으로 스크롤(앞으로 이동, 재생 시간 : 2.00)
  • '이미지1.jpg' ⇒ 이미지 클립 길이 : 5.00, 오버레이 : 원형 비넷(반경 : 70),
           클립 트랜지션 : 문 열기(오버랩, 재생 시간 : 1.00)
  • '이미지2.jpg' ⇒ 이미지 클립 길이 : 7.00, 오버레이 : 비누 방울(개수/양 : 3, 속도 : 8),
           클립 트랜지션 : 타원 닫기(앞으로 이동, 재생 시간 : 1.00)
  • 지시사항이 없는 경우는 기본 값을 적용하시오.

▶ 다음 조건에 따라 동영상 시작 부분에 텍스트를 지정하시오.
  • 텍스트 입력 : 거리에 숨어 있는 이야기
          (Secret Story)
    텍스트 서식(궁서체, 크기 150, 47d8ff), 윤곽선 설정(색상 : 2c51fd, 두께 : 20),
    나타나기(왼쪽으로 닦아내기, 지속 시간 : 2.00), 시작 시간(0.00), 텍스트 클립 길이(4.00)

▶ 다음 조건에 따라 동영상 전체에 음악 파일('음악.mp3')을 삽입하시오.
  • 시작 시간 : 0.00, 재생 시간 : 30.10, 페이드 아웃 : 3.00
  • 재생 시간 설정 후 자르기 하여야 하며, 잘라진 뒷부분의 음악 파일은 삭제할 것

동영상 파일 저장	① [파일] – [프로젝트 전체저장]을 눌러서 저장 ② 저장위치 : [바탕화면] – [KAIT] – [제출파일]	
동영상 파일명	GMEP	dpi_03_수검번호_성명	※ 예시 : 수검번호가 DPI-XXXX-123456인 경우 "dpi_03_123456_성명"으로 저장할 것

※ 파일 확장자를 'GMDP'로 저장할 시에는 "0점" 처리됩니다.

제 **07** 회 **실전모의고사**

◎ 시험과목 : 멀티미디어제작 (곰픽, 곰믹스)
◎ 시험일자 : 20○○. ○○. ○○.(X)
◎ 응시자 기재사항 및 감독위원 확인

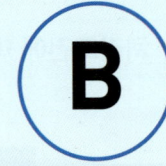

수검번호	DPI – XXXX –	감독위원 확인
성 명		

응시자 유의사항

1. 응시자는 신분증을 지참하여야 시험에 응시할 수 있으며, 시험이 종료될 때까지 신분증을 제시하지 못 할 경우 해당 시험은 0점 처리됩니다.
2. 시스템(PC작동여부, 네트워크 상태 등)의 이상여부를 반드시 확인하여야 하며, 시스템 이상이 있을시 감독위원에게 조치를 받으셔야 합니다.
3. 시험 중 부주의 또는 고의로 시스템을 파손한 경우는 응시자 부담으로 합니다.
4. 답안 전송 프로그램을 통해 다운로드 받은 파일을 이용하여 답안파일을 작성하시기 바랍니다.
5. 작성한 답안 파일은 답안 전송 프로그램을 통하여 전송됩니다. 감독위원의 지시에 따라 주시기 바랍니다.
6. 다음사항의 경우 실격(0점) 혹은 부정행위 처리됩니다.
    1) 답안파일을 저장하지 않았거나, 저장한 파일이 손상되었을 경우
    2) 답안파일을 지정된 폴더(바탕화면 – "KAIT" 폴더)에 저장하지 않았을 경우
        ※ 답안 전송 프로그램 로그인 시 바탕화면에 자동 생성됨
    3) 답안파일을 다른 보조 기억장치(USB) 혹은 네트워크(메신저, 게시판 등)로 전송할 경우
    4) 휴대용 전화기 등 통신기기를 사용할 경우
7. 답안은 Gom Pic for DIAT과 Gom Mix for DIAT를 활용하여 작성하십시오.
    ※ Gom Mix for DIAT는 'DIAT 시험 프로젝트 생성하기'로 진입하여 작성하십시오.
    ※ Gom Mix for DIAT 답안파일은 반드시 프로그램 전체저장으로 저장하십시오.(미준수시 0점 처리)
8. 시험지에 제시된 글꼴이 응시 프로그램에 없는 경우, 반드시 감독위원에게 해당 내용을 통보한 뒤 조치를 받아야 합니다.
9. 시험의 완료는 작성이 완료된 답안을 저장하고, 답안 전송이 완료된 상태를 확인한 것으로 합니다. 답안 전송 확인 후 문제지는 감독위원에게 제출한 후 퇴실하여야 합니다.
10. 답안전송이 완료된 경우에는 수정 또는 정정이 불가능합니다.
11. 시험시행 후 문제 공개 및 합격자 발표는 홈페이지(www.ihd.or.kr)에서 확인하시기 바랍니다.
    1) 문제 및 모범답안 공개 : 20XX. XX. XX.(X)
    2) 합격자 발표 : 20XX. XX. XX.(X)

| 디지털정보활용능력 | 멀티미디어제작 | [시험시간 : 40분] | 1/3 |

※ "Gom Pic for DIAT 프로그램"을 활용하여 [문제 1], [문제 2]를 작업하시오.

[문제 1] 원본파일을 처리조건에 따라 결과파일로 완성하시오. (50점)

《 원본파일 》 《 결과파일 》

《처리조건》

▶ 다음과 같이 캔버스를 설정하시오.
- 크기 ⇒ 너비(650 픽셀) X 높이(350 픽셀)

▶ '사진1.jpg' 이미지를 불러와 기존 캔버스에 복사한 후 다음과 같이 처리하시오.
- 이미지 복사 ⇒ 크기 변형으로 캔버스 크기에 맞게 변형, 레이어 이름 – Food
- 필터 효과 ⇒ 픽셀효과를 이용하여 이미지 조정 (셀 크기 : 2)
- ① ⇒ 복제 도장을 이용하여 이미지 제거
- ② ⇒ 흑백을 이용하여 회색 계열로 조정

▶ 도형 도구를 이용하여 다음과 같이 처리하시오.
- ③ ⇒ 원형/타원형(크기 : 100 x 70), 채우기(색상 : FF3030), 혼합모드(곱하기, 불투명도 : 50)

▶ 지시사항이 없는 경우는 기본값을 적용하시오.

이미지 파일 저장	① [파일] – [내보내기]를 눌러서 저장		
	② 저장위치 : [바탕화면] – [KAIT] – [제출파일]		
이미지 파일명	JPG	dpi_01_수검번호_성명	※ 예시 : 수검번호가 DPI-XXXX-123456인 경우 "dpi_01_123456_성명"으로 저장할 것
	GPDP	dpi_01_수검번호_성명	

※ 'JPG'와 'GPDP' 파일 중 하나라도 누락하여 저장할 시에는 "0점" 처리됩니다.

[문제 2] 원본파일을 처리조건에 따라 결과파일로 완성하시오. (80점) (80점)

《 원본파일 》 《 결과파일 》

《처리조건》

▶ 다음과 같이 캔버스를 변경하시오.
- 크기 ⇒ 너비(650 픽셀) X 높이(450 픽셀)
- 배경 ⇒ 색상 : (8D631A)

▶ '사진2.jpg' 이미지를 불러와 기존 캔버스에 복사한 후 다음과 같이 처리하시오.
- 이미지 복사 ⇒ 레이어 마스크 설정, 가로 방향으로 흐릿하게

▶ 도형 도구와 텍스트를 이용하여 다음과 같이 처리하시오.
- ① ⇒ 사각형(크기 : 300 x 50), 그라데이션(색상 : 99CC33 - 330000)
- 신선한 샐러드와 빵 ⇒ 글꼴(맑은 고딕), 글꼴 스타일(밑줄), 크기(20pt), 채우기(색상 : 666600), 외곽선(두께 : 12px, 색상 : FFFFFF)

▶ 도형 도구와 '사진3.jpg'를 이용하여 클리핑 마스크를 생성하시오.
- ② ⇒ 원형/타원형(크기 : 150 × 150)
  외곽선(두께 : 7px, 색상 : D8C537)
  그림자(두께 : 3px, 거리 : 5px, 분산도 : 5px, 각도 : 180°)

▶ 지시사항이 없는 경우는 기본 값을 적용하시오.

이미지 파일 저장		① [파일] - [내보내기]를 눌러서 저장 ② 저장위치 : [바탕화면] - [KAIT] - [제출파일]
이미지 파일명	JPG	dpi_02_수검번호_성명
	GPDP	dpi_02_수검번호_성명

※ 예시 : 수검번호가 DPI-XXXX-123456인 경우 "dpi_02_123456_성명"으로 저장할 것

※ 'JPG'와 'GPDP' 파일 중 하나라도 누락하여 저장할 시에는 "0점" 처리됩니다.

디지털정보활용능력 | 멀티미디어제작 [시험시간 : 40분]

※ "Gom Mix for DIAT 프로그램"을 활용하여 [문제3]을 작업하시오.

[문제 3] 처리조건에 따라 출력형태와 같이 완성하시오. (70점)

《출력형태》

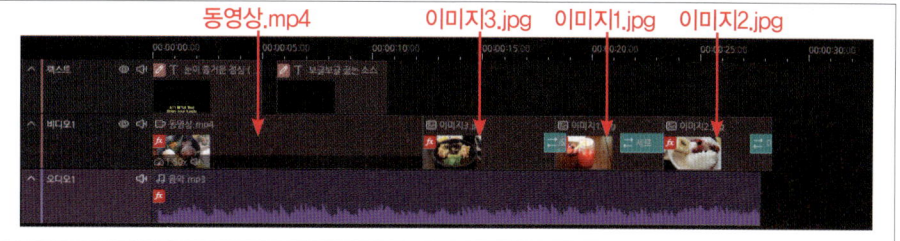

《처리조건》

원본파일	이미지1.jpg, 이미지2.jpg, 이미지3.jpg, 동영상.mp4, 음악.mp3

▶ 미디어 소스의 순서를 다음과 같이 지정하시오.
  • 미디어 소스 순서 ⇒ 동영상.mp4 〉 이미지3.jpg 〉 이미지1.jpg 〉 이미지2.jpg

▶ 동영상 파일('동영상.mp4')을 다음과 같이 처리하시오.
  • 배 속 : 1.5x
  • 자르기 : 시작 시간(0.00), 재생 시간(12.10)
  • 이펙트 : LUT 필터-빈티지-빈티지 03(노출 : 10, 감마 : 0.8)
  • 텍스트 ⇒ 텍스트 입력 : 보글보글 끓는 소스
      텍스트 서식 : 기본자막(굴림체, 크기 98, 3d8c9e), 윤곽선 설정(없음),
      위치 설정(화면 정가운데 아래), 시작 시간(5.20), 클립 길이(5.00)
  • 재생 속도 설정 후 자르기를 하여야 하며, 잘라진 뒷부분의 동영상 및 트랙의 모든 공백을 삭제할 것
  • 원본 동영상에 포함된 오디오는 모두 음소거 할 것

▶ 이미지 파일을 다음과 같이 처리하시오.
  • '이미지3.jpg' ⇒ 이미지 클립 길이 : 6.00, 오버레이 : 레디얼 라이트(크기 : 70),
      클립 트랜지션 : 오른쪽으로 덮기(오버랩, 재생 시간 : 1.00)
  • '이미지1.jpg' ⇒ 이미지 클립 길이 : 5.00, 오버레이 : 떠오르는 하트(개수/양 : 70, 속도 : 8),
      클립 트랜지션 : 세로 순차 블라인드(앞으로 이동, 재생 시간 : 2.00)
  • '이미지2.jpg' ⇒ 이미지 클립 길이 : 5.00, 오버레이 : 좋아요(크기 : 6),
      클립 트랜지션 : 아래로 닦아내기(앞으로 이동, 재생 시간 : 1.00)
  • 지시사항이 없는 경우는 기본 값을 적용하시오.

▶ 다음 조건에 따라 동영상 시작 부분에 텍스트를 지정하시오.
  • 텍스트 입력 : 눈이 즐거운 점심
          (Enjoy your lunch)
    텍스트 서식(휴먼엑스포, 크기 150, f9f901), 윤곽선 설정(색상 : 585e99, 두께 : 25),
    나타나기(위로 연하게 닦아내기, 지속 시간 : 2.00), 시작 시간(0.00), 텍스트 클립 길이(5.00)

▶ 다음 조건에 따라 동영상 전체에 음악 파일('음악.mp3')을 삽입하시오.
  • 시작 시간 : 0.00, 재생 시간 : 27.25, 페이드 아웃 : 3.00
  • 재생 시간 설정 후 자르기 하여야 하며, 잘라진 뒷부분의 음악 파일은 삭제할 것

동영상 파일 저장	① [파일] – [프로젝트 전체저장]을 눌러서 저장 ② 저장위치 : [바탕화면] – [KAIT] – [제출파일]	
동영상 파일명	GMEP	dpi_03_수검번호_성명	※ 예시 : 수검번호가 DPI-XXXX-123456인 경우 "dpi_03_123456_성명"으로 저장할 것

※ 파일 확장자를 'GMDP'로 저장할 시에는 "0점" 처리됩니다.

제 08 회 실전모의고사

◎ 시험과목 : 멀티미디어제작 (곰픽, 곰믹스)
◎ 시험일자 : 20○○. ○○. ○○.(X)
◎ 응시자 기재사항 및 감독위원 확인

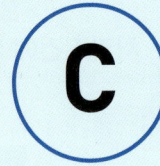

수검번호	DPI – XXXX –	감독위원 확인
성 명		

응시자 유의사항

1. 응시자는 신분증을 지참하여야 시험에 응시할 수 있으며, 시험이 종료될 때까지 신분증을 제시하지 못 할 경우 해당 시험은 0점 처리됩니다.
2. 시스템(PC작동여부, 네트워크 상태 등)의 이상여부를 반드시 확인하여야 하며, 시스템 이상이 있을시 감독위원에게 조치를 받으셔야 합니다.
3. 시험 중 부주의 또는 고의로 시스템을 파손한 경우는 응시자 부담으로 합니다.
4. 답안 전송 프로그램을 통해 다운로드 받은 파일을 이용하여 답안파일을 작성하시기 바랍니다.
5. 작성한 답안 파일은 답안 전송 프로그램을 통하여 전송됩니다. 감독위원의 지시에 따라 주시기 바랍니다.
6. 다음사항의 경우 실격(0점) 혹은 부정행위 처리됩니다.
    1) 답안파일을 서장하지 않았거나, 저장한 파일이 손상되었을 경우
    2) 답안파일을 지정된 폴더(바탕화면 – "KAIT" 폴더)에 저장하지 않았을 경우
        ※ 답안 전송 프로그램 로그인 시 바탕화면에 자동 생성됨
    3) 답안파일을 다른 보조 기억장치(USB) 혹은 네트워크(메신저, 게시판 등)로 전송할 경우
    4) 휴대용 전화기 등 통신기기를 사용할 경우
7. 답안은 Gom Pic for DIAT과 Gom Mix for DIAT를 활용하여 작성하십시오.
    ※ Gom Mix for DIAT는 'DIAT 시험 프로젝트 생성하기'로 진입하여 작성하십시오.
    ※ Gom Mix for DIAT 답안파일은 반드시 프로그램 전체저장으로 저장하십시오.(미준수시 0점 처리)
8. 시험지에 제시된 글꼴이 응시 프로그램에 없는 경우, 반드시 감독위원에게 해당 내용을 통보한 뒤 조치를 받아야 합니다.
9. 시험의 완료는 작성이 완료된 답안을 저장하고, 답안 전송이 완료된 상태를 확인한 것으로 합니다. 답안 전송 확인 후 문제지는 감독위원에게 제출한 후 퇴실하여야 합니다.
10. 답안전송이 완료된 경우에는 수정 또는 정정이 불가능합니다.
11. 시험시행 후 문제 공개 및 합격자 발표는 홈페이지(www.ihd.or.kr)에서 확인하시기 바랍니다.
    1) 문제 및 모범답안 공개 : 20XX. XX. XX.(X)
    2) 합격자 발표 : 20XX. XX. XX.(X)

| 디지털정보활용능력 | 멀티미디어제작 | [시험시간 : 40분] | 1/3 |

※ "Gom Pic for DIAT 프로그램"을 활용하여 [문제 1], [문제 2]를 작업하시오.

[문제 1] 원본파일을 처리조건에 따라 결과파일로 완성하시오. (50점)

《 원본파일 》　　　　　　　　　　　　《 결과파일 》

《처리조건》

▶ 다음과 같이 캔버스를 설정하시오.
- 크기 ⇒ 너비(650 픽셀) X 높이(350 픽셀)

▶ '사진1.jpg' 이미지를 불러와 기존 캔버스에 복사한 후 다음과 같이 처리하시오.
- 이미지 복사 ⇒ 크기 변형으로 캔버스 크기에 맞게 변형, 레이어 이름 – Butterfly
- 필터 효과 ⇒ 선명하게를 이용하여 이미지 조정 (양 : 15)
- ① ⇒ 복제 도장을 이용하여 이미지 제거
- ② ⇒ 색도/채도를 이용하여 빨간색 계열로 조정

▶ 도형 도구를 이용하여 다음과 같이 처리하시오.
- ③ ⇒ 모서리가 둥근 사각형(크기 : 235 x 80), 채우기(색상 : 5404F1), 혼합모드(중첩, 불투명도 : 65)

▶ 지시사항이 없는 경우는 기본값을 적용하시오.

이미지 파일 저장	① [파일] – [내보내기]를 눌러서 저장 ② 저장위치 : [바탕화면] – [KAIT] – [제출파일]	
이미지 파일명	JPG	dpi_01_수검번호_성명	※ 예시 : 수검번호가 DPI-XXXX-123456인 경우 "dpi_01_123456_성명"으로 저장할 것
	GPDP	dpi_01_수검번호_성명	

※ 'JPG'와 'GPDP' 파일 중 하나라도 누락하여 저장할 시에는 "0점" 처리됩니다.

디지털정보활용능력 — 멀티미디어제작 [시험시간 : 40분]

[문제 2] 원본파일을 처리조건에 따라 결과파일로 완성하시오. (80점) (80점)

《 원본파일 》 《 결과파일 》

《처리조건》

▶ 다음과 같이 캔버스를 변경하시오.
- 크기 ⇒ 너비(650 픽셀) X 높이(450 픽셀)
- 배경 ⇒ 색상 : (663300)

▶ '사진2.jpg' 이미지를 불러와 기존 캔버스에 복사한 후 다음과 같이 처리하시오.
- 이미지 복사 ⇒ 레이어 마스크 설정, 세로 방향으로 흐릿하게

▶ 도형 도구와 텍스트를 이용하여 다음과 같이 처리하시오.
- ① ⇒ 모서리가 둥근 사각형(크기 : 350 x 55), 그라데이션(색상 : FFFC00 − 683800)
- 날아다니는 곤충 ⇒ 글꼴(돋움체), 글꼴 스타일(굵게), 크기(28pt), 채우기(색상 : 990000), 외곽선(두께 : 3px, 색상 : FFFFCC)

▶ 도형 도구와 '사진3.jpg'를 이용하여 클리핑 마스크를 생성하시오.
- ② ⇒ 사각형(크기 : 170 × 170)
  외곽선(두께 : 4px, 색상 : 663333)
  그림자(두께 : 5px, 거리 : 5px, 분산도 : 7px, 각도 : 120°)

▶ 지시사항이 없는 경우는 기본 값을 적용하시오.

이미지 파일 저장	① [파일] – [내보내기]를 눌러서 저장 ② 저장위치 : [바탕화면] – [KAIT] – [제출파일]	
이미지 파일명	JPG	dpi_02_수검번호_성명
	GPDP	dpi_02_수검번호_성명

※ 예시 : 수검번호가 DPI-XXXX-123456인 경우 "dpi_02_123456_성명"으로 저장할 것

※ 'JPG'와 'GPDP' 파일 중 하나라도 누락하여 저장할 시에는 "0점" 처리됩니다.

디지털정보활용능력 — 멀티미디어제작 [시험시간 : 40분]

※ "Gom Mix for DIAT 프로그램"을 활용하여 [문제3]을 작업하시오.

[문제 3] 처리조건에 따라 출력형태와 같이 완성하시오. (70점)

《출력형태》

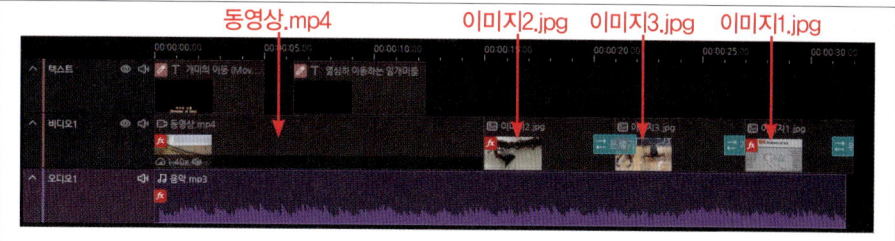

《처리조건》

원본파일	이미지1.jpg, 이미지2.jpg, 이미지3.jpg, 동영상.mp4, 음악.mp3

▶ 미디어 소스의 순서를 다음과 같이 지정하시오.
  • 미디어 소스 순서 ⇒ 동영상.mp4 〉이미지2.jpg 〉이미지3.jpg 〉이미지1.jpg

▶ 동영상 파일('동영상.mp4')을 다음과 같이 처리하시오.
  • 배 속 : 1.4x
  • 자르기 : 시작 시간(0.00), 재생 시간(15.00)
  • 이펙트 : 이미지 보정-그런지 스탬프(강도 : 10, 경곗값 : 20)
  • 텍스트 ⇒ 텍스트 입력 : 열심히 이동하는 일개미들
    텍스트 서식 : 기본자막(바탕체, 크기 105, 00910e), 윤곽선 설정(없음),
    위치 설정(화면 정가운데 아래), 시작 시간(6.10), 클립 길이(6.00)
  • 재생 속도 설정 후 자르기를 하여야 하며, 잘라진 뒷부분의 동영상 및 트랙의 모든 공백을 삭제할 것
  • 원본 동영상에 포함된 오디오는 모두 음소거 할 것

▶ 이미지 파일을 다음과 같이 처리하시오.
  • '이미지2.jpg' ⇒ 이미지 클립 길이 : 6.00, 오버레이 : 영롱한(크기 : 10, 속도 : 10),
    클립 트랜지션 : 문 열기(오버랩, 재생 시간 : 2.00)
  • '이미지3.jpg' ⇒ 이미지 클립 길이 : 6.00, 오버레이 : 가우스(강도 : 60),
    클립 트랜지션 : 가로 블라인드(앞으로 이동, 재생 시간 : 1.00)
  • '이미지1.jpg' ⇒ 이미지 클립 길이 : 5.00, 오버레이 : 원형 비넷(반경 : 70, 페더 : 70),
    클립 트랜지션 : 위로 밀기(앞으로 이동, 재생 시간 : 1.00)
  • 지시사항이 없는 경우는 기본 값을 적용하시오.

▶ 다음 조건에 따라 동영상 시작 부분에 텍스트를 지정하시오.
  • 텍스트 입력 : 개미의 이동 (Movement of Ants)
    텍스트 서식(궁서체, 크기 140, d3751d), 윤곽선 설정(색상 : ffffff, 두께 : 25),
    나타나기(회전하며 나타나기, 지속 시간 : 2.00), 시작 시간(0.00), 텍스트 클립 길이(5.00)

▶ 다음 조건에 따라 동영상 전체에 음악 파일('음악.mp3')을 삽입하시오.
  • 시작 시간 : 0.00, 재생 시간 : 31.20, 페이드 아웃 : 3.00
  • 재생 시간 설정 후 자르기 하여야 하며, 잘라진 뒷부분의 음악 파일은 삭제할 것

동영상 파일 저장	① [파일] – [프로젝트 전체저장]을 눌러서 저장 ② 저장위치 : [바탕화면] – [KAIT] – [제출파일]	
동영상 파일명	GMEP	dpi_03_수검번호_성명	※ 예시 : 수검번호가 DPI-XXXX-123456인 경우 "dpi_03_123456_성명"으로 저장할 것

※ 파일 확장자를 'GMDP'로 저장할 시에는 "0점" 처리됩니다.

제 09 회 실전모의고사

◎ 시험과목 : 멀티미디어제작 (곰픽, 곰믹스)
◎ 시험일자 : 20○○. ○○. ○○.(X)
◎ 응시자 기재사항 및 감독위원 확인

수검번호	DPI - XXXX -	감독위원 확인
성 명		

응시자 유의사항

1. 응시자는 신분증을 지참하여야 시험에 응시할 수 있으며, 시험이 종료될 때까지 신분증을 제시하지 못 할 경우 해당 시험은 0점 처리됩니다.
2. 시스템(PC작동여부, 네트워크 상태 등)의 이상여부를 반드시 확인하여야 하며, 시스템 이상이 있을시 감독위원에게 조치를 받으셔야 합니다.
3. 시험 중 부주의 또는 고의로 시스템을 파손한 경우는 응시자 부담으로 합니다.
4. 답안 전송 프로그램을 통해 다운로드 받은 파일을 이용하여 답안파일을 작성하시기 바랍니다.
5. 작성한 답안 파일은 답안 전송 프로그램을 통하여 전송됩니다. 감독위원의 지시에 따라 주시기 바랍니다.
6. 다음사항의 경우 실격(0점) 혹은 부정행위 처리됩니다.
    1) 답안파일을 저장하지 않았거나, 저장한 파일이 손상되었을 경우
    2) 답안파일을 지정된 폴더(바탕화면 – "KAIT" 폴더)에 저장하지 않았을 경우
        ※ 답안 전송 프로그램 로그인 시 바탕화면에 자동 생성됨
    3) 답안파일을 다른 보조 기억장치(USB) 혹은 네트워크(메신저, 게시판 등)로 전송할 경우
    4) 휴대용 전화기 등 통신기기를 사용할 경우
7. 답안은 Gom Pic for DIAT과 Gom Mix for DIAT를 활용하여 작성하십시오.
    ※ Gom Mix for DIAT는 'DIAT 시험 프로젝트 생성하기'로 진입하여 작성하십시오.
    ※ Gom Mix for DIAT 답안파일은 반드시 프로그램 전체저장으로 저장하십시오.(미준수시 0점 처리)
8. 시험지에 제시된 글꼴이 응시 프로그램에 없는 경우, 반드시 감독위원에게 해당 내용을 통보한 뒤 조치를 받아야 합니다.
9. 시험의 완료는 작성이 완료된 답안을 저장하고, 답안 전송이 완료된 상태를 확인한 것으로 합니다. 답안 전송 확인 후 문제지는 감독위원에게 제출한 후 퇴실하여야 합니다.
10. 답안전송이 완료된 경우에는 수정 또는 정정이 불가능합니다.
11. 시험시행 후 문제 공개 및 합격자 발표는 홈페이지(www.ihd.or.kr)에서 확인하시기 바랍니다.
    1) 문제 및 모범답안 공개 : 20XX. XX. XX.(X)
    2) 합격자 발표 : 20XX. XX. XX.(X)

| 디지털정보활용능력 | 멀티미디어제작 [시험시간 : 40분] |

※ "Gom Pic for DIAT 프로그램"을 활용하여 [문제 1], [문제 2]를 작업하시오.

[문제 1] 원본파일을 처리조건에 따라 결과파일로 완성하시오. (50점)

《처리조건》

▶ 다음과 같이 캔버스를 설정하시오.
  • 크기 ⇒ 너비(650 픽셀) X 높이(350 픽셀)

▶ '사진1.jpg' 이미지를 불러와 기존 캔버스에 복사한 후 다음과 같이 처리하시오.
  • 이미지 복사 ⇒ 크기 변형으로 캔버스 크기에 맞게 변형, 레이어 이름 – Hydrophyte
  • 밝기 조정 ⇒ 밝기/대비를 이용하여 이미지 조정 (밝기 : -10, 대비 : 10)
  • ① ⇒ 올가미 선택을 이용하여 이미지 복사
  • ② ⇒ 세피아를 이용하여 보라색 계열로 조정

▶ 도형 도구를 이용하여 다음과 같이 처리하시오.
  • ③ ⇒ 원형/타원형(크기 : 250 x 250), 채우기(색상 : 00A337), 혼합모드(추가, 불투명도 : 60)

▶ 지시사항이 없는 경우는 기본값을 적용하시오.

이미지 파일 저장	① [파일] – [내보내기]를 눌러서 저장		
	② 저장위치 : [바탕화면] – [KAIT] – [제출파일]		
이미지 파일명	JPG	dpi_01_수검번호_성명	※ 예시 : 수검번호가 DPI-XXXX-123456인 경우
	GPDP	dpi_01_수검번호_성명	"dpi_01_123456_성명"으로 저장할 것

※ 'JPG'와 'GPDP' 파일 중 하나라도 누락하여 저장할 시에는 "0점" 처리됩니다.

[문제 2] 원본파일을 처리조건에 따라 결과파일로 완성하시오. (80점)　　　　　　　　　(80점)

《처리조건》

▶ 다음과 같이 캔버스를 변경하시오.
- 크기 ⇒ 너비(650 픽셀) X 높이(450 픽셀)
- 배경 ⇒ 색상 : (99CC33)

▶ '사진2.jpg' 이미지를 불러와 기존 캔버스에 복사한 후 다음과 같이 처리하시오.
- 이미지 복사 ⇒ 레이어 마스크 설정, 가로 방향으로 흐릿하게

▶ 도형 도구와 텍스트를 이용하여 다음과 같이 처리하시오.
- ① ⇒ 사각형(크기 : 350 x 50), 그라데이션(색상 : FFE000 - 996600)
- 습지에 피어 있는 꽃 ⇒ 글꼴(휴먼엣체), 글꼴 스타일(기울임꼴), 크기(24pt), 채우기(색상 : CC0099), 외곽선(두께 : 3px, 색상 : B9FF00)

▶ 도형 도구와 '사진3.jpg'를 이용하여 클리핑 마스크를 생성하시오.
- ② ⇒ 모서리가 둥근 사각형(크기 : 170 × 150)
  외곽선(두께 : 3px, 색상 : 46E85C)
  그림자(두께 : 7px, 거리 : 10px, 분산도 : 10px, 각도 : 320°)

▶ 지시사항이 없는 경우는 기본 값을 적용하시오.

이미지 파일 저장	① [파일] – [내보내기]를 눌러서 저장 ② 저장위치 : [바탕화면] – [KAIT] – [제출파일]	
이미지 파일명	JPG	dpi_02_수검번호_성명	※ 예시 : 수검번호가 DPI-XXXX-123456인 경우 "dpi_02_123456_성명"으로 저장할 것
	GPDP	dpi_02_수검번호_성명	

※ 'JPG'와 'GPDP' 파일 중 하나라도 누락하여 저장할 시에는 "0점" 처리됩니다.

디지털정보활용능력 멀티미디어제작 [시험시간 : 40분]   3/3

※ "Gom Mix for DIAT 프로그램"을 활용하여 [문제3]을 작업하시오.

[문제 3] 처리조건에 따라 출력형태와 같이 완성하시오. (70점)

《출력형태》

《처리조건》

원본파일	이미지1.jpg, 이미지2.jpg, 이미지3.jpg, 동영상.mp4, 음악.mp3

▶ 미디어 소스의 순서를 다음과 같이 지정하시오.
 • 미디어 소스 순서 ⇒ 동영상.mp4 〉 이미지1.jpg 〉 이미지3.jpg 〉 이미지2.jpg

▶ 동영상 파일('동영상.mp4')을 다음과 같이 처리하시오.
 • 배 속 : 1.5x   • 자르기 : 시작 시간(0.00), 재생 시간(12.10)
 • 이펙트 : LUT 필터-맑은 햇살-맑은 햇살 02(노출 : 10, 감마 : 0.5)
 • 텍스트 ⇒ 텍스트 입력 : [자유롭게 날아다니는 새들]
   텍스트 서식 : 기본자막(돋움체, 크기 95, f77200), 윤곽선 설정(없음),
   위치 설정(화면 정가운데 아래), 시작 시간(6.00), 클립 길이(4.00)
 • 재생 속도 설정 후 자르기를 하여야 하며, 잘라진 뒷부분의 동영상 및 트랙의 모든 공백을 삭제할 것
 • 원본 동영상에 포함된 오디오는 모두 음소거 할 것

▶ 이미지 파일을 다음과 같이 처리하시오.
 • '이미지1.jpg' ⇒ 이미지 클립 길이 : 6.00, 오버레이 : 불꽃 스파크(크기 : 10, 속도 : 10),
   클립 트랜지션 : 흰색 페이드(앞으로 이동, 재생 시간 : 1.00)
 • '이미지3.jpg' ⇒ 이미지 클립 길이 : 5.00, 오버레이 : 사각 비넷(두께 : 10),
   클립 트랜지션 : 십자형 나누기(오버랩, 재생 시간 : 2.00)
 • '이미지2.jpg' ⇒ 이미지 클립 길이 : 6.00, 오버레이 : 영롱한(크기 : 8, 밝기 강도 : 80),
   클립 트랜지션 : 위로 덮기(앞으로 이동, 재생 시간 : 1.00)
 • 지시사항이 없는 경우는 기본 값을 적용하시오.

▶ 다음 조건에 따라 동영상 시작 부분에 텍스트를 지정하시오.
 • 텍스트 입력 : [습지 환경
              (Life in the wetland)]
   텍스트 서식(휴먼편지체, 크기 160, 3b5997), 윤곽선 설정(색상 : ffffff, 두께 : 40),
   나타나기(오른쪽으로 닦아내기, 지속 시간 : 2.00), 시작 시간(0.00), 텍스트 클립 길이(5.00)

▶ 다음 조건에 따라 동영상 전체에 음악 파일('음악.mp3')을 삽입하시오.
 • 시작 시간 : 0.00, 재생 시간 : 29.00, 페이드 아웃 : 2.00
 • 재생 시간 설정 후 자르기 하여야 하며, 잘라진 뒷부분의 음악 파일은 삭제할 것

동영상 파일 저장	① [파일] – [프로젝트 전체저장]을 눌러서 저장 ② 저장위치 : [바탕화면] – [KAIT] – [제출파일]	
동영상 파일명	GMEP	dpi_03_수검번호_성명	※ 예시 : 수검번호가 DPI-XXXX-123456인 경우 "dpi_03_123456_성명"으로 저장할 것

※ 파일 확장자를 'GMDP'로 저장할 시에는 "0점" 처리됩니다.

제 10 회 실전모의고사

◎ 시험과목 : 멀티미디어제작 (곰픽, 곰믹스)
◎ 시험일자 : 20○○. ○○. ○○.(X)
◎ 응시자 기재사항 및 감독위원 확인

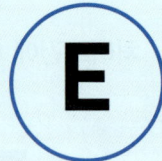

수검번호	DPI – XXXX –	감독위원 확인
성 명		

응시자 유의사항

1. 응시자는 신분증을 지참하여야 시험에 응시할 수 있으며, 시험이 종료될 때까지 신분증을 제시하지 못 할 경우 해당 시험은 0점 처리됩니다.
2. 시스템(PC작동여부, 네트워크 상태 등)의 이상여부를 반드시 확인하여야 하며, 시스템 이상이 있을시 감독위원에게 조치를 받으셔야 합니다.
3. 시험 중 부주의 또는 고의로 시스템을 파손한 경우는 응시자 부담으로 합니다.
4. 답안 전송 프로그램을 통해 다운로드 받은 파일을 이용하여 답안파일을 작성하시기 바랍니다.
5. 작성한 답안 파일은 답안 전송 프로그램을 통하여 전송됩니다. 감독위원의 지시에 따라 주시기 바랍니다.
6. 다음사항의 경우 실격(0점) 혹은 부정행위 처리됩니다.
   1) 답안파일을 저장하지 않았거나, 저장한 파일이 손상되었을 경우
   2) 답안파일을 지정된 폴더(바탕화면 – "KAIT" 폴더)에 저장하지 않았을 경우
      ※ 답안 전송 프로그램 로그인 시 바탕화면에 자동 생성됨
   3) 답안파일을 다른 보조 기억장치(USB) 혹은 네트워크(메신저, 게시판 등)로 전송할 경우
   4) 휴대용 전화기 등 통신기기를 사용할 경우
7. 답안은 Gom Pic for DIAT과 Gom Mix for DIAT를 활용하여 작성하십시오.
   ※ Gom Mix for DIAT는 'DIAT 시험 프로젝트 생성하기'로 진입하여 작성하십시오.
   ※ Gom Mix for DIAT 답안파일은 반드시 프로그램 전체저장으로 저장하십시오.(미준수시 0점 처리)
8. 시험지에 제시된 글꼴이 응시 프로그램에 없는 경우, 반드시 감독위원에게 해당 내용을 통보한 뒤 조치를 받아야 합니다.
9. 시험의 완료는 작성이 완료된 답안을 저장하고, 답안 전송이 완료된 상태를 확인한 것으로 합니다. 답안 전송 확인 후 문제지는 감독위원에게 제출한 후 퇴실하여야 합니다.
10. 답안전송이 완료된 경우에는 수정 또는 정정이 불가능합니다.
11. 시험시행 후 문제 공개 및 합격자 발표는 홈페이지(www.ihd.or.kr)에서 확인하시기 바랍니다.
    1) 문제 및 모범답안 공개 : 20XX. XX. XX.(X)
    2) 합격자 발표 : 20XX. XX. XX.(X)

| 디지털정보활용능력 | 멀티미디어제작 | [시험시간 : 40분] | 1/3 |

※ "Gom Pic for DIAT 프로그램"을 활용하여 [문제 1], [문제 2]를 작업하시오.

[문제 1] 원본파일을 처리조건에 따라 결과파일로 완성하시오. (50점)

《 원본파일 》 　　　　　　　　 《 결과파일 》

《처리조건》

▶ 다음과 같이 캔버스를 설정하시오.
　• 크기 ⇒ 너비(650 픽셀) X 높이(350 픽셀)

▶ '사진1.jpg' 이미지를 불러와 기존 캔버스에 복사한 후 다음과 같이 처리하시오.
　• 이미지 복사 ⇒ 크기 변형으로 캔버스 크기에 맞게 변형, 레이어 이름 – Flower
　• 밝기 조정 ⇒ 감마를 이용하여 이미지 조정 (어두운 영역 : 0.65, 미드톤 : 1.35)
　• ① ⇒ 복제 도장을 이용하여 이미지 제거
　• ② ⇒ 세피아를 이용하여 파란색 계열로 조정

▶ 도형 도구를 이용하여 다음과 같이 처리하시오.
　• ③ ⇒ 사각형(크기 : 120 x 350), 채우기(색상 : 7B0000), 혼합모드(음수, 불투명도 : 80)

▶ 지시사항이 없는 경우는 기본값을 적용하시오.

이미지 파일 저장	① [파일] – [내보내기]를 눌러서 저장 ② 저장위치 : [바탕화면] – [KAIT] – [제출파일]		
이미지 파일명	JPG	dpi_01_수검번호_성명	※ 예시 : 수검번호가 DPI-XXXX-123456인 경우 "dpi_01_123456_성명"으로 저장할 것
	GPDP	dpi_01_수검번호_성명	

※ 'JPG'와 'GPDP' 파일 중 하나라도 누락하여 저장할 시에는 "0점" 처리됩니다.

[문제 2] 원본파일을 처리조건에 따라 결과파일로 완성하시오. (80점) (80점)

《 원본파일 》	《 결과파일 》

《처리조건》

▶ 다음과 같이 캔버스를 변경하시오.
- 크기 ⇒ 너비(650 픽셀) X 높이(450 픽셀)
- 배경 ⇒ 색상 : (FF5400)

▶ '사진2.jpg' 이미지를 불러와 기존 캔버스에 복사한 후 다음과 같이 처리하시오.
- 이미지 복사 ⇒ 레이어 마스크 설정, 세로 방향으로 흐릿하게

▶ 도형 도구와 텍스트를 이용하여 다음과 같이 처리하시오.
- ① ⇒ 모서리가 둥근 사각형(크기 : 320 x 60), 그라데이션(색상 : FFFC00 – 043E00)
- 다양한 모양의 국화 ⇒ 글꼴(궁서), 글꼴 스타일(기울임꼴), 크기(23pt), 채우기(색상 : 9CFF00), 외곽선(두께 : 4px, 색상 : 00A337)

▶ 도형 도구와 '사진3.jpg'를 이용하여 클리핑 마스크를 생성하시오.
- ② ⇒ 사각형(크기 : 180 × 160)
  외곽선(두께 : 3px, 색상 : CCFF00)
  그림자(두께 : 10px, 거리 : 15px, 분산도 : 7px, 각도 : 320°)

▶ 지시사항이 없는 경우는 기본 값을 적용하시오.

이미지 파일 저장	① [파일] – [내보내기]를 눌러서 저장		
	② 저장위치 : [바탕화면] – [KAIT] – [제출파일]		
이미지 파일명	JPG	dpi_02_수검번호_성명	※ 예시 : 수검번호가 DPI-XXXX-123456인 경우 "dpi_02_123456_성명"으로 저장할 것
	GPDP	dpi_02_수검번호_성명	

※ 'JPG'와 'GPDP' 파일 중 하나라도 누락하여 저장할 시에는 "0점" 처리됩니다.

디지털정보활용능력 멀티미디어제작 [시험시간 : 40분]   3/3

※ "Gom Mix for DIAT 프로그램"을 활용하여 [문제3]을 작업하시오.

[문제 3] 처리조건에 따라 출력형태와 같이 완성하시오. (70점)

《출력형태》

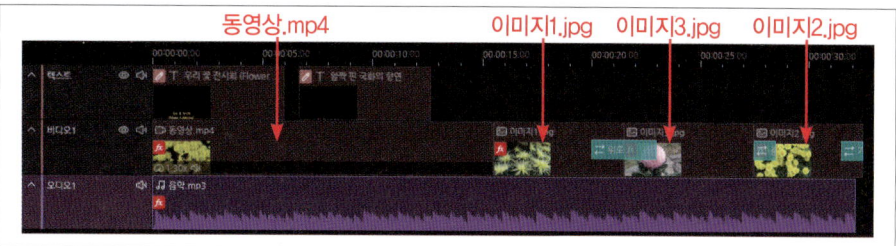

《처리조건》

원본파일	이미지1.jpg, 이미지2.jpg, 이미지3.jpg, 동영상.mp4, 음악.mp3

▶ 미디어 소스의 순서를 다음과 같이 지정하시오.
  • 미디어 소스 순서 ⇒ 동영상.mp4 〉이미지1.jpg 〉이미지3.jpg 〉이미지2.jpg

▶ 동영상 파일('동영상.mp4')을 다음과 같이 처리하시오.
  • 배 속 : 1.3x   • 자르기 : 시작 시간(0.00), 재생 시간(15.15)
  • 이펙트 : LUT 필터-빈티지-빈티지 12(노출 : 10, 감마 : 0.7)
  • 텍스트 ⇒ 텍스트 입력 : 활짝 핀 국화의 향연
           텍스트 서식 : 기본자막(굴림체, 크기 105, fff9c4), 윤곽선 설정(없음),
           위치 설정(화면 정가운데 아래), 시작 시간(6.20), 클립 길이(6.00)
  • 재생 속도 설정 후 자르기를 하여야 하며, 잘라진 뒷부분의 동영상 및 트랙의 모든 공백을 삭제할 것
  • 원본 동영상에 포함된 오디오는 모두 음소거 할 것

▶ 이미지 파일을 다음과 같이 처리하시오.
  • '이미지1.jpg' ⇒ 이미지 클립 길이 : 6.00, 오버레이 : 떨림(크기 : 8, 속도 : 10),
                  클립 트랜지션 : 위로 덮기(오버랩, 재생 시간 : 3.00)
  • '이미지3.jpg' ⇒ 이미지 클립 길이 : 6.00, 오버레이 : 레디얼 라이트(크기 : 65),
                  클립 트랜지션 : 줌 아웃(뒤로 이동, 재생 시간 : 1.00)
  • '이미지2.jpg' ⇒ 이미지 클립 길이 : 5.00, 오버레이 : 내려앉는(크기 : 5),
                  클립 트랜지션 : 가로 나누기(앞으로 이동, 재생 시간 : 1.00)
  • 지시사항이 없는 경우는 기본 값을 적용하시오.

▶ 다음 조건에 따라 동영상 시작 부분에 텍스트를 지정하시오.
  • 텍스트 입력 : 우리 꽃 전시회
                (Flower Exhibition)
    텍스트 서식(휴먼편지체, 크기 150, e3e382), 윤곽선 설정(색상 : 9a712b, 두께 : 20),
    나타나기(위로 닦아내기, 지속 시간 : 2.00), 시작 시간(0.00), 텍스트 클립 길이(6.00)

▶ 다음 조건에 따라 동영상 전체에 음악 파일('음악.mp3')을 삽입하시오.
  • 시작 시간 : 0.00, 재생 시간 : 32.05, 페이드 아웃 : 3.00
  • 재생 시간 설정 후 자르기 하여야 하며, 잘라진 뒷부분의 음악 파일은 삭제할 것

동영상 파일 저장	① [파일] – [프로젝트 전체저장]을 눌러서 저장 ② 저장위치 : [바탕화면] – [KAIT] – [제출파일]	
동영상 파일명	GMEP	dpi_03_수검번호_성명	※ 예시 : 수검번호가 DPI-XXXX-123456인 경우 "dpi_03_123456_성명"으로 저장할 것

※ 파일 확장자를 'GMDP'로 저장할 시에는 "0점" 처리됩니다.

제 11 회 실전모의고사

◎ 시험과목 : 멀티미디어제작 (곰픽, 곰믹스)
◎ 시험일자 : 20○○. ○○. ○○.(X)
◎ 응시자 기재사항 및 감독위원 확인

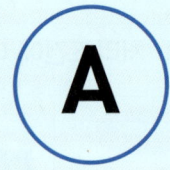

수검번호	DPI - XXXX -	감독위원 확인
성 명		

응시자 유의사항

1. 응시자는 신분증을 지참하여야 시험에 응시할 수 있으며, 시험이 종료될 때까지 신분증을 제시하지 못 할 경우 해당 시험은 0점 처리됩니다.
2. 시스템(PC작동여부, 네트워크 상태 등)의 이상여부를 반드시 확인하여야 하며, 시스템 이상이 있을시 감독위원에게 조치를 받으셔야 합니다.
3. 시험 중 부주의 또는 고의로 시스템을 파손한 경우는 응시자 부담으로 합니다.
4. 답안 전송 프로그램을 통해 다운로드 받은 파일을 이용하여 답안파일을 작성하시기 바랍니다.
5. 작성한 답안 파일은 답안 전송 프로그램을 통하여 전송됩니다. 감독위원의 지시에 따라 주시기 바랍니다.
6. 다음사항의 경우 실격(0점) 혹은 부정행위 처리됩니다.
    1) 답안파일을 저장하지 않았거나, 저장한 파일이 손상되었을 경우
    2) 답안파일을 지정된 폴더(바탕화면 - "KAIT" 폴더)에 저장하지 않았을 경우
       ※ 답안 전송 프로그램 로그인 시 바탕화면에 자동 생성됨
    3) 답안파일을 다른 보조 기억장치(USB) 혹은 네트워크(메신저, 게시판 등)로 전송할 경우
    4) 휴대용 전화기 등 통신기기를 사용할 경우
7. 답안은 Gom Pic for DIAT과 Gom Mix for DIAT를 활용하여 작성하십시오.
   ※ Gom Mix for DIAT는 'DIAT 시험 프로젝트 생성하기'로 진입하여 작성하십시오.
   ※ Gom Mix for DIAT 답안파일은 반드시 프로그램 전체저장으로 저장하십시오.(미준수시 0점 처리)
8. 시험지에 제시된 글꼴이 응시 프로그램에 없는 경우, 반드시 감독위원에게 해당 내용을 통보한 뒤 조치를 받아야 합니다.
9. 시험의 완료는 작성이 완료된 답안을 저장하고, 답안 전송이 완료된 상태를 확인한 것으로 합니다. 답안 전송 확인 후 문제지는 감독위원에게 제출한 후 퇴실하여야 합니다.
10. 답안전송이 완료된 경우에는 수정 또는 정정이 불가능합니다.
11. 시험시행 후 문제 공개 및 합격자 발표는 홈페이지(www.ihd.or.kr)에서 확인하시기 바랍니다.
    1) 문제 및 모범답안 공개 : 20XX. XX. XX.(X)
    2) 합격자 발표 : 20XX. XX. XX.(X)

디지털정보활용능력 - 멀티미디어제작 [시험시간 : 40분]

※ "Gom Pic for DIAT 프로그램"을 활용하여 [문제 1], [문제 2]를 작업하시오.

[문제 1] 원본파일을 처리조건에 따라 결과파일로 완성하시오. (50점)

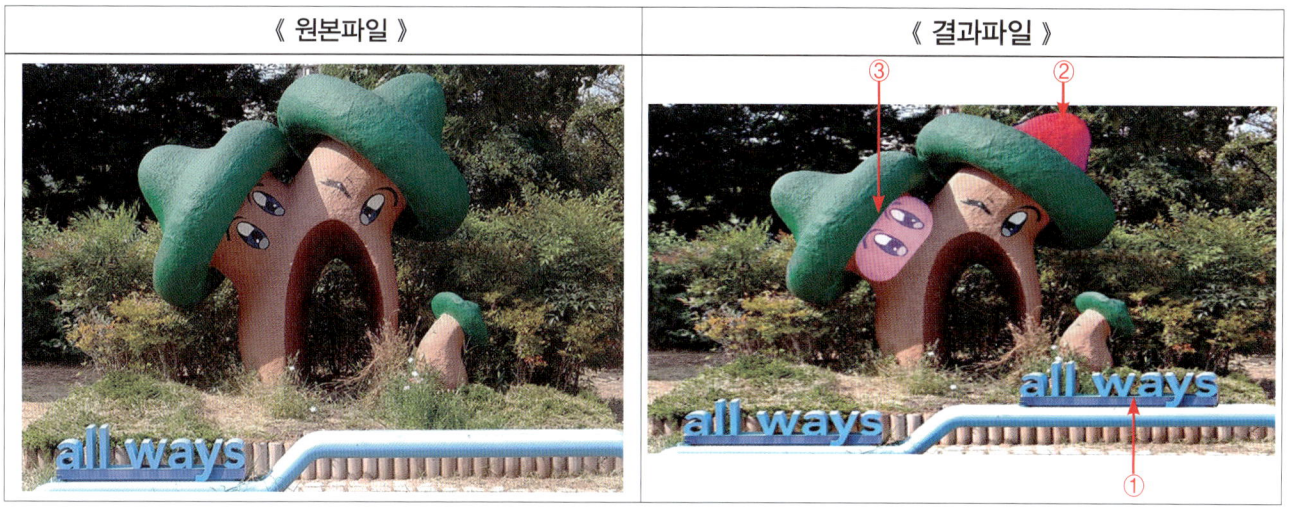

《 원본파일 》 　　　　　　　　　　　　《 결과파일 》

《처리조건》

▶ 다음과 같이 캔버스를 설정하시오.
　• 크기 ⇒ 너비(650 픽셀) X 높이(350 픽셀)

▶ '사진1.jpg' 이미지를 불러와 기존 캔버스에 복사한 후 다음과 같이 처리하시오.
　• 이미지 복사 ⇒ 크기 변형으로 캔버스 크기에 맞게 변형, 레이어 이름 – Park
　• 필터 효과 ⇒ 선명하게를 이용하여 이미지 조정 (양 : 15)
　• ① ⇒ 복제 도장을 이용하여 이미지 복사
　• ② ⇒ 색조/채도를 이용하여 빨간색 계열로 조정

▶ 도형 도구를 이용하여 다음과 같이 처리하시오.
　• ③ ⇒ 모서리가 둥근 사각형(크기 : 95 x 50), 채우기(색상 : 8344FF), 혼합모드(추가, 불투명도 : 85)

▶ 지시사항이 없는 경우는 기본값을 적용하시오.

이미지 파일 저장	① [파일] – [내보내기]를 눌러서 저장	
	② 저장위치 : [바탕화면] – [KAIT] – [제출파일]	
이미지 파일명	JPG	dpi_01_수검번호_성명
	GPDP	dpi_01_수검번호_성명

※ 예시 : 수검번호가 DPI-XXXX-123456인 경우
"dpi_01_123456_성명"으로 저장할 것

※ 'JPG'와 'GPDP' 파일 중 하나라도 누락하여 저장할 시에는 "0점" 처리됩니다.

디지털정보활용능력 — 멀티미디어제작 [시험시간 : 40분]

[문제 2] 원본파일을 처리조건에 따라 결과파일로 완성하시오. (80점) (80점)

《처리조건》

▶ 다음과 같이 캔버스를 변경하시오.
- 크기 ⇒ 너비(650 픽셀) X 높이(450 픽셀)
- 배경 ⇒ 색상 : (6DBF54)

▶ '사진2.jpg' 이미지를 불러와 기존 캔버스에 복사한 후 다음과 같이 처리하시오.
- 이미지 복사 ⇒ 레이어 마스크 설정, 가로 방향으로 흐릿하게

▶ 도형 도구와 텍스트를 이용하여 다음과 같이 처리하시오.
- ① ⇒ 모서리가 둥근 사각형(크기 : 280 x 55), 그라데이션(색상 : FCFFB0 - F84109)
- 여름 휴식 공원 ⇒ 글꼴(휴먼옛체), 글꼴 스타일(기울임꼴), 크기(25pt), 채우기(색상 : 045A0A), 외곽선(두께 : 5px, 색상 : E0F8D6)

▶ 도형 도구와 '사진3.jpg'를 이용하여 클리핑 마스크를 생성하시오.
- ② ⇒ 원형/타원형(크기 : 250 × 130)
  외곽선(두께 : 3px, 색상 : FCFFB0)
  그림자(두께 : 10px, 거리 : 25px, 분산도 : 5px, 각도 : 180°)

▶ 지시사항이 없는 경우는 기본 값을 적용하시오.

이미지 파일 저장		① [파일] - [내보내기]를 눌러서 저장	
		② 저장위치 : [바탕화면] - [KAIT] - [제출파일]	
이미지 파일명	JPG	dpi_02_수검번호_성명	※ 예시 : 수검번호가 DPI-XXXX-123456인 경우
	GPDP	dpi_02_수검번호_성명	"dpi_02_123456_성명"으로 저장할 것

※ 'JPG'와 'GPDP' 파일 중 하나라도 누락하여 저장할 시에는 "0점" 처리됩니다.

디지털정보활용능력 — 멀티미디어제작 [시험시간 : 40분]

※ "Gom Mix for DIAT 프로그램"을 활용하여 [문제3]을 작업하시오.

[문제 3] 처리조건에 따라 출력형태와 같이 완성하시오. (70점)

《출력형태》

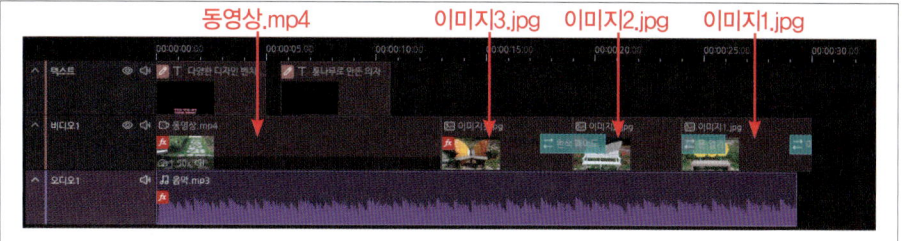

《처리조건》

원본파일	이미지1.jpg, 이미지2.jpg, 이미지3.jpg, 동영상.mp4, 음악.mp3

▶ 미디어 소스의 순서를 다음과 같이 지정하시오.
  • 미디어 소스 순서 ⇒ 동영상.mp4 > 이미지3.jpg > 이미지2.jpg > 이미지1.jpg

▶ 동영상 파일('동영상.mp4')을 다음과 같이 처리하시오.
  • 배 속 : 1.5x
  • 자르기 : 시작 시간(0.00), 재생 시간(13.00)
  • 이펙트 : 이미지 보정-화사하게 01(가로 : 70, 세로 : 60)
  • 텍스트 ⇒ 텍스트 입력 : 통나무로 만든 의자
      텍스트 서식 : 기본자막(궁서체, 크기 100, e54400), 윤곽선 설정(없음),
      위치 설정(화면 정가운데 아래), 시작 시간(5.20), 클립 길이(5.00)
  • 재생 속도 설정 후 자르기를 하여야 하며, 잘라진 뒷부분의 동영상 및 트랙의 모든 공백을 삭제할 것
  • 원본 동영상에 포함된 오디오는 모두 음소거 할 것

▶ 이미지 파일을 다음과 같이 처리하시오.
  • '이미지3.jpg' ⇒ 이미지 클립 길이 : 6.00, 오버레이 : 가랜드(색상 시프트 속도 : 15),
      클립 트랜지션 : 흰색 페이드(오버랩, 재생 시간 : 3.00)
  • '이미지2.jpg' ⇒ 이미지 클립 길이 : 5.00, 오버레이 : 불꽃 스파크(크기 : 10, 속도 : 7),
      클립 트랜지션 : 문 열기(뒤로 이동, 재생 시간 : 2.00)
  • '이미지1.jpg' ⇒ 이미지 클립 길이 : 6.00, 오버레이 : 폭발성 난기류(속도 : 50),
      클립 트랜지션 : 마름모 닫기(앞으로 이동, 재생 시간 : 1.00)
  • 지시사항이 없는 경우는 기본 값을 적용하시오.

▶ 다음 조건에 따라 동영상 시작 부분에 텍스트를 지정하시오.
  • 텍스트 입력 : 다양한 디자인 벤치
                (Various Benches)
    텍스트 서식(휴먼옛체, 크기 120, f700da), 윤곽선 설정(색상 : d0f29c, 두께 : 20),
    나타나기(오른쪽으로 닦아내기, 지속 시간 : 2.00), 시작 시간(0.00), 텍스트 클립 길이(5.00)

▶ 다음 조건에 따라 동영상 전체에 음악 파일('음악.mp3')을 삽입하시오.
  • 시작 시간 : 0.00, 재생 시간 : 29.10, 페이드 아웃 : 2.00
  • 재생 시간 설정 후 자르기 하여야 하며, 잘라진 뒷부분의 음악 파일은 삭제할 것

동영상 파일 저장	① [파일] - [프로젝트 전체저장]을 눌러서 저장 ② 저장위치 : [바탕화면] - [KAIT] - [제출파일]	
동영상 파일명	GMEP	dpi_03_수검번호_성명	※ 예시 : 수검번호가 DPI-XXXX-123456인 경우 "dpi_03_123456_성명"으로 저장할 것

※ 파일 확장자를 'GMDP'로 저장할 시에는 "0점" 처리됩니다.

제 12 회 실전모의고사

◎ 시험과목 : 멀티미디어제작 (곰픽, 곰믹스)
◎ 시험일자 : 20○○. ○○. ○○.(X)
◎ 응시자 기재사항 및 감독위원 확인

수검번호	DPI – XXXX –	감독위원 확인
성 명		

응시자 유의사항

1. 응시자는 신분증을 지참하여야 시험에 응시할 수 있으며, 시험이 종료될 때까지 신분증을 제시하지 못 할 경우 해당 시험은 0점 처리됩니다.
2. 시스템(PC작동여부, 네트워크 상태 등)의 이상여부를 반드시 확인하여야 하며, 시스템 이상이 있을시 감독위원에게 조치를 받으셔야 합니다.
3. 시험 중 부주의 또는 고의로 시스템을 파손한 경우는 응시자 부담으로 합니다.
4. 답안 전송 프로그램을 통해 다운로드 받은 파일을 이용하여 답안파일을 작성하시기 바랍니다.
5. 작성한 답안 파일은 답안 전송 프로그램을 통하여 전송됩니다. 감독위원의 지시에 따라 주시기 바랍니다.
6. 다음사항의 경우 실격(0점) 혹은 부정행위 처리됩니다.
    1) 답안파일을 저장하지 않았거나, 저장한 파일이 손상되었을 경우
    2) 답안파일을 지정된 폴더(바탕화면 – "KAIT" 폴더)에 저장하지 않았을 경우
        ※ 답안 전송 프로그램 로그인 시 바탕화면에 자동 생성됨
    3) 답안파일을 다른 보조 기억장치(USB) 혹은 네트워크(메신저, 게시판 등)로 전송할 경우
    4) 휴대용 전화기 등 통신기기를 사용할 경우
7. 답안은 Gom Pic for DIAT과 Gom Mix for DIAT를 활용하여 작성하십시오.
    ※ Gom Mix for DIAT는 'DIAT 시험 프로젝트 생성하기'로 진입하여 작성하십시오.
    ※ Gom Mix for DIAT 답안파일은 반드시 프로그램 전체저장으로 저장하십시오.(미준수시 0점 처리)
8. 시험지에 제시된 글꼴이 응시 프로그램에 없는 경우, 반드시 감독위원에게 해당 내용을 통보한 뒤 조치를 받아야 합니다.
9. 시험의 완료는 작성이 완료된 답안을 저장하고, 답안 전송이 완료된 상태를 확인한 것으로 합니다. 답안 전송 확인 후 문제지는 감독위원에게 제출한 후 퇴실하여야 합니다.
10. 답안전송이 완료된 경우에는 수정 또는 정정이 불가능합니다.
11. 시험시행 후 문제 공개 및 합격자 발표는 홈페이지(www.ihd.or.kr)에서 확인하시기 바랍니다.
    1) 문제 및 모범답안 공개 : 20XX. XX. XX.(X)
    2) 합격자 발표 : 20XX. XX. XX.(X)

디지털정보활용능력 | 멀티미디어제작 [시험시간 : 40분]

※ "Gom Pic for DIAT 프로그램"을 활용하여 [문제 1], [문제 2]를 작업하시오.

[문제 1] 원본파일을 처리조건에 따라 결과파일로 완성하시오. (50점)

《 원본파일 》 《 결과파일 》

《처리조건》

▶ 다음과 같이 캔버스를 설정하시오.
  • 크기 ⇒ 너비(650 픽셀) X 높이(350 픽셀)

▶ '사진1.jpg' 이미지를 불러와 기존 캔버스에 복사한 후 다음과 같이 처리하시오.
  • 이미지 복사 ⇒ 크기 변형으로 캔버스 크기에 맞게 변형, 레이어 이름 – Clam
  • 밝기 조정 ⇒ 노출을 이용하여 이미지 조정 (노출 : 35)
  • ① ⇒ 올가미 선택을 이용하여 이미지 복사
  • ② ⇒ 세피아를 이용하여 노란색 계열로 조정

▶ 도형 도구를 이용하여 다음과 같이 처리하시오.
  • ③ ⇒ 원형/타원형(크기 : 100 x 260), 채우기(색상 : 4503C9), 혼합모드(음수, 불투명도 : 70)

▶ 지시사항이 없는 경우는 기본값을 적용하시오.

이미지 파일 저장	① [파일] – [내보내기]를 눌러서 저장 ② 저장위치 : [바탕화면] – [KAIT] – [제출파일]	
이미지 파일명	JPG	dpi_01_수검번호_성명
	GPDP	dpi_01_수검번호_성명

※ 예시 : 수검번호가 DPI-XXXX-123456인 경우 "dpi_01_123456_성명"으로 저장할 것

※ 'JPG'와 'GPDP' 파일 중 하나라도 누락하여 저장할 시에는 "0점" 처리됩니다.

디지털정보활용능력 — 멀티미디어제작 [시험시간 : 40분]

[문제 2] 원본파일을 처리조건에 따라 결과파일로 완성하시오. (80점) (80점)

《 원본파일 》	《 결과파일 》

《처리조건》

▶ 다음과 같이 캔버스를 변경하시오.
- 크기 ⇒ 너비(650 픽셀) X 높이(450 픽셀)
- 배경 ⇒ 색상 : (133F7F)

▶ '사진2.jpg' 이미지를 불러와 기존 캔버스에 복사한 후 다음과 같이 처리하시오.
- 이미지 복사 ⇒ 레이어 마스크 설정, 세로 방향으로 흐릿하게

▶ 도형 도구와 텍스트를 이용하여 다음과 같이 처리하시오.
- ① ⇒ 원형/타원형(크기 : 290 x 60), 그라데이션(색상 : 00B4FF - 90D0F8)
- 푸른바다의 추억 ⇒ 글꼴(궁서체), 글꼴 스타일(기울임꼴), 크기(20pt), 채우기(색상 : AB3897), 외곽선(두께 : 4px, 색상 : FFFFFF)

▶ 도형 도구와 '사진3.jpg'를 이용하여 클리핑 마스크를 생성하시오.
- ② ⇒ 모서리가 둥근 사각형(크기 : 250 × 150)
  외곽선(두께 : 4px, 색상 : 00B4FF)
  그림자(두께 : 3px, 거리 : 5px, 분산도 : 5px, 각도 : 320°)

▶ 지시사항이 없는 경우는 기본 값을 적용하시오.

이미지 파일 저장	① [파일] – [내보내기]를 눌러서 저장 ② 저장위치 : [바탕화면] – [KAIT] – [제출파일]	
이미지 파일명	JPG	dpi_02_수검번호_성명	※ 예시 : 수검번호가 DPI-XXXX-123456인 경우 "dpi_02_123456_성명"으로 저장할 것
	GPDP	dpi_02_수검번호_성명	

※ 'JPG'와 'GPDP' 파일 중 하나라도 누락하여 저장할 시에는 "0점" 처리됩니다.

디지털정보활용능력 — 멀티미디어제작 [시험시간 : 40분]

※ "Gom Mix for DIAT 프로그램"을 활용하여 [문제3]을 작업하시오.

[문제 3] 처리조건에 따라 출력형태와 같이 완성하시오. (70점)

《출력형태》

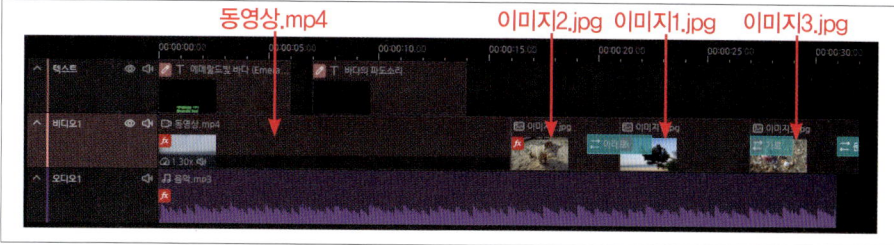

《처리조건》

원본파일	이미지1.jpg, 이미지2.jpg, 이미지3.jpg, 동영상.mp4, 음악.mp3

▶ 미디어 소스의 순서를 다음과 같이 지정하시오.
- 미디어 소스 순서 ⇒ 동영상.mp4 〉 이미지2.jpg 〉 이미지1.jpg 〉 이미지3.jpg

▶ 동영상 파일('동영상.mp4')을 다음과 같이 처리하시오.
- 배 속 : 1.3x
- 자르기 : 시작 시간(0.00), 재생 시간(16.00)
- 이펙트 : LUT 필터-카메라 필름-카메라 필름 10(노출 : -10, 감마 : 1.2)
- 텍스트 ⇒ 텍스트 입력 : 바다의 파도소리
  텍스트 서식 : 기본자막(굴림체, 크기 85, b2d6f3), 윤곽선 설정(없음),
  위치 설정(화면 정가운데 아래), 시작 시간(7.00), 클립 길이(7.00)
- 재생 속도 설정 후 자르기를 하여야 하며, 잘라진 뒷부분의 동영상 및 트랙의 모든 공백을 삭제할 것
- 원본 동영상에 포함된 오디오는 모두 음소거 할 것

▶ 이미지 파일을 다음과 같이 처리하시오.
- '이미지2.jpg' ⇒ 이미지 클립 길이 : 5.00, 오버레이 : 색종이 조각(크기 : 7, 속도 : 5),
  클립 트랜지션 : 아래로 밀기(오버랩, 재생 시간 : 3.00)
- '이미지1.jpg' ⇒ 이미지 클립 길이 : 6.00, 오버레이 : 레디얼 라이트(크기 : 30, 감마 : 0.5),
  클립 트랜지션 : 가로 순차 블라인드(뒤로 이동, 재생 시간 : 2.00)
- '이미지3.jpg' ⇒ 이미지 클립 길이 : 5.00, 오버레이 : 스페이스 01(개수/양 : 10),
  클립 트랜지션 : 문 닫기(앞으로 이동, 재생 시간 : 1.00)
- 지시사항이 없는 경우는 기본 값을 적용하시오.

▶ 다음 조건에 따라 동영상 시작 부분에 텍스트를 지정하시오.
- 텍스트 입력 : 에메랄드빛 바다 (Emerald Sea)
  텍스트 서식(휴먼엑스포, 크기 140, 86ff00), 윤곽선 설정(색상 : 4d9100, 두께 : 40),
  나타나기(작아지며 나타나기, 지속 시간 : 3.00), 시작 시간(0.00), 텍스트 클립 길이(6.00)

▶ 다음 조건에 따라 동영상 전체에 음악 파일('음악.mp3')을 삽입하시오.
- 시작 시간 : 0.00, 재생 시간 : 31.00, 페이드 아웃 : 4.00
- 재생 시간 설정 후 자르기 하여야 하며, 잘라진 뒷부분의 음악 파일은 삭제할 것

동영상 파일 저장	① [파일] - [프로젝트 전체저장]을 눌러서 저장 ② 저장위치 : [바탕화면] - [KAIT] - [제출파일]	
동영상 파일명	GMEP	dpi_03_수검번호_성명 ※ 예시 : 수검번호가 DPI-XXXX-123456인 경우 "dpi_03_123456_성명"으로 저장할 것

※ 파일 확장자를 'GMDP'로 저장할 시에는 "0점" 처리됩니다.

제 13회 실전모의고사

◎ 시험과목 : 멀티미디어제작 (곰픽, 곰믹스)
◎ 시험일자 : 20○○. ○○. ○○.(X)
◎ 응시자 기재사항 및 감독위원 확인

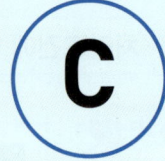

수검번호	DPI – XXXX –	감독위원 확인
성 명		

응시자 유의사항

1. 응시자는 신분증을 지참하여야 시험에 응시할 수 있으며, 시험이 종료될 때까지 신분증을 제시하지 못 할 경우 해당 시험은 0점 처리됩니다.
2. 시스템(PC작동여부, 네트워크 상태 등)의 이상여부를 반드시 확인하여야 하며, 시스템 이상이 있을시 감독위원에게 조치를 받으셔야 합니다.
3. 시험 중 부주의 또는 고의로 시스템을 파손한 경우는 응시자 부담으로 합니다.
4. 답안 전송 프로그램을 통해 다운로드 받은 파일을 이용하여 답안파일을 작성하시기 바랍니다.
5. 작성한 답안 파일은 답안 전송 프로그램을 통하여 전송됩니다. 감독위원의 지시에 따라 주시기 바랍니다.
6. 다음사항의 경우 실격(0점) 혹은 부정행위 처리됩니다.
    1) 답안파일을 저장하지 않았거나, 저장한 파일이 손상되었을 경우
    2) 답안파일을 지정된 폴더(바탕화면 – "KAIT" 폴더)에 저장하지 않았을 경우
        ※ 답안 전송 프로그램 로그인 시 바탕화면에 자동 생성됨
    3) 답안파일을 다른 보조 기억장치(USB) 혹은 네트워크(메신저, 게시판 등)로 전송할 경우
    4) 휴대용 전화기 등 통신기기를 사용할 경우
7. 답안은 Gom Pic for DIAT과 Gom Mix for DIAT를 활용하여 작성하십시오.
    ※ Gom Mix for DIAT는 'DIAT 시험 프로젝트 생성하기'로 진입하여 작성하십시오.
    ※ Gom Mix for DIAT 답안파일은 반드시 프로그램 전체저장으로 저장하십시오.(미준수시 0점 처리)
8. 시험지에 제시된 글꼴이 응시 프로그램에 없는 경우, 반드시 감독위원에게 해당 내용을 통보한 뒤 조치를 받아야 합니다.
9. 시험의 완료는 작성이 완료된 답안을 저장하고, 답안 전송이 완료된 상태를 확인한 것으로 합니다. 답안 전송 확인 후 문제지는 감독위원에게 제출한 후 퇴실하여야 합니다.
10. 답안전송이 완료된 경우에는 수정 또는 정정이 불가능합니다.
11. 시험시행 후 문제 공개 및 합격자 발표는 홈페이지(www.ihd.or.kr)에서 확인하시기 바랍니다.
    1) 문제 및 모범답안 공개 : 20XX. XX. XX.(X)
    2) 합격자 발표 : 20XX. XX. XX.(X)

디지털정보활용능력 | 멀티미디어제작 [시험시간 : 40분]

※ "Gom Pic for DIAT 프로그램"을 활용하여 [문제 1], [문제 2]를 작업하시오.

[문제 1] 원본파일을 처리조건에 따라 결과파일로 완성하시오. (50점)

《 원본파일 》 《 결과파일 》

《처리조건》

▶ 다음과 같이 캔버스를 설정하시오.
  • 크기 ⇒ 너비(650 픽셀) X 높이(350 픽셀)

▶ '사진1.jpg' 이미지를 불러와 기존 캔버스에 복사한 후 다음과 같이 처리하시오
  • 이미지 복사 ⇒ 크기 변형으로 캔버스 크기에 맞게 변형, 레이어 이름 – Sculpture
  • 필터 효과 ⇒ 글로우를 이용하여 이미지 조정 (밝기 : -30, 대비 : 30)
  • ① ⇒ 복제 도장을 이용하여 이미지 제거
  • ② ⇒ 세피아를 이용하여 초록색 계열로 조정

▶ 도형 도구를 이용하여 다음과 같이 처리하시오.
  • ③ ⇒ 사각형(크기 : 480 x 30), 채우기(색상 : F4D915), 혼합모드(반사, 불투명도 : 55)

▶ 지시사항이 없는 경우는 기본값을 적용하시오.

이미지 파일 저장	① [파일] – [내보내기]를 눌러서 저장	
	② 저장위치 : [바탕화면] – [KAIT] – [제출파일]	
이미지 파일명	JPG	dpi_01_수검번호_성명	※ 예시 : 수검번호가 DPI-XXXX-123456인 경우 "dpi_01_123456_성명"으로 저장할 것
	GPDP	dpi_01_수검번호_성명	

※ 'JPG'와 'GPDP' 파일 중 하나라도 누락하여 저장할 시에는 "0점" 처리됩니다.

디지털정보활용능력 멀티미디어제작 [시험시간 : 40분]

[문제 2] 원본파일을 처리조건에 따라 결과파일로 완성하시오. (80점) (80점)

《처리조건》

▶ 다음과 같이 캔버스를 변경하시오.
- 크기 ⇒ 너비(650 픽셀) X 높이(450 픽셀)
- 배경 ⇒ 색상 : (101D3B)

▶ '사진2.jpg' 이미지를 불러와 기존 캔버스에 복사한 후 다음과 같이 처리하시오.
- 이미지 복사 ⇒ 레이어 마스크 설정, 가로 방향으로 흐릿하게

▶ 도형 도구와 텍스트를 이용하여 다음과 같이 처리하시오.
- ① ⇒ 사각형(크기 : 320 x 60), 그라데이션(색상 : 002B4D - FFD800)
- 재미있는 조형물 ⇒ 글꼴(굴림체), 글꼴 스타일(굵게), 크기(26pt), 채우기(색상 : FFAE00), 외곽선(두께 : 3px, 색상 : 00174C)

▶ 도형 도구와 '사진3.jpg'를 이용하여 클리핑 마스크를 생성하시오.
- ② ⇒ 원형/타원형(크기 : 175 × 265)
  외곽선(두께 : 4px, 색상 : FFD800)
  그림자(두께 : 16px, 거리 : 10px, 분산도 : 5px, 각도 : 360°)

▶ 지시사항이 없는 경우는 기본 값을 적용하시오.

이미지 파일 저장	① [파일] - [내보내기]를 눌러서 저장 ② 저장위치 : [바탕화면] - [KAIT] - [제출파일]		
이미지 파일명	JPG	dpi_02_수검번호_성명	※ 예시 : 수검번호가 DPI-XXXX-123456인 경우 "dpi_02_123456_성명"으로 저장할 것
	GPDP	dpi_02_수검번호_성명	

※ 'JPG'와 'GPDP' 파일 중 하나라도 누락하여 저장할 시에는 "0점" 처리됩니다.

디지털정보활용능력 | 멀티미디어제작 [시험시간 : 40분]

※ "Gom Mix for DIAT 프로그램"을 활용하여 [문제3]을 작업하시오.

[문제 3] 처리조건에 따라 출력형태와 같이 완성하시오. (70점)

《출력형태》

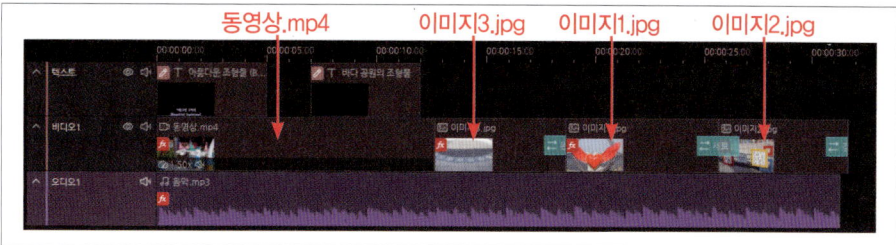

《처리조건》

원본파일	이미지1.jpg, 이미지2.jpg, 이미지3.jpg, 동영상.mp4, 음악.mp3

▶ 미디어 소스의 순서를 다음과 같이 지정하시오.
  • 미디어 소스 순서 ⇒ 동영상.mp4 〉 이미지3.jpg 〉 이미지1.jpg 〉 이미지2.jpg

▶ 동영상 파일('동영상.mp4')을 다음과 같이 처리하시오.
  • 배 속 : 1.5x
  • 자르기 : 시작 시간(0.00), 재생 시간(12.20)
  • 이펙트 : LUT 필터-빈티지-빈티지 09(노출 : 10, 감마 : 0.7)
  • 텍스트 ⇒ 텍스트 입력 : 바다 공원의 조형물
    텍스트 서식 : 기본자막(바탕체, 크기 95, f77200), 윤곽선 설정(없음),
    위치 설정(화면 정가운데 아래), 시작 시간(7.00), 클립 길이(5.00)
  • 재생 속도 설정 후 자르기를 하여야 하며, 잘라진 뒷부분의 동영상 및 트랙의 모든 공백을 삭제할 것
  • 원본 동영상에 포함된 오디오는 모두 음소거 할 것

▶ 이미지 파일을 다음과 같이 처리하시오.
  • '이미지3.jpg' ⇒ 이미지 클립 길이 : 6.00, 오버레이 : 가우스(강도 : 40, 속도 : 8),
      클립 트랜지션 : 왼쪽으로 밀기(앞으로 이동, 재생 시간 : 1.00)
  • '이미지1.jpg' ⇒ 이미지 클립 길이 : 7.00, 오버레이 : 원형 비넷(반경 : 65),
      클립 트랜지션 : 세로 나누기(오버랩, 재생 시간 : 2.00)
  • '이미지2.jpg' ⇒ 이미지 클립 길이 : 6.00, 오버레이 : 떠오르는(크기 : 8, 속도 : 10),
      클립 트랜지션 : 검정색 페이드(앞으로 이동, 재생 시간 : 1.00)
  • 지시사항이 없는 경우는 기본 값을 적용하시오.

▶ 다음 조건에 따라 동영상 시작 부분에 텍스트를 지정하시오.
  • 텍스트 입력 : 아름다운 조형물
    (Beautiful Sculpture)
    텍스트 서식 : (휴먼편지체, 크기 160, 395dfb), 윤곽선 설정(색상 : ffffff, 두께 : 20),
    나타나기(작아지며 나타나기, 지속 시간 : 2.00), 시작 시간(0.00), 텍스트 클립 길이(5.00)

▶ 다음 조건에 따라 동영상 전체에 음악 파일('음악.mp3')을 삽입하시오.
  • 시작 시간 : 0.00, 재생 시간 : 31.10, 페이드 아웃 : 2.00
  • 재생 시간 설정 후 자르기 하여야 하며, 잘라진 뒷부분의 음악 파일은 삭제할 것

동영상 파일 저장	① [파일] – [프로젝트 전체저장]을 눌러서 저장 ② 저장위치 : [바탕화면] – [KAIT] – [제출파일]	
동영상 파일명	GMEP	dpi_03_수검번호_성명	※ 예시 : 수검번호가 DPI-XXXX-123456인 경우 "dpi_03_123456_성명"으로 저장할 것

※ 파일 확장자를 'GMDP'로 저장할 시에는 "0점" 처리됩니다.

제 14 회 실전모의고사

◎ 시험과목 : 멀티미디어제작 (곰픽, 곰믹스)
◎ 시험일자 : 20○○. ○○. ○○.(X)
◎ 응시자 기재사항 및 감독위원 확인

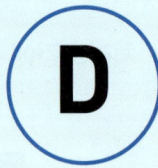

수검번호	DPI - XXXX -	감독위원 확인
성 명		

응시자 유의사항

1. 응시자는 신분증을 지참하여야 시험에 응시할 수 있으며, 시험이 종료될 때까지 신분증을 제시하지 못 할 경우 해당 시험은 0점 처리됩니다.
2. 시스템(PC작동여부, 네트워크 상태 등)의 이상여부를 반드시 확인하여야 하며, 시스템 이상이 있을시 감독위원에게 조치를 받으셔야 합니다.
3. 시험 중 부주의 또는 고의로 시스템을 파손한 경우는 응시자 부담으로 합니다.
4. 답안 전송 프로그램을 통해 다운로드 받은 파일을 이용하여 답안파일을 작성하시기 바랍니다.
5. 작성한 답안 파일은 답안 전송 프로그램을 통하여 전송됩니다. 감독위원의 지시에 따라 주시기 바랍니다.
6. 다음사항의 경우 실격(0점) 혹은 부정행위 처리됩니다.
    1) 답안파일을 저장하지 않았거나, 저장한 파일이 손상되었을 경우
    2) 답안파일을 지정된 폴더(바탕화면 - "KAIT" 폴더)에 저장하지 않았을 경우
       ※ 답안 전송 프로그램 로그인 시 바탕화면에 자동 생성됨
    3) 답안파일을 다른 보조 기억장치(USB) 혹은 네트워크(메신저, 게시판 등)로 전송할 경우
    4) 휴대용 전화기 등 통신기기를 사용할 경우
7. 답안은 Gom Pic for DIAT과 Gom Mix for DIAT를 활용하여 작성하십시오.
    ※ Gom Mix for DIAT는 'DIAT 시험 프로젝트 생성하기'로 진입하여 작성하십시오.
    ※ Gom Mix for DIAT 답안파일은 반드시 프로그램 전체저장으로 저장하십시오.(미준수시 0점 처리)
8. 시험지에 제시된 글꼴이 응시 프로그램에 없는 경우, 반드시 감독위원에게 해당 내용을 통보한 뒤 조치를 받아야 합니다.
9. 시험의 완료는 작성이 완료된 답안을 저장하고, 답안 전송이 완료된 상태를 확인한 것으로 합니다. 답안 전송 확인 후 문제지는 감독위원에게 제출한 후 퇴실하여야 합니다.
10. 답안전송이 완료된 경우에는 수정 또는 정정이 불가능합니다.
11. 시험시행 후 문제 공개 및 합격자 발표는 홈페이지(www.ihd.or.kr)에서 확인하시기 바랍니다.
    1) 문제 및 모범답안 공개 : 20XX. XX. XX.(X)
    2) 합격자 발표 : 20XX. XX. XX.(X)

| 디지털정보활용능력 | 멀티미디어제작 | [시험시간 : 40분] | 1/3 |

※ "Gom Pic for DIAT 프로그램"을 활용하여 [문제 1], [문제 2]를 작업하시오.

[문제 1] 원본파일을 처리조건에 따라 결과파일로 완성하시오. (50점)

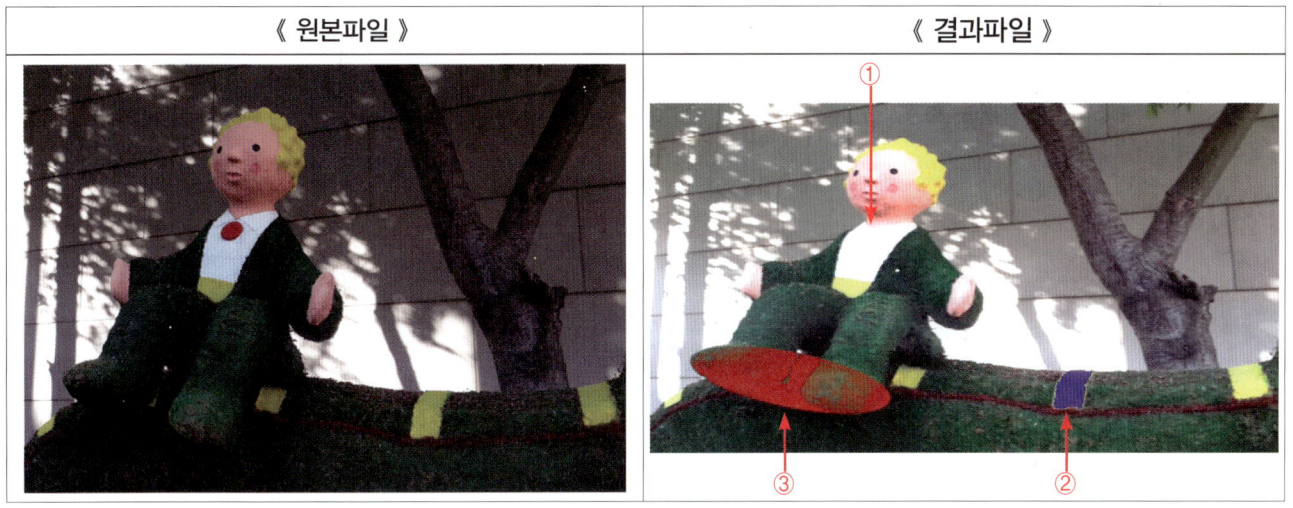

《 원본파일 》　　　　　　　　　　《 결과파일 》

《처리조건》

▶ 다음과 같이 캔버스를 설정하시오.
  • 크기 ⇒ 너비(650 픽셀) X 높이(350 픽셀)

▶ '사진1.jpg' 이미지를 불러와 기존 캔버스에 복사한 후 다음과 같이 처리하시오
  • 이미지 복사 ⇒ 크기 변형으로 캔버스 크기에 맞게 변형, 레이어 이름 – Topiary
  • 밝기 조정 ⇒ 밝기/대비를 이용하여 이미지 조정 (밝기 : 50, 대비 : 30)
  • ① ⇒ 올가미 선택을 이용하여 이미지 제거
  • ② ⇒ 색조/채도를 이용하여 파란색 계열로 조정

▶ 도형 도구를 이용하여 다음과 같이 처리하시오.
  • ③ ⇒ 원형/타원형(크기 : 210 x 55), 채우기(색상 : DA3A3A), 혼합모드(차이, 불투명도 : 85)

▶ 지시사항이 없는 경우는 기본값을 적용하시오.

이미지 파일 저장	① [파일] – [내보내기]를 눌러서 저장		
	② 저장위치 : [바탕화면] – [KAIT] – [제출파일]		
이미지 파일명	JPG	dpi_01_수검번호_성명	※ 예시 : 수검번호가 DPI-XXXX-123456인 경우 "dpi_01_123456_성명"으로 저장할 것
	GPDP	dpi_01_수검번호_성명	

※ 'JPG'와 'GPDP' 파일 중 하나라도 누락하여 저장할 시에는 "0점" 처리됩니다.

디지털정보활용능력 멀티미디어제작 [시험시간 : 40분]

[문제 2] 원본파일을 처리조건에 따라 결과파일로 완성하시오. (80점) (80점)

《 원본파일 》　　　　　　　　《 결과파일 》

《처리조건》

▶ 다음과 같이 캔버스를 변경하시오.
　• 크기 ⇒ 너비(650 픽셀) X 높이(450 픽셀)　　• 배경 ⇒ 색상 : (00F0FF)

▶ '사진2.jpg' 이미지를 불러와 기존 캔버스에 복사한 후 다음과 같이 처리하시오.
　• 이미지 복사 ⇒ 레이어 마스크 설정, 세로 방향으로 흐릿하게

▶ 도형 도구와 텍스트를 이용하여 다음과 같이 처리하시오.
　• ① ⇒ 모서리가 둥근 사각형(크기 : 400 x 55), 그라데이션(색상 : 009411 - FFF000)
　• 신기한 토피어리 ⇒ 글꼴(궁서), 글꼴 스타일(기울임꼴), 크기(30pt), 채우기(색상 : FFFD64),
　　　　　　　　　　　외곽선(두께 : 3px, 색상 : DA3A3A)

▶ 도형 도구와 '사진3.jpg'를 이용하여 클리핑 마스크를 생성하시오..
　• ② ⇒ 사각형(크기 : 150 × 150)
　　　　외곽선(두께 : 4px, 색상 : F7E250)
　　　　그림자(두께 : 3px, 거리 : 3px, 분산도 : 5px, 각도 : 120°)

▶ 지시사항이 없는 경우는 기본 값을 적용하시오.

이미지 파일 저장	① [파일] – [내보내기]를 눌러서 저장	
	② 저장위치 : [바탕화면] – [KAIT] – [제출파일]	
이미지 파일명	JPG	dpi_02_수검번호_성명	※ 예시 : 수검번호가 DPI-XXXX-123456인 경우 "dpi_02_123456_성명"으로 저장할 것
	GPDP	dpi_02_수검번호_성명	

※ 'JPG'와 'GPDP' 파일 중 하나라도 누락하여 저장할 시에는 "0점" 처리됩니다.

디지털정보활용능력 — 멀티미디어제작 [시험시간 : 40분]

※ "Gom Mix for DIAT 프로그램"을 활용하여 [문제3]을 작업하시오.

[문제 3] 처리조건에 따라 출력형태와 같이 완성하시오. (70점)

《출력형태》

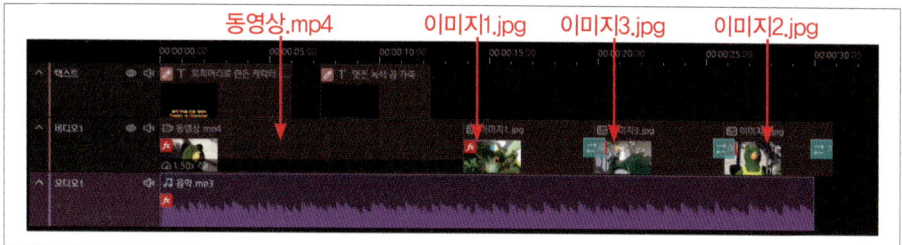

《처리조건》

원본파일	이미지1.jpg, 이미지2.jpg, 이미지3.jpg, 동영상.mp4, 음악.mp3

▶ 미디어 소스의 순서를 다음과 같이 지정하시오.
- 미디어 소스 순서 ⇒ 동영상.mp4 〉 이미지1.jpg 〉 이미지3.jpg 〉 이미지2.jpg

▶ 동영상 파일('동영상.mp4')을 다음과 같이 처리하시오.
- 배 속 : 1.4x
- 자르기 : 시작 시간(0.00), 재생 시간(13.25)
- 이펙트 : 색상 보정-명도/대비(명도 : -10, 대비 : 50)
- 텍스트 ⇒ 텍스트 입력 : 멋진 녹색 곰 가족
  텍스트 서식 : 기본자막(궁서체, 크기 100, ffffff), 윤곽선 설정(없음),
  위치 설정(화면 정가운데 아래), 시작 시간(7.10), 클립 길이(5.00)
- 재생 속도 설정 후 자르기를 하여야 하며, 잘라진 뒷부분의 동영상 및 트랙의 모든 공백을 삭제할 것
- 원본 동영상에 포함된 오디오는 모두 음소거 할 것

▶ 이미지 파일을 다음과 같이 처리하시오.
- '이미지1.jpg' ⇒ 이미지 클립 길이 : 6.00, 오버레이 : 후광(꼭지점 개수 : 3, 속도 : 5),
  클립 트랜지션 : 위로 덮기(오버랩, 재생 시간 : 1.00)
- '이미지3.jpg' ⇒ 이미지 클립 길이 : 6.00, 오버레이 : 가우스(강도 : 40, 속도 : 7),
  클립 트랜지션 : 가로 펼치면서 열기(오버랩, 재생 시간 : 1.00)
- '이미지2.jpg' ⇒ 이미지 클립 길이 : 5.00, 오버레이 : 색종이 조각(속도 : 7),
  클립 트랜지션 : 가운데 초점 줌 아웃(앞으로 이동, 재생 시간 : 1.00)
- 지시사항이 없는 경우는 기본 값을 적용하시오.

▶ 다음 조건에 따라 동영상 시작 부분에 텍스트를 지정하시오.
- 텍스트 입력 : 토피어리로 만든 캐릭터
  (Topiary Character)

  텍스트 서식(휴먼엑스포, 크기 150, ffff02), 윤곽선 설정(색상 : ff0000, 두께 : 20),
  나타나기(커지면서 나타나기, 지속 시간 : 2.00), 시작 시간(0.00), 텍스트 클립 길이(6.00)

▶ 다음 조건에 따라 동영상 전체에 음악 파일('음악.mp3')을 삽입하시오.
- 시작 시간 : 0.00, 재생 시간 : 30.00, 페이드 아웃 : 3.00
- 재생 시간 설정 후 자르기 하여야 하며, 잘라진 뒷부분의 음악 파일은 삭제할 것

동영상 파일 저장	① [파일] – [프로젝트 전체저장]을 눌러서 저장 ② 저장위치 : [바탕화면] – [KAIT] – [제출파일]	
동영상 파일명	GMEP	dpi_03_수검번호_성명	※ 예시 : 수검번호가 DPI-XXXX-123456인 경우 "dpi_03_123456_성명"으로 저장할 것

※ 파일 확장자를 'GMDP'로 저장할 시에는 "0점" 처리됩니다.

제 **15** 회 **실전모의고사**

◎ 시험과목 : 멀티미디어제작 (곰픽, 곰믹스)
◎ 시험일자 : 20○○. ○○. ○○.(X)
◎ 응시자 기재사항 및 감독위원 확인

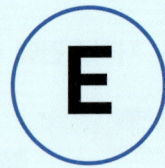

수검번호	DPI – XXXX –	감독위원 확인
성 명		

응시자 유의사항

1. 응시자는 신분증을 지참하여야 시험에 응시할 수 있으며, 시험이 종료될 때까지 신분증을 제시하지 못 할 경우 해당 시험은 0점 처리됩니다.
2. 시스템(PC작동여부, 네트워크 상태 등)의 이상여부를 반드시 확인하여야 하며, 시스템 이상이 있을시 감독위원에게 조치를 받으셔야 합니다.
3. 시험 중 부주의 또는 고의로 시스템을 파손한 경우는 응시자 부담으로 합니다.
4. 답안 전송 프로그램을 통해 다운로드 받은 파일을 이용하여 답안파일을 작성하시기 바랍니다.
5. 작성한 답안 파일은 답안 전송 프로그램을 통하여 전송됩니다. 감독위원의 지시에 따라 주시기 바랍니다.
6. 다음사항의 경우 실격(0점) 혹은 부정행위 처리됩니다.
    1) 답안파일을 저장하지 않았거나, 저장한 파일이 손상되었을 경우
    2) 답안파일을 지정된 폴더(바탕화면 – "KAIT" 폴더)에 저장하지 않았을 경우
       ※ 답안 전송 프로그램 로그인 시 바탕화면에 자동 생성됨
    3) 답안파일을 다른 보조 기억장치(USB) 혹은 네트워크(메신저, 게시판 등)로 전송할 경우
    4) 휴대용 전화기 등 통신기기를 사용할 경우
7. 답안은 Gom Pic for DIAT과 Gom Mix for DIAT를 활용하여 작성하십시오.
    ※ Gom Mix for DIAT는 'DIAT 시험 프로젝트 생성하기'로 진입하여 작성하십시오.
    ※ Gom Mix for DIAT 답안파일은 반드시 프로그램 전체저장으로 저장하십시오.(미준수시 0점 처리)
8. 시험지에 제시된 글꼴이 응시 프로그램에 없는 경우, 반드시 감독위원에게 해당 내용을 통보한 뒤 조치를 받아야 합니다.
9. 시험의 완료는 작성이 완료된 답안을 저장하고, 답안 전송이 완료된 상태를 확인한 것으로 합니다. 답안 전송 확인 후 문제지는 감독위원에게 제출한 후 퇴실하여야 합니다.
10. 답안전송이 완료된 경우에는 수정 또는 정정이 불가능합니다.
11. 시험시행 후 문제 공개 및 합격자 발표는 홈페이지(www.ihd.or.kr)에서 확인하시기 바랍니다.
    1) 문제 및 모범답안 공개 : 20XX. XX. XX.(X)
    2) 합격자 발표 : 20XX. XX. XX.(X)

식별CODE

| 디지털정보활용능력 | 멀티미디어제작 | [시험시간 : 40분] |

※ "Gom Pic for DIAT 프로그램"을 활용하여 [문제 1], [문제 2]를 작업하시오.

[문제 1] 원본파일을 처리조건에 따라 결과파일로 완성하시오. (50점)

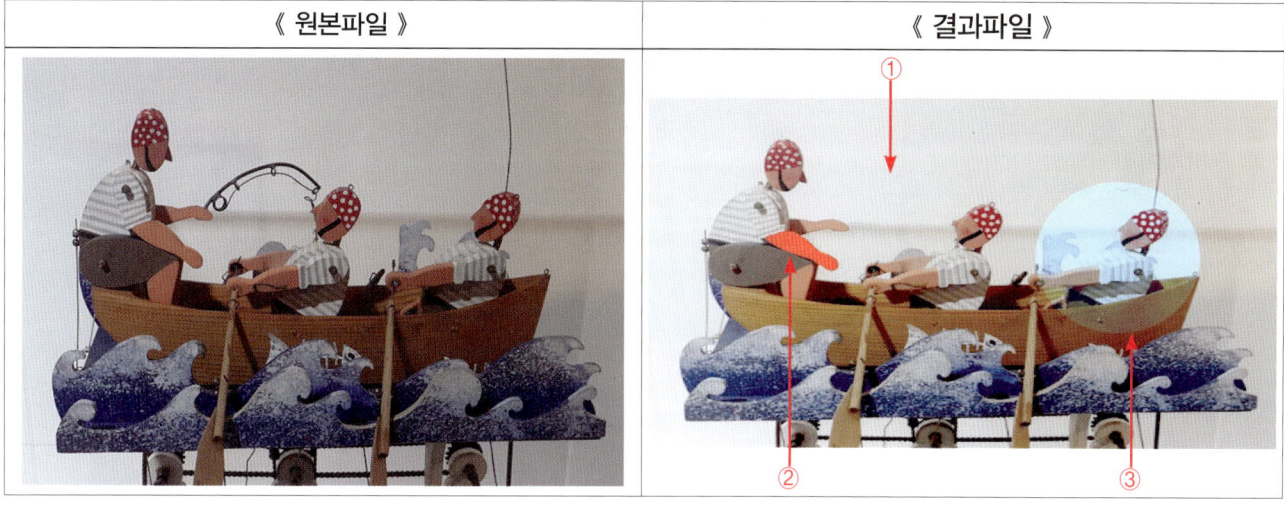

《 원본파일 》 《 결과파일 》

《처리조건》

▶ 다음과 같이 캔버스를 설정하시오.
 • 크기 ⇒ 너비(650 픽셀) X 높이(350 픽셀)

▶ '사진1.jpg' 이미지를 불러와 기존 캔버스에 복사한 후 다음과 같이 처리하시오
 • 이미지 복사 ⇒ 크기 변형으로 캔버스 크기에 맞게 변형, 레이어 이름 – Automata
 • 밝기 조정 ⇒ 감마를 이용하여 이미지 조정 (어두운 영역 : 0.65, 미드톤 : 2.50)
 • ① ⇒ 복제 도장을 이용하여 이미지 제거
 • ② ⇒ 세피아를 이용하여 빨간색 계열로 조정

▶ 도형 도구를 이용하여 다음과 같이 처리하시오.
 • ③ ⇒ 원형/타원형(크기 : 170 x 150), 채우기(색상 : 01294E), 혼합모드(추가, 불투명도 : 90)

▶ 지시사항이 없는 경우는 기본값을 적용하시오.

이미지 파일 저장	① [파일] – [내보내기]를 눌러서 저장		
	② 저장위치 : [바탕화면] – [KAIT] – [제출파일]		
이미지 파일명	JPG	dpi_01_수검번호_성명	※ 예시 : 수검번호가 DPI-XXXX-123456인 경우 "dpi_01_123456_성명"으로 저장할 것
	GPDP	dpi_01_수검번호_성명	

※ 'JPG'와 'GPDP' 파일 중 하나라도 누락하여 저장할 시에는 "0점" 처리됩니다.

[문제 2] 원본파일을 처리조건에 따라 결과파일로 완성하시오. (80점)   (80점)

《 원본파일 》　　　　《 결과파일 》

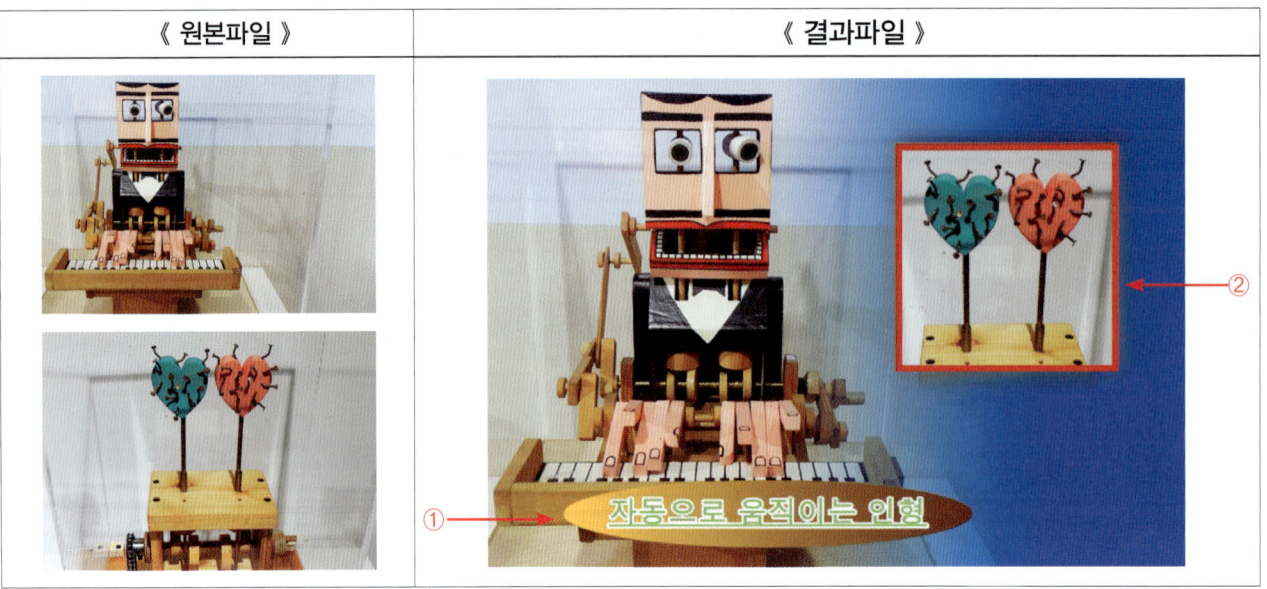

《처리조건》

▶ 다음과 같이 캔버스를 변경하시오.
　• 크기 ⇒ 너비(650 픽셀) X 높이(450 픽셀)　　• 배경 ⇒ 색상 : (0066CC)

▶ '사진2.jpg' 이미지를 불러와 기존 캔버스에 복사한 후 다음과 같이 처리하시오.
　• 이미지 복사 ⇒ 레이어 마스크 설정, 가로 방향으로 흐릿하게

▶ 도형 도구와 텍스트를 이용하여 다음과 같이 처리하시오.
　• ① ⇒ 원형/타원형(크기 : 380 x 60), 그라데이션(색상 : FFCC00 - 663300)
　• 자동으로 움직이는 인형 ⇒ 글꼴(돋움), 글꼴 스타일(굵게, 밑줄), 크기(20pt),
　　　　　　　　　　　　　 채우기(색상 : 99CC33), 외곽선(두께 : 4px, 색상 : FFFFFF)

▶ 도형 도구와 '사진3.jpg'를 이용하여 클리핑 마스크를 생성하시오..
　• ② ⇒ 사각형(크기 : 200 × 200)
　　　　외곽선(두께 : 6px, 색상 : CC3300)
　　　　그림자(두께 : 7px, 거리 : 5px, 분산도 : 10px, 각도 : 360°)

▶ 지시사항이 없는 경우는 기본 값을 적용하시오.

이미지 파일 저장	① [파일] - [내보내기]를 눌러서 저장	
	② 저장위치 : [바탕화면] - [KAIT] - [제출파일]	
이미지 파일명	JPG	dpi_02_수검번호_성명	※ 예시 : 수검번호가 DPI-XXXX-123456인 경우 "dpi_02_123456_성명"으로 저장할 것
	GPDP	dpi_02_수검번호_성명	

※ 'JPG'와 'GPDP' 파일 중 하나라도 누락하여 저장할 시에는 "0점" 처리됩니다.

디지털정보활용능력 멀티미디어제작 [시험시간 : 40분] 3/3

※ "Gom Mix for DIAT 프로그램"을 활용하여 [문제3]을 작업하시오.

[문제 3] 처리조건에 따라 출력형태와 같이 완성하시오. (70점)

《출력형태》

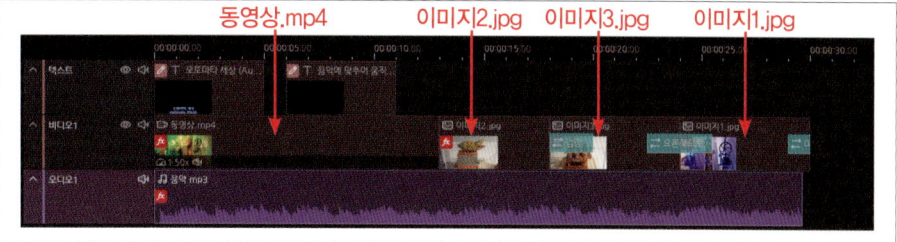

《처리조건》

원본파일	이미지1.jpg, 이미지2.jpg, 이미지3.jpg, 동영상.mp4, 음악.mp3

▶ 미디어 소스의 순서를 다음과 같이 지정하시오.
  • 미디어 소스 순서 ⇒ 동영상.mp4 > 이미지2.jpg > 이미지3.jpg > 이미지1.jpg

▶ 동영상 파일('동영상.mp4')을 다음과 같이 처리하시오.
  • 배 속 : 1.5x
  • 자르기 : 시작 시간(0.00), 재생 시간(13.00)
  • 이펙트 : 변환-노이즈 페이드(나타나는 : 3.0, 사라지는 : 4.0)
  • 텍스트 ⇒ 텍스트 입력 : 　음악에 맞추어 움직이는 인형들　
        텍스트 서식 : 기본자막(바탕체, 크기 100, b000ad), 윤곽선 설정(없음),
        위치 설정(화면 정가운데 아래), 시작 시간(6.00), 클립 길이(5.00)
  • 재생 속도 설정 후 자르기를 하여야 하며, 잘라진 뒷부분의 동영상 및 트랙의 모든 공백을 삭제할 것
  • 원본 동영상에 포함된 오디오는 모두 음소거 할 것

▶ 이미지 파일을 다음과 같이 처리하시오.
  • '이미지2.jpg' ⇒ 이미지 클립 길이 : 5.00, 오버레이 : 흩날림(크기 : 8, 속도 : 5),
          클립 트랜지션 : 검정색 페이드(뒤로 이동, 재생 시간 : 2.00)
  • '이미지3.jpg' ⇒ 이미지 클립 길이 : 6.00, 오버레이 : 원형 비넷(반경 : 65),
          클립 트랜지션 : 오른쪽으로 덮기(오버랩, 재생 시간 : 3.00)
  • '이미지1.jpg' ⇒ 이미지 클립 길이 : 6.00, 오버레이 : 떨림(속도 : 7, 강도 : 10),
          클립 트랜지션 : 마름모 닫기(앞으로 이동, 재생 시간 : 1.00)
  • 지시사항이 없는 경우는 기본 값을 적용하시오.

▶ 다음 조건에 따라 동영상 시작 부분에 텍스트를 지정하시오.
  • 텍스트 입력 : 　오토마타 세상
                (Automata World)　
    텍스트 서식(휴먼옛체, 크기 160, 79a5d8), 윤곽선 설정(색상 : 3c5b99, 두께 : 35),
    나타나기(위로 연하게 닦아내기, 지속 시간 : 3.00), 시작 시간(0.00), 텍스트 클립 길이(5.00)

▶ 다음 조건에 따라 동영상 전체에 음악 파일('음악.mp3')을 삽입하시오.
  • 시작 시간 : 0.00, 재생 시간 : 29.20, 페이드 아웃 : 2.00
  • 재생 시간 설정 후 자르기 하여야 하며, 잘라진 뒷부분의 음악 파일은 삭제할 것

동영상 파일 저장	① [파일] - [프로젝트 전체저장]을 눌러서 저장 ② 저장위치 : [바탕화면] - [KAIT] - [제출파일]	
동영상 파일명	GMEP	dpi_03_수검번호_성명	※ 예시 : 수검번호가 DPI-XXXX-123456인 경우 "dpi_03_123456_성명"으로 저장할 것

※ 파일 확장자를 'GMDP'로 저장할 시에는 "0점" 처리됩니다.

PART

03

최신기출유형

제 **01**회 최신기출유형   제 **06**회 최신기출유형

제 **02**회 최신기출유형   제 **07**회 최신기출유형

제 **03**회 최신기출유형   제 **08**회 최신기출유형

제 **04**회 최신기출유형   제 **09**회 최신기출유형

제 **05**회 최신기출유형   제 **10**회 최신기출유형

제 01 회 최신기출유형

◎ 시험과목 : 멀티미디어제작 (곰픽, 곰믹스)
◎ 시험일자 : 20○○. ○○. ○○.(X)
◎ 응시자 기재사항 및 감독위원 확인

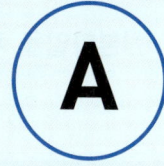

수검번호	DPI – XXXX –	감독위원 확인
성 명		

응시자 유의사항

1. 응시자는 신분증을 지참하여야 시험에 응시할 수 있으며, 시험이 종료될 때까지 신분증을 제시하지 못 할 경우 해당 시험은 0점 처리됩니다.
2. 시스템(PC작동여부, 네트워크 상태 등)의 이상여부를 반드시 확인하여야 하며, 시스템 이상이 있을시 감독위원에게 조치를 받으셔야 합니다.
3. 시험 중 부주의 또는 고의로 시스템을 파손한 경우는 응시자 부담으로 합니다.
4. 답안 전송 프로그램을 통해 다운로드 받은 파일을 이용하여 답안파일을 작성하시기 바랍니다.
5. 작성한 답안 파일은 답안 전송 프로그램을 통하여 전송됩니다. 감독위원의 지시에 따라 주시기 바랍니다.
6. 다음사항의 경우 실격(0점) 혹은 부정행위 처리됩니다.
    1) 답안파일을 저장하지 않았거나, 저장한 파일이 손상되었을 경우
    2) 답안파일을 지정된 폴더(바탕화면 – "KAIT" 폴더)에 저장하지 않았을 경우
       ※ 답안 전송 프로그램 로그인 시 바탕화면에 자동 생성됨
    3) 답안파일을 다른 보조 기억장치(USB) 혹은 네트워크(메신저, 게시판 등)로 전송할 경우
    4) 휴대용 전화기 등 통신기기를 사용할 경우
7. 답안은 Gom Pic for DIAT과 Gom Mix for DIAT를 활용하여 작성하십시오.
   ※ Gom Mix for DIAT는 'DIAT 시험 프로젝트 생성하기'로 진입하여 작성하십시오.
   ※ Gom Mix for DIAT 답안파일은 반드시 프로그램 전체저장으로 저장하십시오.(미준수시 0점 처리)
8. 시험지에 제시된 글꼴이 응시 프로그램에 없는 경우, 반드시 감독위원에게 해당 내용을 통보한 뒤 조치를 받아야 합니다.
9. 시험의 완료는 작성이 완료된 답안을 저장하고, 답안 전송이 완료된 상태를 확인한 것으로 합니다. 답안 전송 확인 후 문제지는 감독위원에게 제출한 후 퇴실하여야 합니다.
10. 답안전송이 완료된 경우에는 수정 또는 정정이 불가능합니다.
11. 시험시행 후 문제 공개 및 합격자 발표는 홈페이지(www.ihd.or.kr)에서 확인하시기 바랍니다.
    1) 문제 및 모범답안 공개 : 20XX. XX. XX.(X)
    2) 합격자 발표 : 20XX. XX. XX.(X)

식별CODE

디지털정보활용능력 — 멀티미디어제작 [시험시간 : 40분]   1/3

※ "Gom Pic for DIAT 프로그램"을 활용하여 [문제 1], [문제 2]를 작업하시오.

[문제 1] 원본파일을 처리조건에 따라 결과파일로 완성하시오. (50점)

《 원본파일 》   《 결과파일 》

《처리조건》

▶ 다음과 같이 캔버스를 설정하시오.
  • 크기 ⇒ 너비(650 픽셀) X 높이(350 픽셀)

▶ '사진1.jpg' 이미지를 불러와 기존 캔버스에 복사한 후 다음과 같이 처리하시오.
  • 이미지 복사 ⇒ 크기 변형으로 캔버스 크기에 맞게 변형, 레이어 이름 – Flower
  • 밝기 조정 ⇒ 생동감을 이용하여 이미지 조정 (생동감 : 40)
  • ① ⇒ 복제 도장을 이용하여 이미지 복사
  • ② ⇒ 세피아를 이용하여 보라색 계열로 조정

▶ 도형 도구를 이용하여 다음과 같이 처리하시오.
  • ③ ⇒ 원형/타원형(크기 : 120 x 120), 채우기(색상 : 7097BB), 혼합모드(반사, 불투명도 : 80)

▶ 지시사항이 없는 경우는 기본값을 적용하시오.

이미지 파일 저장	① [파일] – [내보내기]를 눌러서 저장		
	② 저장위치 : [바탕화면] – [KAIT] – [제출파일]		
이미지 파일명	JPG	dpi_01_수검번호_성명	※ 예시 : 수검번호가 DPI-XXXX-123456인 경우 "dpi_01_123456_성명"으로 저장할 것
	GPDP	dpi_01_수검번호_성명	

※ 'JPG'와 'GPDP' 파일 중 하나라도 누락하여 저장할 시에는 "0점" 처리됩니다.

[문제 2] 원본파일을 처리조건에 따라 결과파일로 완성하시오. (80점)

《처리조건》

▶ 다음과 같이 캔버스를 변경하시오.
- 크기 ⇒ 너비(650 픽셀) X 높이(450 픽셀)
- 배경 ⇒ 색상 : (81098F)

▶ '사진2.jpg' 이미지를 불러와 기존 캔버스에 복사한 후 다음과 같이 처리하시오.
- 이미지 복사 ⇒ 레이어 마스크 설정, 가로 방향으로 흐릿하게

▶ 도형 도구와 텍스트를 이용하여 다음과 같이 처리하시오.
- ① ⇒ 모서리가 둥근 사각형(크기 : 400 x 60), 그라데이션(색상 : FFE000 – 34A159)
- 흰 꽃 사이 노란 꽃 ⇒ 글꼴(맑은 고딕), 글꼴 스타일(기울임꼴), 크기(30pt),
  채우기(색상 : B46EF8), 외곽선(두께 : 7px, 색상 : FFFFFF)

▶ 도형 도구와 '사진3.jpg'를 이용하여 클리핑 마스크를 생성하시오.
- ② ⇒ 사각형(크기 : 150 × 150)
  외곽선(두께 : 7px, 색상 : E8E88E)
  그림자(두께 : 3px, 거리 : 5px, 분산도 : 1px, 각도 : 320°)

▶ 지시사항이 없는 경우는 기본 값을 적용하시오.

이미지 파일 저장		① [파일] – [내보내기]를 눌러서 저장 ② 저장위치 : [바탕화면] – [KAIT] – [제출파일]	
이미지 파일명	JPG	dpi_02_수검번호_성명	※ 예시 : 수검번호가 DPI-XXXX-123456인 경우 "dpi_02_123456_성명"으로 저장할 것
	GPDP	dpi_02_수검번호_성명	

※ 'JPG'와 'GPDP' 파일 중 하나라도 누락하여 저장할 시에는 "0점" 처리됩니다.

디지털정보활용능력 멀티미디어제작 [시험시간 : 40분] 3/3

※ "Gom Mix for DIAT 프로그램"을 활용하여 [문제3]을 작업하시오.

[문제 3] 처리조건에 따라 출력형태와 같이 완성하시오. (70점)

《출력형태》

《처리조건》

원본파일	이미지1.jpg, 이미지2.jpg, 이미지3.jpg, 동영상.mp4, 음악.mp3

▶ 미디어 소스의 순서를 다음과 같이 지정하시오.
  • 미디어 소스 순서 ⇒ 동영상.mp4 〉 이미지3.jpg 〉 이미지1.jpg 〉 이미지2.jpg

▶ 동영상 파일('동영상.mp4')을 다음과 같이 처리하시오.
  • 배 속 : 1.4x
  • 자르기 : 시작 시간(0.00), 재생 시간(12.10)
  • 이펙트 : LUT 필터-카메라 필름-카메라 필름 09(노출 : 8, 감마 : 0.9)
  • 텍스트 ⇒ 텍스트 입력 : 화단의 꽃들
         텍스트 서식 : 기본자막(돋움체, 크기 110, ff531b), 윤곽선 설정(없음),
         위치 설정(화면 정가운데 아래), 시작 시간(5.20), 클립 길이(5.00)
  • 재생 속도 설정 후 자르기를 하여야 하며, 잘라진 뒷부분의 동영상 및 트랙의 모든 공백을 삭제할 것
  • 원본 동영상에 포함된 오디오는 모두 음소거 할 것

▶ 이미지 파일을 다음과 같이 처리하시오.
  • '이미지3.jpg' ⇒ 이미지 클립 길이 : 6.00, 오버레이 : 흩날림(개수/양 : 40),
             클립 트랜지션 : 아래로 밀기(앞으로 이동, 재생 시간 : 2.00)
  • '이미지1.jpg' ⇒ 이미지 클립 길이 : 6.00, 오버레이 : 내려앉는(속도 : 7),
             클립 트랜지션 : 오른쪽으로 덮기(앞으로 이동, 재생 시간 : 2.00)
  • '이미지2.jpg' ⇒ 이미지 클립 길이 : 5.00, 오버레이 : 비누 방울(크기 : 3),
             클립 트랜지션 : 디졸브(앞으로 이동, 재생 시간 : 1.00)
  • 지시사항이 없는 경우는 기본 값을 적용하시오.

▶ 다음 조건에 따라 동영상 시작 부분에 텍스트를 지정하시오.
  • 텍스트 입력 : 아름다운 꽃 축제
           (Happy Flower Festival)
    텍스트 서식(궁서체, 크기 140, ec008c), 윤곽선 설정(색상 : fff9c4, 두께 : 40),
    나타나기(오른쪽으로 펼치기, 지속 시간 : 2.00), 시작 시간(0.00), 텍스트 클립 길이(4.00)

▶ 다음 조건에 따라 동영상 전체에 음악 파일('음악.mp3')을 삽입하시오.
  • 시작 시간 : 0.00, 재생 시간 : 29.00, 페이드 아웃 : 2.00
  • 재생 시간 설정 후 자르기 하여야 하며, 잘라진 뒷부분의 음악 파일은 삭제할 것

동영상 파일 저장	① [파일] - [프로젝트 전체저장]을 눌러서 저장 ② 저장위치 : [바탕화면] - [KAIT] - [제출파일]	
동영상 파일명	GMEP	dpi_03_수검번호_성명	※ 예시 : 수검번호가 DPI-XXXX-123456인 경우 "dpi_03_123456_성명"으로 저장할 것

※ 파일 확장자를 'GMDP'로 저장할 시에는 "0점" 처리됩니다.

제 **02** 회 최신기출유형

◎ 시험과목 : 멀티미디어제작 (곰픽, 곰믹스)
◎ 시험일자 : 20○○. ○○. ○○.(X)
◎ 응시자 기재사항 및 감독위원 확인

B

수검번호	DPI – XXXX –	감독위원 확인
성 명		

응시자 유의사항

1. 응시자는 신분증을 지참하여야 시험에 응시할 수 있으며, 시험이 종료될 때까지 신분증을 제시하지 못 할 경우 해당 시험은 0점 처리됩니다.
2. 시스템(PC작동여부, 네트워크 상태 등)의 이상여부를 반드시 확인하여야 하며, 시스템 이상이 있을시 감독위원에게 조치를 받으셔야 합니다.
3. 시험 중 부주의 또는 고의로 시스템을 파손한 경우는 응시자 부담으로 합니다.
4. 답안 전송 프로그램을 통해 다운로드 받은 파일을 이용하여 답안파일을 작성하시기 바랍니다.
5. 작성한 답안 파일은 답안 전송 프로그램을 통하여 전송됩니다. 감독위원의 지시에 따라 주시기 바랍니다.
6. 다음사항의 경우 실격(0점) 혹은 부정행위 처리됩니다.
    1) 답안파일을 저장하지 않았거나, 저장한 파일이 손상되었을 경우
    2) 답안파일을 지정된 폴더(바탕화면 – "KAIT" 폴더)에 저장하지 않았을 경우
        ※ 답안 전송 프로그램 로그인 시 바탕화면에 자동 생성됨
    3) 답안파일을 다른 보조 기억장치(USB) 혹은 네트워크(메신저, 게시판 등)로 전송할 경우
    4) 휴대용 전화기 등 통신기기를 사용할 경우
7. 답안은 Gom Pic for DIAT과 Gom Mix for DIAT를 활용하여 작성하십시오.
    ※ Gom Mix for DIAT는 'DIAT 시험 프로젝트 생성하기'로 진입하여 작성하십시오.
    ※ Gom Mix for DIAT 답안파일은 반드시 프로그램 전체저장으로 저장하십시오.(미준수시 0점 처리)
8. 시험지에 제시된 글꼴이 응시 프로그램에 없는 경우, 반드시 감독위원에게 해당 내용을 통보한 뒤 조치를 받아야 합니다.
9. 시험의 완료는 작성이 완료된 답안을 저장하고, 답안 전송이 완료된 상태를 확인한 것으로 합니다. 답안 전송 확인 후 문제지는 감독위원에게 제출한 후 퇴실하여야 합니다.
10. 답안전송이 완료된 경우에는 수정 또는 정정이 불가능합니다.
11. 시험시행 후 문제 공개 및 합격자 발표는 홈페이지(www.ihd.or.kr)에서 확인하시기 바랍니다.
    1) 문제 및 모범답안 공개 : 20XX. XX. XX.(X)
    2) 합격자 발표 : 20XX. XX. XX.(X)

식별CODE

| 디지털정보활용능력 | 멀티미디어제작 [시험시간 : 40분] | 1/3 |

※ "Gom Pic for DIAT 프로그램"을 활용하여 [문제 1], [문제 2]를 작업하시오.

[문제 1] 원본파일을 처리조건에 따라 결과파일로 완성하시오. (50점)

《 원본파일 》   《 결과파일 》

《처리조건》

▶ 다음과 같이 캔버스를 설정하시오.
  • 크기 ⇒ 너비(650 픽셀) X 높이(350 픽셀)

▶ '사진1.jpg' 이미지를 불러와 기존 캔버스에 복사한 후 다음과 같이 처리하시오.
  • 이미지 복사 ⇒ 크기 변형으로 캔버스 크기에 맞게 변형, 레이어 이름 – Leaf
  • 밝기 조정 ⇒ 감마를 이용하여 이미지 조정 (어두운 영역 : 0.64)
  • ① ⇒ 복제 도장을 이용하여 이미지 제거
  • ② ⇒ 세피아를 이용하여 파란색 계열로 조정

▶ 도형 도구를 이용하여 다음과 같이 처리하시오.
  • ③ ⇒ 사각형(크기 : 650 x 50), 채우기(색상 : FF3030), 혼합모드(추가, 불투명도 : 65)

▶ 지시사항이 없는 경우는 기본값을 적용하시오.

이미지 파일 저장	① [파일] – [내보내기]를 눌러서 저장 ② 저장위치 : [바탕화면] – [KAIT] – [제출파일]	
이미지 파일명	JPG	dpi_01_수검번호_성명	※ 예시 : 수검번호가 DPI-XXXX-123456인 경우 "dpi_01_123456_성명"으로 저장할 것
	GPDP	dpi_01_수검번호_성명	

※ 'JPG'와 'GPDP' 파일 중 하나라도 누락하여 저장할 시에는 "0점" 처리됩니다.

디지털정보활용능력 / 멀티미디어제작 [시험시간 : 40분]

[문제 2] 원본파일을 처리조건에 따라 결과파일로 완성하시오. (80점)   (80점)

《 원본파일 》　《 결과파일 》

《처리조건》

▶ 다음과 같이 캔버스를 변경하시오.
- 크기 ⇒ 너비(650 픽셀) X 높이(450 픽셀)
- 배경 ⇒ 색상 : (658545)

▶ '사진2.jpg' 이미지를 불러와 기존 캔버스에 복사한 후 다음과 같이 처리하시오.
- 이미지 복사 ⇒ 레이어 마스크 설정, 세로 방향으로 흐릿하게

▶ 도형 도구와 텍스트를 이용하여 다음과 같이 처리하시오.
- ① ⇒ 원형/타원형(크기 : 450 x 85), 그라데이션(색상 : FFE000 - 995555)
- 예쁜 노란 꽃 ⇒ 글꼴(맑은 고딕), 글꼴 스타일(밑줄), 크기(30pt),
  채우기(색상 : 446444), 외곽선(두께 : 7px, 색상 : FFFFFF)

▶ 도형 도구와 '사진3.jpg'를 이용하여 클리핑 마스크를 생성하시오.
- ② ⇒ 모서리가 둥근 사각형(크기 : 120 × 150)
  외곽선(두께 : 5px, 색상 : 901651)
  그림자(두께 : 3px, 거리 : 10px, 분산도 : 5px, 각도 : 320°)

▶ 지시사항이 없는 경우는 기본 값을 적용하시오.

이미지 파일 저장	① [파일] - [내보내기]를 눌러서 저장 ② 저장위치 : [바탕화면] - [KAIT] - [제출파일]	
이미지 파일명	JPG	dpi_02_수검번호_성명
	GPDP	dpi_02_수검번호_성명

※ 예시 : 수검번호가 DPI-XXXX-123456인 경우 "dpi_02_123456_성명"으로 저장할 것

※ 'JPG'와 'GPDP' 파일 중 하나라도 누락하여 저장할 시에는 "0점" 처리됩니다.

디지털정보활용능력 — 멀티미디어제작 [시험시간 : 40분]

※ "Gom Mix for DIAT 프로그램"을 활용하여 [문제3]을 작업하시오.

[문제 3] 처리조건에 따라 출력형태와 같이 완성하시오. (70점)

《출력형태》

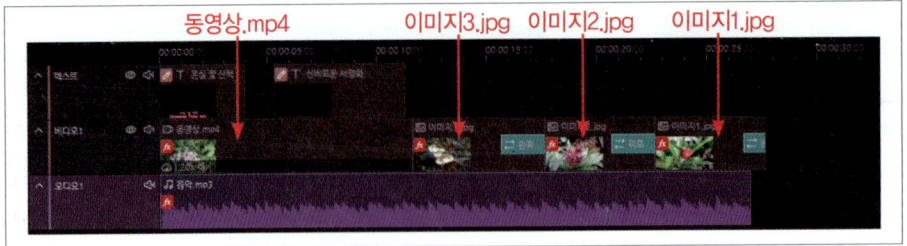

《처리조건》

원본파일	이미지1.jpg, 이미지2.jpg, 이미지3.jpg, 동영상.mp4, 음악.mp3

▶ 미디어 소스의 순서를 다음과 같이 지정하시오.
  • 미디어 소스 순서 ⇒ 동영상.mp4 > 이미지3.jpg > 이미지2.jpg > 이미지1.jpg

▶ 동영상 파일('동영상.mp4')을 다음과 같이 처리하시오.
  • 배 속 : 1.2x
  • 자르기 : 시작 시간(0.00), 재생 시간(11.20)
  • 이펙트 : 이미지 보정-톤맵-Linear(노출 : 1.3, 채도 : 10)
  • 텍스트 ⇒ 텍스트 입력 : 신비로운 서양화
    텍스트 서식 : 기본자막(굴림체, 크기 120, f44336), 윤곽선 설정(없음),
    위치 설정(화면 정가운데 아래), 시작 시간(5.10), 클립 길이(6.00)
  • 재생 속도 설정 후 자르기를 하여야 하며, 잘라진 뒷부분의 동영상 및 트랙의 모든 공백을 삭제할 것
  • 원본 동영상에 포함된 오디오는 모두 음소거 할 것

▶ 이미지 파일을 다음과 같이 처리하시오.
  • '이미지3.jpg' ⇒ 이미지 클립 길이 : 6.00, 오버레이 : 지나가는 01(기울기 : 20),
    클립 트랜지션 : 왼쪽으로 덮기(앞으로 이동, 재생 시간 : 2.00)
  • '이미지2.jpg' ⇒ 이미지 클립 길이 : 5.00, 오버레이 : 원형 비넷(반경 : 65),
    클립 트랜지션 : 위로 덮기(앞으로 이동, 재생 시간 : 2.00),
  • '이미지1.jpg' ⇒ 이미지 클립 길이 : 5.00, 오버레이 : 스페이스 01(개수/양 : 10),
    클립 트랜지션 : 문 열기(앞으로 이동, 재생 시간 : 1.00)
  • 지시사항이 없는 경우는 기본 값을 적용하시오.

▶ 다음 조건에 따라 동영상 시작 부분에 텍스트를 지정하시오.
  • 텍스트 입력 : 온실 꽃 산책
                  (Greenhouse Flower Walk)
    텍스트 서식(궁서체, 크기 150, ec008c), 윤곽선 설정(색상 : fff9c4, 두께 : 30),
    나타나기(위로 펼치기, 지속 시간 : 2.00), 시작 시간(0.00), 텍스트 클립 길이(4.00)

▶ 다음 조건에 따라 동영상 전체에 음악 파일('음악.mp3')을 삽입하시오.
  • 시작 시간 : 0.00, 재생 시간 : 27.00, 페이드 아웃 : 2.00
  • 재생 시간 설정 후 자르기 하여야 하며, 잘라진 뒷부분의 음악 파일은 삭제할 것

동영상 파일 저장	① [파일] – [프로젝트 전체저장]을 눌러서 저장 ② 저장위치 : [바탕화면] – [KAIT] – [제출파일]	
동영상 파일명	GMEP	dpi_03_수검번호_성명	※ 예시 : 수검번호가 DPI-XXXX-123456인 경우 "dpi_03_123456_성명"으로 저장할 것

※ 파일 확장자를 'GMDP'로 저장할 시에는 "0점" 처리됩니다.

제 03 회 최신기출유형

◎ 시험과목 : 멀티미디어제작 (곰픽, 곰믹스)
◎ 시험일자 : 20○○. ○○. ○○.(X)
◎ 응시자 기재사항 및 감독위원 확인

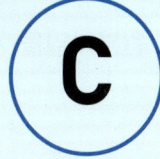

수검번호	DPI - XXXX -	감독위원 확인
성　명		

응시자 유의사항

1. 응시자는 신분증을 지참하여야 시험에 응시할 수 있으며, 시험이 종료될 때까지 신분증을 제시하지 못 할 경우 해당 시험은 0점 처리됩니다.
2. 시스템(PC작동여부, 네트워크 상태 등)의 이상여부를 반드시 확인하여야 하며, 시스템 이상이 있을시 감독위원에게 조치를 받으셔야 합니다.
3. 시험 중 부주의 또는 고의로 시스템을 파손한 경우는 응시자 부담으로 합니다.
4. 답안 전송 프로그램을 통해 다운로드 받은 파일을 이용하여 답안파일을 작성하시기 바랍니다.
5. 작성한 답안 파일은 답안 전송 프로그램을 통하여 전송됩니다. 감독위원의 지시에 따라 주시기 바랍니다.
6. 다음사항의 경우 실격(0점) 혹은 부정행위 처리됩니다.
    1) 답안파일을 저장하지 않았거나, 저장한 파일이 손상되었을 경우
    2) 답안파일을 지정된 폴더(바탕화면 – "KAIT" 폴더)에 저장하지 않았을 경우
        ※ 답안 전송 프로그램 로그인 시 바탕화면에 자동 생성됨
    3) 답안파일을 다른 보조 기억장치(USB) 혹은 네트워크(메신저, 게시판 등)로 전송할 경우
    4) 휴대용 전화기 등 통신기기를 사용할 경우
7. 답안은 Gom Pic for DIAT과 Gom Mix for DIAT를 활용하여 작성하십시오.
    ※ Gom Mix for DIAT는 'DIAT 시험 프로젝트 생성하기'로 진입하여 작성하십시오.
    ※ Gom Mix for DIAT 답안파일은 반드시 프로그램 전체저장으로 저장하십시오.(미준수시 0점 처리)
8. 시험지에 제시된 글꼴이 응시 프로그램에 없는 경우, 반드시 감독위원에게 해당 내용을 통보한 뒤 조치를 받아야 합니다.
9. 시험의 완료는 작성이 완료된 답안을 저장하고, 답안 전송이 완료된 상태를 확인한 것으로 합니다. 답안 전송 확인 후 문제지는 감독위원에게 제출한 후 퇴실하여야 합니다.
10. 답안전송이 완료된 경우에는 수정 또는 정정이 불가능합니다.
11. 시험시행 후 문제 공개 및 합격자 발표는 홈페이지(www.ihd.or.kr)에서 확인하시기 바랍니다.
    1) 문제 및 모범답안 공개 : 20XX. XX. XX.(X)
    2) 합격자 발표 : 20XX. XX. XX.(X)

| 디지털정보활용능력 | 멀티미디어제작 | [시험시간 : 40분] | 1/3 |

※ "Gom Pic for DIAT 프로그램"을 활용하여 [문제 1], [문제 2]를 작업하시오.

[문제 1] 원본파일을 처리조건에 따라 결과파일로 완성하시오. (50점)

《처리조건》

▶ 다음과 같이 캔버스를 설정하시오.
  • 크기 ⇒ 너비(650 픽셀) X 높이(350 픽셀)

▶ '사진1.jpg' 이미지를 불러와 기존 캔버스에 복사한 후 다음과 같이 처리하시오.
  • 이미지 복사 ⇒ 크기 변형으로 캔버스 크기에 맞게 변형, 레이어 이름 – Coffee
  • 필터 효과 ⇒ 선명하게를 이용하여 이미지 조정 (양 : 10)
  • ① ⇒ 복제 도장을 이용하여 이미지 제거
  • ② ⇒ 색조/채도를 이용하여 빨간색 계열로 조정

▶ 도형 도구를 이용하여 다음과 같이 처리하시오.
  • ③ ⇒ 모서리가 둥근 사각형(크기 : 80 x 200), 채우기(색상 : 050A8B), 혼합모드(음수, 불투명도 : 85)

▶ 지시사항이 없는 경우는 기본값을 적용하시오.

이미지 파일 저장	① [파일] – [내보내기]를 눌러서 저장 ② 저장위치 : [바탕화면] – [KAIT] – [제출파일]	
이미지 파일명	JPG	dpi_01_수검번호_성명
	GPDP	dpi_01_수검번호_성명

※ 예시 : 수검번호가 DPI-XXXX-123456인 경우 "dpi_01_123456_성명"으로 저장할 것

※ 'JPG'와 'GPDP' 파일 중 하나라도 누락하여 저장할 시에는 "0점" 처리됩니다.

[문제 2] 원본파일을 처리조건에 따라 결과파일로 완성하시오. (80점) (80점)

《처리조건》

▶ 다음과 같이 캔버스를 변경하시오.
- 크기 ⇒ 너비(650 픽셀) X 높이(450 픽셀)
- 배경 ⇒ 색상 : (086413)

▶ '사진2.jpg' 이미지를 불러와 기존 캔버스에 복사한 후 다음과 같이 처리하시오.
- 이미지 복사 ⇒ 레이어 마스크 설정, 가로 방향으로 흐릿하게

▶ 도형 도구와 텍스트를 이용하여 다음과 같이 처리하시오.
- ① ⇒ 사각형(크기 : 400 x 60), 그라데이션(색상 : 75CAEA – FDFA03)
- 나만의 힐링 카페 ⇒ 글꼴(굴림체), 글꼴 스타일(굵게), 크기(30pt), 채우기(색상 : 92350C), 외곽선(두께 : 3px, 색상 : FCF7A6)

▶ 도형 도구와 '사진3.jpg'를 이용하여 클리핑 마스크를 생성하시오.
- ② ⇒ 원형/타원형(크기 : 200 × 150)
  외곽선(두께 : 4px, 색상 : F7E040)
  그림자(두께 : 5px, 거리 : 12px, 분산도 : 3px, 각도 : 180°)

▶ 지시사항이 없는 경우는 기본 값을 적용하시오.

이미지 파일 저장	① [파일] – [내보내기]를 눌러서 저장 ② 저장위치 : [바탕화면] – [KAIT] – [제출파일]		
이미지 파일명	JPG	dpi_02_수검번호_성명	※ 예시 : 수검번호가 DPI-XXXX-123456인 경우 "dpi_02_123456_성명"으로 저장할 것
	GPDP	dpi_02_수검번호_성명	

※ 'JPG'와 'GPDP' 파일 중 하나라도 누락하여 저장할 시에는 "0점" 처리됩니다.

디지털정보활용능력 — 멀티미디어제작 [시험시간 : 40분]

※ "Gom Mix for DIAT 프로그램"을 활용하여 [문제3]을 작업하시오.

[문제 3] 처리조건에 따라 출력형태와 같이 완성하시오. (70점)

《출력형태》

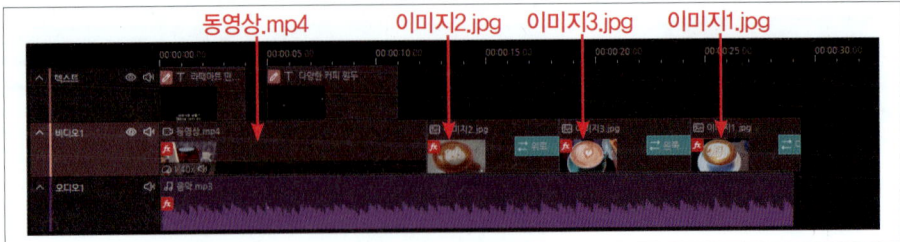

《처리조건》

원본파일	이미지1.jpg, 이미지2.jpg, 이미지3.jpg, 동영상.mp4, 음악.mp3

▶ 미디어 소스의 순서를 다음과 같이 지정하시오.
  • 미디어 소스 순서 ⇒ 동영상.mp4 > 이미지2.jpg > 이미지3.jpg > 이미지1.jpg

▶ 동영상 파일('동영상.mp4')을 다음과 같이 처리하시오.
  • 배 속 : 1.4x
  • 자르기 : 시작 시간(0.00), 재생 시간(12.10)
  • 이펙트 : 이미지 보정-블룸(불빛 : 40, 블러 : 60)
  • 텍스트 ⇒ 텍스트 입력 : 다양한 커피 원두
      텍스트 서식 : 기본자막(돋움체, 크기 110, 3949ab), 윤곽선 설정(없음),
      위치 설정(화면 정가운데 아래), 시작 시간(5.00), 클립 길이(6.00)
  • 재생 속도 설정 후 자르기를 하여야 하며, 잘라진 뒷부분의 동영상 및 트랙의 모든 공백을 삭제할 것
  • 원본 동영상에 포함된 오디오는 모두 음소거 할 것

▶ 이미지 파일을 다음과 같이 처리하시오.
  • '이미지2.jpg' ⇒ 이미지 클립 길이 : 6.00, 오버레이 : 비누 방울(크기 : 4),
      클립 트랜지션 : 위로 덮기(앞으로 이동, 재생 시간 : 2.00)
  • '이미지3.jpg' ⇒ 이미지 클립 길이 : 6.00, 오버레이 : 내려앉는(크기 : 8),
      클립 트랜지션 : 왼쪽으로 덮기(앞으로 이동, 재생 시간 : 2.00)
  • '이미지1.jpg' ⇒ 이미지 클립 길이 : 5.00, 오버레이 : 지나가는 01(기울기 : 20),
      클립 트랜지션 : 디졸브(앞으로 이동, 재생 시간 : 1.00)
  • 지시사항이 없는 경우는 기본 값을 적용하시오.

▶ 다음 조건에 따라 동영상 시작 부분에 텍스트를 지정하시오.
  • 텍스트 입력 : 라떼아트 만들기 (Making latte art)
    텍스트 서식(바탕체, 크기 140, 795548), 윤곽선 설정(색상 : c8e6c9, 두께 : 20),
    나타나기(위로 닦아내기, 지속 시간 : 2.00), 시작 시간(0.00), 텍스트 클립 길이(4.00)

▶ 다음 조건에 따라 동영상 전체에 음악 파일('음악.mp3')을 삽입하시오.
  • 시작 시간 : 0.00, 재생 시간 : 29.00, 페이드 아웃 : 2.00
  • 재생 시간 설정 후 자르기 하여야 하며, 잘라진 뒷부분의 음악 파일은 삭제할 것

동영상 파일 저장	① [파일] – [프로젝트 전체저장]을 눌러서 저장 ② 저장위치 : [바탕화면] – [KAIT] – [제출파일]	
동영상 파일명	GMEP	dpi_03_수검번호_성명	※ 예시 : 수검번호가 DPI-XXXX-123456인 경우 "dpi_03_123456_성명"으로 저장할 것

※ 파일 확장자를 'GMDP'로 저장할 시에는 "0점" 처리됩니다.

제 04 회 최신기출유형

◎ 시험과목 : 멀티미디어제작 (곰픽, 곰믹스)
◎ 시험일자 : 20○○. ○○. ○○.(X)
◎ 응시자 기재사항 및 감독위원 확인

수검번호	DPI – XXXX –	감독위원 확인
성 명		

응시자 유의사항

1. 응시자는 신분증을 지참하여야 시험에 응시할 수 있으며, 시험이 종료될 때까지 신분증을 제시하지 못 할 경우 해당 시험은 0점 처리됩니다.
2. 시스템(PC작동여부, 네트워크 상태 등)의 이상여부를 반드시 확인하여야 하며, 시스템 이상이 있을시 감독위원에게 조치를 받으셔야 합니다.
3. 시험 중 부주의 또는 고의로 시스템을 파손한 경우는 응시자 부담으로 합니다.
4. 답안 전송 프로그램을 통해 다운로드 받은 파일을 이용하여 답안파일을 작성하시기 바랍니다.
5. 작성한 답안 파일은 답안 전송 프로그램을 통하여 전송됩니다. 감독위원의 지시에 따라 주시기 바랍니다.
6. 다음사항의 경우 실격(0점) 혹은 부정행위 처리됩니다.
    1) 답안파일을 저장하지 않았거나, 저장한 파일이 손상되었을 경우
    2) 답안파일을 지정된 폴더(바탕화면 – "KAIT" 폴더)에 저장하지 않았을 경우
        ※ 답안 전송 프로그램 로그인 시 바탕화면에 자동 생성됨
    3) 답안파일을 다른 보조 기억장치(USB) 혹은 네트워크(메신저, 게시판 등)로 전송할 경우
    4) 휴대용 전화기 등 통신기기를 사용할 경우
7. 답안은 Gom Pic for DIAT과 Gom Mix for DIAT를 활용하여 작성하십시오.
    ※ Gom Mix for DIAT는 'DIAT 시험 프로젝트 생성하기'로 진입하여 작성하십시오.
    ※ Gom Mix for DIAT 답안파일은 반드시 프로그램 전체저장으로 저장하십시오.(미준수시 0점 처리)
8. 시험지에 제시된 글꼴이 응시 프로그램에 없는 경우, 반드시 감독위원에게 해당 내용을 통보한 뒤 조치를 받아야 합니다.
9. 시험의 완료는 작성이 완료된 답안을 저장하고, 답안 전송이 완료된 상태를 확인한 것으로 합니다. 답안 전송 확인 후 문제지는 감독위원에게 제출한 후 퇴실하여야 합니다.
10. 답안전송이 완료된 경우에는 수정 또는 정정이 불가능합니다.
11. 시험시행 후 문제 공개 및 합격자 발표는 홈페이지(www.ihd.or.kr)에서 확인하시기 바랍니다.
    1) 문제 및 모범답안 공개 : 20XX. XX. XX.(X)
    2) 합격자 발표 : 20XX. XX. XX.(X)

| 디지털정보활용능력 | 멀티미디어제작 | [시험시간 : 40분] | 1/3 |

※ "Gom Pic for DIAT 프로그램"을 활용하여 [문제 1], [문제 2]를 작업하시오.

[문제 1] 원본파일을 처리조건에 따라 결과파일로 완성하시오. (50점)

《처리조건》

▶ 다음과 같이 캔버스를 설정하시오.
  • 크기 ⇒ 너비(650 픽셀) X 높이(350 픽셀)

▶ '사진1.jpg' 이미지를 불러와 기존 캔버스에 복사한 후 다음과 같이 처리하시오.
  • 이미지 복사 ⇒ 크기 변형으로 캔버스 크기에 맞게 변형, 레이어 이름 – Arboretum
  • 밝기 조정 ⇒ 밝기/대비를 이용하여 이미지 조정 (밝기 : 25)
  • ① ⇒ 올가미 선택을 이용하여 이미지 제거
  • ② ⇒ 색조/채도를 이용하여 분홍색 계열로 조정

▶ 도형 도구를 이용하여 다음과 같이 처리하시오.
  • ③ ⇒ 원형/타원형(크기 : 180 x 80), 채우기(색상 : 31B45D), 혼합모드(색 회피율, 불투명도 : 70)

▶ 지시사항이 없는 경우는 기본값을 적용하시오.

이미지 파일 저장	① [파일] – [내보내기]를 눌러서 저장		
	② 저장위치 : [바탕화면] – [KAIT] – [제출파일]		
이미지 파일명	JPG	dpi_01_수검번호_성명	※ 예시 : 수검번호가 DPI-XXXX-123456인 경우 "dpi_01_123456_성명"으로 저장할 것
	GPDP	dpi_01_수검번호_성명	

※ 'JPG'와 'GPDP' 파일 중 하나라도 누락하여 저장할 시에는 "0점" 처리됩니다.

| 디지털정보활용능력 | 멀티미디어제작 | [시험시간 : 40분] |

[문제 2] 원본파일을 처리조건에 따라 결과파일로 완성하시오. (80점)　　(80점)

《처리조건》

▶ 다음과 같이 캔버스를 변경하시오.
　• 크기 ⇒ 너비(650 픽셀) X 높이(450 픽셀)　　• 배경 ⇒ 색상 : (AC5EF6)

▶ '사진2.jpg' 이미지를 불러와 기존 캔버스에 복사한 후 다음과 같이 처리하시오.
　• 이미지 복사 ⇒ 레이어 마스크 설정, 세로 방향으로 흐릿하게

▶ 도형 도구와 텍스트를 이용하여 다음과 같이 처리하시오.
　• ① ⇒ 원형/타원형(크기 : 350 x 70), 그라데이션(색상 : A8F589 - FFCAFD)
　• 봄날의 수목원 ⇒ 글꼴(궁서체), 글꼴 스타일(기울임꼴), 크기(28pt),
　　　　　　　　　　채우기(색상 : A808D0), 외곽선(두께 : 3px, 색상 : FFF88D)

▶ 도형 도구와 '사진3.jpg'를 이용하여 클리핑 마스크를 생성하시오.
　• ② ⇒ 사각형(크기 : 180 × 120)
　　　　외곽선(두께 : 5px, 색상 : 00DE05)
　　　　그림자(두께 : 7px, 거리 : 5px, 분산도 : 1px, 각도 : 120°)

▶ 지시사항이 없는 경우는 기본 값을 적용하시오.

이미지 파일 저장	① [파일] - [내보내기]를 눌러서 저장		
	② 저장위치 : [바탕화면] - [KAIT] - [제출파일]		
이미지 파일명	JPG	dpi_02_수검번호_성명	※ 예시 : 수검번호가 DPI-XXXX-123456인 경우 "dpi_02_123456_성명"으로 저장할 것
	GPDP	dpi_02_수검번호_성명	

※ 'JPG'와 'GPDP' 파일 중 하나라도 누락하여 저장할 시에는 "0점" 처리됩니다.

| 디지털정보활용능력 | 멀티미디어제작 [시험시간 : 40분] | 3/3 |

※ "Gom Mix for DIAT 프로그램"을 활용하여 [문제3]을 작업하시오.

[문제 3] 처리조건에 따라 출력형태와 같이 완성하시오. (70점)

《출력형태》

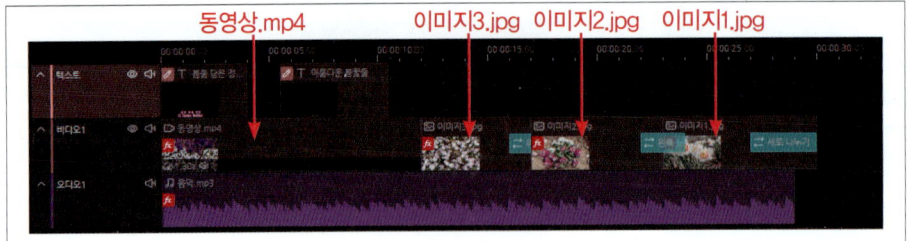

《처리조건》

| 원본파일 | 이미지1.jpg, 이미지2.jpg, 이미지3.jpg, 동영상.mp4, 음악.mp3 |

▶ 미디어 소스의 순서를 다음과 같이 지정하시오.
  • 미디어 소스 순서 ⇒ 동영상.mp4 > 이미지3.jpg > 이미지2.jpg > 이미지1.jpg

▶ 동영상 파일('동영상.mp4')을 다음과 같이 처리하시오.
  • 배 속 : 1.3x
  • 자르기 : 시작 시간(0.00), 재생 시간(12.00)
  • 이펙트 : 이미지 보정-톤맵(감마 : 0.8, 채도 : 20)
  • 텍스트 ⇒ 텍스트 입력 : 아름다운 봄꽃들
         텍스트 서식 : 기본자막(굴림체, 크기 110, fffe37), 윤곽선 설정(없음),
         위치 설정(화면 정가운데 아래), 시작 시간(5.15), 클립 길이(5.00)
  • 재생 속도 설정 후 자르기를 하여야 하며, 잘라진 뒷부분의 동영상 및 트랙의 모든 공백을 삭제할 것
  • 원본 동영상에 포함된 오디오는 모두 음소거 할 것

▶ 이미지 파일을 다음과 같이 처리하시오.
  • '이미지3.jpg' ⇒ 이미지 클립 길이 : 5.00, 오버레이 : 지나가는 01(밀도 : 50),
            클립 트랜지션 : 위로 밀기(앞으로 이동, 재생 시간 : 1.00)
  • '이미지2.jpg' ⇒ 이미지 클립 길이 : 6.00, 오버레이 : 스페이스 01(개수/양 : 9),
            클립 트랜지션 : 왼쪽으로 덮기(오버랩, 재생 시간 : 2.00)
  • '이미지1.jpg' ⇒ 이미지 클립 길이 : 7.00, 오버레이 : 흩날림(속도 : 5),
            클립 트랜지션 : 세로 나누기(앞으로 이동, 재생 시간 : 3.00)
  • 지시사항이 없는 경우는 기본 값을 적용하시오.

▶ 다음 조건에 따라 동영상 시작 부분에 텍스트를 지정하시오.
  • 텍스트 입력 : 봄을 담은 정원
         (A Spring Garden)
    텍스트 서식(궁서체, 크기 140, 9c27b0), 윤곽선 설정(색상 : fecdd2, 두께 : 40),
    나타나기(커지면서 나타나기, 지속 시간 : 2.00), 시작 시간(0.00), 텍스트 클립 길이(4.00)

▶ 다음 조건에 따라 동영상 전체에 음악 파일('음악.mp3')을 삽입하시오.
  • 시작 시간 : 0.00, 재생 시간 : 29.00, 페이드 아웃 : 1.00
  • 재생 시간 설정 후 자르기 하여야 하며, 잘라진 뒷부분의 음악 파일은 삭제할 것

동영상 파일 저장	① [파일] - [프로젝트 전체저장]을 눌러서 저장 ② 저장위치 : [바탕화면] - [KAIT] - [제출파일]	
동영상 파일명	GMEP	dpi_03_수검번호_성명	※ 예시 : 수검번호가 DPI-XXXX-123456인 경우 "dpi_03_123456_성명"으로 저장할 것

※ 파일 확장자를 'GMDP'로 저장할 시에는 "0점" 처리됩니다.

제 05 회 최신기출유형

◎ 시험과목 : 멀티미디어제작 (곰픽, 곰믹스)
◎ 시험일자 : 20○○. ○○. ○○.(X)
◎ 응시자 기재사항 및 감독위원 확인

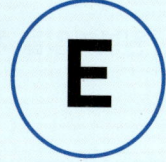

수검번호	DPI – XXXX –	감독위원 확인
성　명		

응시자 유의사항

1. 응시자는 신분증을 지참하여야 시험에 응시할 수 있으며, 시험이 종료될 때까지 신분증을 제시하지 못 할 경우 해당 시험은 0점 처리됩니다.
2. 시스템(PC작동여부, 네트워크 상태 등)의 이상여부를 반드시 확인하여야 하며, 시스템 이상이 있을시 감독위원에게 조치를 받으셔야 합니다.
3. 시험 중 부주의 또는 고의로 시스템을 파손한 경우는 응시자 부담으로 합니다.
4. 답안 전송 프로그램을 통해 다운로드 받은 파일을 이용하여 답안파일을 작성하시기 바랍니다.
5. 작성한 답안 파일은 답안 전송 프로그램을 통하여 전송됩니다. 감독위원의 지시에 따라 주시기 바랍니다.
6. 다음사항의 경우 실격(0점) 혹은 부정행위 처리됩니다.
    1) 답안파일을 저장하지 않았거나, 저장한 파일이 손상되었을 경우
    2) 답안파일을 지정된 폴더(바탕화면 – "KAIT" 폴더)에 저장하지 않았을 경우
        ※ 답안 전송 프로그램 로그인 시 바탕화면에 자동 생성됨
    3) 답안파일을 다른 보조 기억장치(USB) 혹은 네트워크(메신저, 게시판 등)로 전송할 경우
    4) 휴대용 전화기 등 통신기기를 사용할 경우
7. 답안은 Gom Pic for DIAT과 Gom Mix for DIAT를 활용하여 작성하십시오.
    ※ Gom Mix for DIAT는 'DIAT 시험 프로젝트 생성하기'로 진입하여 작성하십시오.
    ※ Gom Mix for DIAT 답안파일은 반드시 프로그램 전체저장으로 저장하십시오.(미준수시 0점 처리)
8. 시험지에 제시된 글꼴이 응시 프로그램에 없는 경우, 반드시 감독위원에게 해당 내용을 통보한 뒤 조치를 받아야 합니다.
9. 시험의 완료는 작성이 완료된 답안을 저장하고, 답안 전송이 완료된 상태를 확인한 것으로 합니다. 답안 전송 확인 후 문제지는 감독위원에게 제출한 후 퇴실하여야 합니다.
10. 답안전송이 완료된 경우에는 수정 또는 정정이 불가능합니다.
11. 시험시행 후 문제 공개 및 합격자 발표는 홈페이지(www.ihd.or.kr)에서 확인하시기 바랍니다.
    1) 문제 및 모범답안 공개 : 20XX. XX. XX.(X)
    2) 합격자 발표 : 20XX. XX. XX.(X)

| 디지털정보활용능력 | 멀티미디어제작 | [시험시간 : 40분] | 1/3 |

※ "Gom Pic for DIAT 프로그램"을 활용하여 [문제 1], [문제 2]를 작업하시오.

[문제 1] 원본파일을 처리조건에 따라 결과파일로 완성하시오. (50점)

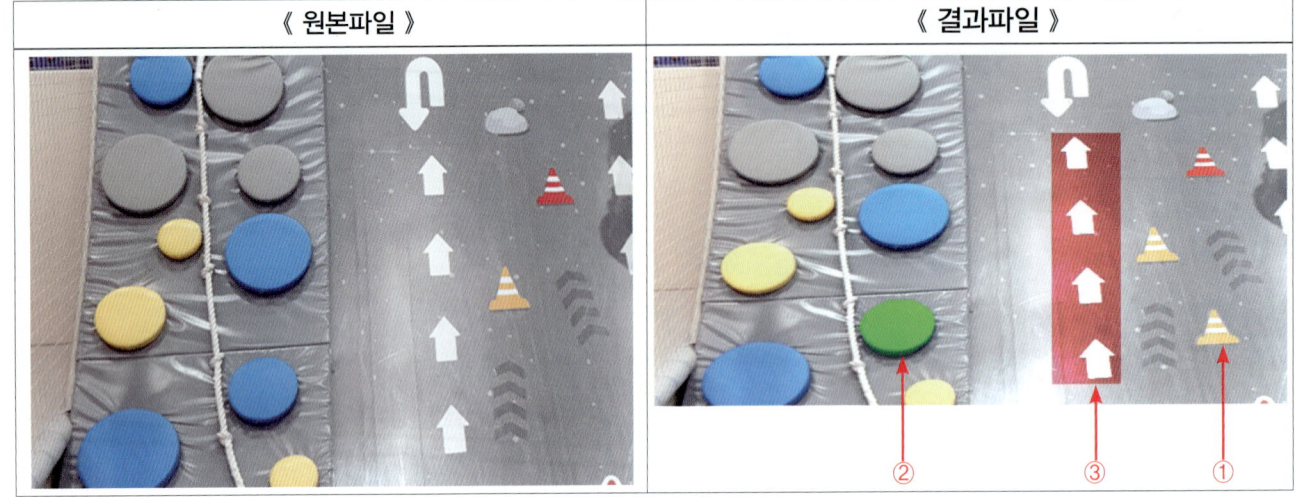

《 원본파일 》 《 결과파일 》

《처리조건》

▶ 다음과 같이 캔버스를 설정하시오.
  • 크기 ⇒ 너비(650 픽셀) X 높이(350 픽셀)

▶ '사진1.jpg' 이미지를 불러와 기존 캔버스에 복사한 후 다음과 같이 처리하시오.
  • 이미지 복사 ⇒ 크기 변형으로 캔버스 크기에 맞게 변형, 레이어 이름 – Playground
  • 밝기 조정 ⇒ 노출을 이용하여 이미지 조정 (노출 : 30)
  • ① ⇒ 올가미 선택을 이용하여 이미지 복사
  • ② ⇒ 세피아를 이용하여 초록색 계열로 조정

▶ 도형 도구를 이용하여 다음과 같이 처리하시오.
  • ③ ⇒ 사각형(크기 : 70 x 250), 채우기(색상 : D80B22), 혼합모드(색 굽기, 불투명도 : 50)

▶ 지시사항이 없는 경우는 기본값을 적용하시오.

이미지 파일 저장	① [파일] – [내보내기]를 눌러서 저장		
	② 저장위치 : [바탕화면] – [KAIT] – [제출파일]		
이미지 파일명	JPG	dpi_01_수검번호_성명	※ 예시 : 수검번호가 DPI-XXXX-123456인 경우
	GPDP	dpi_01_수검번호_성명	"dpi_01_123456_성명"으로 저장할 것

※ 'JPG'와 'GPDP' 파일 중 하나라도 누락하여 저장할 시에는 "0점" 처리됩니다.

| 디지털정보활용능력 | 멀티미디어제작 | [시험시간 : 40분] | 2/3 |

[문제 2] 원본파일을 처리조건에 따라 결과파일로 완성하시오. (80점) (80점)

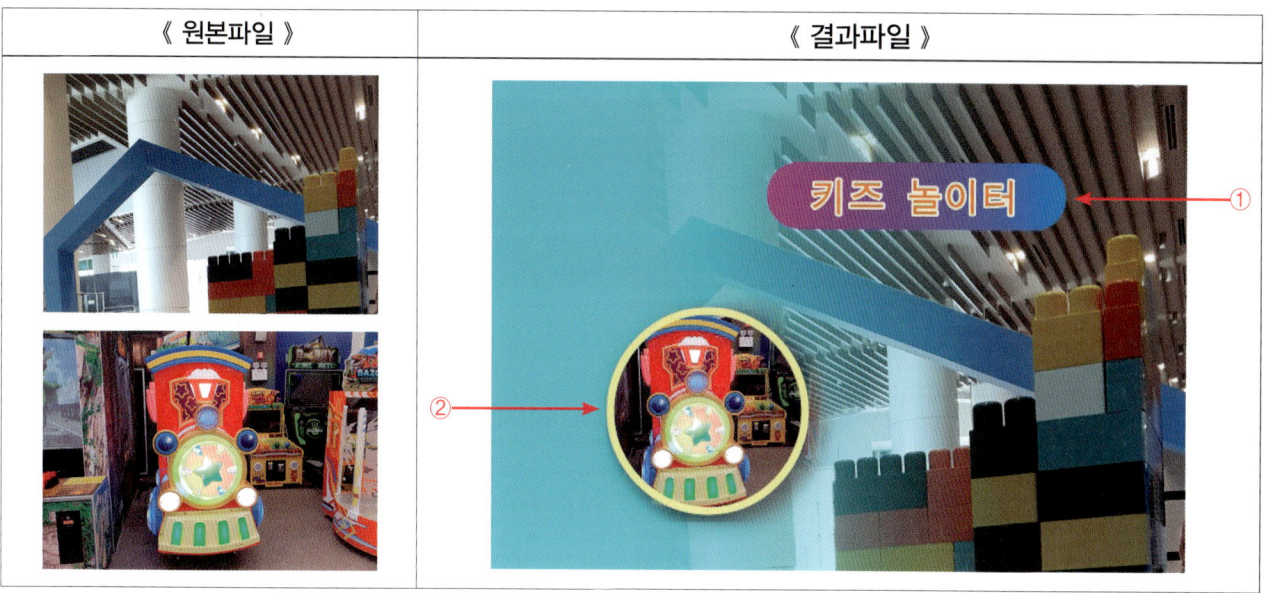

《처리조건》

▶ 다음과 같이 캔버스를 변경하시오.
  • 크기 ⇒ 너비(650 픽셀) X 높이(450 픽셀)
  • 배경 ⇒ 색상 : (51D9D7)

▶ '사진2.jpg' 이미지를 불러와 기존 캔버스에 복사한 후 다음과 같이 처리하시오.
  • 이미지 복사 ⇒ 레이어 마스크 설정, 가로 방향으로 흐릿하게

▶ 도형 도구와 텍스트를 이용하여 다음과 같이 처리하시오.
  • ① ⇒ 모서리가 둥근 사각형(크기 : 280 x 60), 그라데이션(색상 : C71FE5 - 1288CB)
  • 키즈 놀이터 ⇒ 글꼴(돋움체), 글꼴 스타일(굵게), 크기(26pt),
              채우기(색상 : E56C00), 외곽선(두께 : 4px, 색상 : FFF7BF)

▶ 도형 도구와 '사진3.jpg'를 이용하여 클리핑 마스크를 생성하시오.
  • ② ⇒ 원형/타원형(크기 : 180 × 180)
      외곽선(두께 : 7px, 색상 : F5EA6A)
      그림자(두께 : 5px, 거리 : 10px, 분산도 : 10px, 각도 : 320°)

▶ 지시사항이 없는 경우는 기본 값을 적용하시오.

이미지 파일 저장		① [파일] – [내보내기]를 눌러서 저장 ② 저장위치 : [바탕화면] – [KAIT] – [제출파일]	
이미지 파일명	JPG	dpi_02_수검번호_성명	※ 예시 : 수검번호가 DPI-XXXX-123456인 경우 "dpi_02_123456_성명"으로 저장할 것
	GPDP	dpi_02_수검번호_성명	

※ 'JPG'와 'GPDP' 파일 중 하나라도 누락하여 저장할 시에는 "0점" 처리됩니다.

디지털정보활용능력 　 멀티미디어제작 　 [시험시간 : 40분] 　 3/3

※ "Gom Mix for DIAT 프로그램"을 활용하여 [문제3]을 작업하시오.

[문제 3] 처리조건에 따라 출력형태와 같이 완성하시오. (70점)

《출력형태》

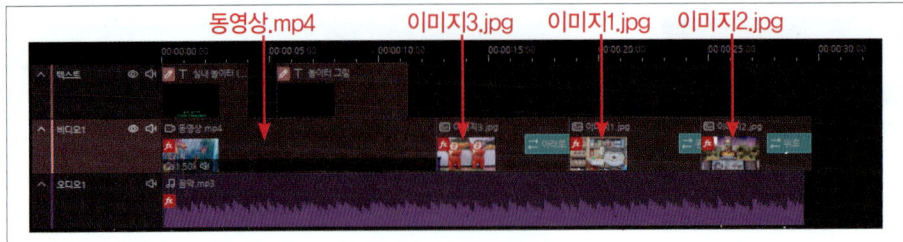

《처리조건》

원본파일	이미지1.jpg, 이미지2.jpg, 이미지3.jpg, 동영상.mp4, 음악.mp3

▶ 미디어 소스의 순서를 다음과 같이 지정하시오.
- 미디어 소스 순서 ⇒ 동영상.mp4 〉 이미지3.jpg 〉 이미지1.jpg 〉 이미지2.jpg

▶ 동영상 파일('동영상.mp4')을 다음과 같이 처리하시오.
- 배 속 : 1.5x
- 자르기 : 시작 시간(0.00), 재생 시간(12.20)
- 이펙트 : LUT 필터-빈티지-빈티지 02(노출 : 8, 감마 : 0.8)
- 텍스트 ⇒ 텍스트 입력 : 　놀이터 그림　
　　　　텍스트 서식 : 기본자막(굴림체, 크기 100, de2525), 윤곽선 설정(없음),
　　　　위치 설정(화면 정가운데 아래), 시작 시간(5.10), 클립 길이(6.00)
- 재생 속도 설정 후 자르기를 하여야 하며, 잘라진 뒷부분의 동영상 및 트랙의 모든 공백을 삭제할 것
- 원본 동영상에 포함된 오디오는 모두 음소거 할 것

▶ 이미지 파일을 다음과 같이 처리하시오.
- '이미지3.jpg' ⇒ 이미지 클립 길이 : 6.00, 오버레이 : 영롱한(크기 : 9),
　　　　　　　　　클립 트랜지션 : 아래로 덮기(앞으로 이동, 재생 시간 : 2.00)
- '이미지1.jpg' ⇒ 이미지 클립 길이 : 6.00, 오버레이 : 떨림(크기 : 12),
　　　　　　　　　클립 트랜지션 : 왼쪽으로 스크롤(앞으로 이동, 재생 시간 : 1.00)
- '이미지2.jpg' ⇒ 이미지 클립 길이 : 5.00, 오버레이 : 원형 비넷(반경 : 60),
　　　　　　　　　클립 트랜지션 : 위로 밀기(앞으로 이동, 재생 시간 : 2.00)
- 지시사항이 없는 경우는 기본 값을 적용하시오.

▶ 다음 조건에 따라 동영상 시작 부분에 텍스트를 지정하시오.
- 텍스트 입력 : 　실내 놀이터
　　　　　　　(Indoor Playground)　
　텍스트 서식(궁서체, 크기 150, 08e500), 윤곽선 설정(색상 : 06320a, 두께 : 30),
　나타나기(위로 당기기, 지속 시간 : 1.00), 시작 시간(0.00), 텍스트 클립 길이(4.00)

▶ 다음 조건에 따라 동영상 전체에 음악 파일('음악.mp3')을 삽입하시오.
- 시작 시간 : 0.00, 재생 시간 : 29.10, 페이드 아웃 : 3.00
- 재생 시간 설정 후 자르기 하여야 하며, 잘라진 뒷부분의 음악 파일은 삭제할 것

동영상 파일 저장	① [파일] - [프로젝트 전체저장]을 눌러서 저장 ② 저장위치 : [바탕화면] - [KAIT] - [제출파일]		
동영상 파일명	GMEP	dpi_03_수검번호_성명	※ 예시 : 수검번호가 DPI-XXXX-123456인 경우 "dpi_03_123456_성명"으로 저장할 것

※ 파일 확장자를 'GMDP'로 저장할 시에는 "0점" 처리됩니다.

제 06 회 최신기출유형

◎ 시험과목 : 멀티미디어제작 (곰픽, 곰믹스)
◎ 시험일자 : 20○○. ○○. ○○.(X)
◎ 응시자 기재사항 및 감독위원 확인

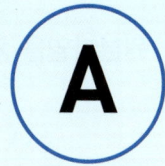

수검번호	DPI - XXXX -	감독위원 확인
성 명		

응시자 유의사항

1. 응시자는 신분증을 지참하여야 시험에 응시할 수 있으며, 시험이 종료될 때까지 신분증을 제시하지 못 할 경우 해당 시험은 0점 처리됩니다.
2. 시스템(PC작동여부, 네트워크 상태 등)의 이상여부를 반드시 확인하여야 하며, 시스템 이상이 있을시 감독위원에게 조치를 받으셔야 합니다.
3. 시험 중 부주의 또는 고의로 시스템을 파손한 경우는 응시자 부담으로 합니다.
4. 답안 전송 프로그램을 통해 다운로드 받은 파일을 이용하여 답안파일을 작성하시기 바랍니다.
5. 작성한 답안 파일은 답안 전송 프로그램을 통하여 전송됩니다. 감독위원의 지시에 따라 주시기 바랍니다.
6. 다음사항의 경우 실격(0점) 혹은 부정행위 처리됩니다.
   1) 답안파일을 저장하지 않았거나, 저장한 파일이 손상되었을 경우
   2) 답안파일을 지정된 폴더(바탕화면 – "KAIT" 폴더)에 저장하지 않았을 경우
      ※ 답안 전송 프로그램 로그인 시 바탕화면에 자동 생성됨
   3) 답안파일을 다른 보조 기억장치(USB) 혹은 네트워크(메신저, 게시판 등)로 전송할 경우
   4) 휴대용 전화기 등 통신기기를 사용할 경우
7. 답안은 Gom Pic for DIAT과 Gom Mix for DIAT를 활용하여 작성하십시오.
   ※ Gom Mix for DIAT는 'DIAT 시험 프로젝트 생성하기'로 진입하여 작성하십시오.
   ※ Gom Mix for DIAT 답안파일은 반드시 프로그램 전체저장으로 저장하십시오.(미준수시 0점 처리)
8. 시험지에 제시된 글꼴이 응시 프로그램에 없는 경우, 반드시 감독위원에게 해당 내용을 통보한 뒤 조치를 받아야 합니다.
9. 시험의 완료는 작성이 완료된 답안을 저장하고, 답안 전송이 완료된 상태를 확인한 것으로 합니다. 답안 전송 확인 후 문제지는 감독위원에게 제출한 후 퇴실하여야 합니다.
10. 답안전송이 완료된 경우에는 수정 또는 정정이 불가능합니다.
11. 시험시행 후 문제 공개 및 합격자 발표는 홈페이지(www.ihd.or.kr)에서 확인하시기 바랍니다.
    1) 문제 및 모범답안 공개 : 20XX. XX. XX.(X)
    2) 합격자 발표 : 20XX. XX. XX.(X)

| 디지털정보활용능력 | 멀티미디어제작 [시험시간 : 40분] | 1/3 |

※ "Gom Pic for DIAT 프로그램"을 활용하여 [문제 1], [문제 2]를 작업하시오.

[문제 1] 원본파일을 처리조건에 따라 결과파일로 완성하시오. (50점)

《 원본파일 》　　　　《 결과파일 》

《처리조건》

▶ 다음과 같이 캔버스를 설정하시오.
- 크기 ⇒ 너비(650 픽셀) X 높이(350 픽셀)

▶ '사진1.jpg' 이미지를 불러와 기존 캔버스에 복사한 후 다음과 같이 처리하시오.
- 이미지 복사 ⇒ 크기 변형으로 캔버스 크기에 맞게 변형, 레이어 이름 – Park
- 필터 효과 ⇒ 글로우를 이용하여 이미지 조정 (밝기 : -40)
- ① ⇒ 복제 도장을 이용하여 이미지 복사
- ② ⇒ 색조/채도를 이용하여 파란색 계열로 조정

▶ 도형 도구를 이용하여 다음과 같이 처리하시오.
- ③ ⇒ 원형/타원형(크기 : 120 x 120), 채우기(색상 : FFFFFF), 혼합모드(반사, 불투명도 : 65)

▶ 지시사항이 없는 경우는 기본값을 적용하시오.

이미지 파일 저장	① [파일] – [내보내기]를 눌러서 저장	
	② 저장위치 : [바탕화면] – [KAIT] – [제출파일]	
이미지 파일명	JPG	dpi_01_수검번호_성명	※ 예시 : 수검번호가 DPI-XXXX-123456인 경우 "dpi_01_123456_성명"으로 저장할 것
	GPDP	dpi_01_수검번호_성명	

※ 'JPG'와 'GPDP' 파일 중 하나라도 누락하여 저장할 시에는 "0점" 처리됩니다.

디지털정보활용능력 — 멀티미디어제작 [시험시간 : 40분]

[문제 2] 원본파일을 처리조건에 따라 결과파일로 완성하시오. (80점) (80점)

《 원본파일 》 　　　　　《 결과파일 》

《처리조건》

▶ 다음과 같이 캔버스를 변경하시오.
  • 크기 ⇒ 너비(650 픽셀) X 높이(450 픽셀)
  • 배경 ⇒ 색상 : (1D744E)

▶ '사진2.jpg' 이미지를 불러와 기존 캔버스에 복사한 후 다음과 같이 처리하시오.
  • 이미지 복사 ⇒ 레이어 마스크 설정, 세로 방향으로 흐릿하게

▶ 도형 도구와 텍스트를 이용하여 다음과 같이 처리하시오.
  • ① ⇒ 원형/타원형(크기 : 400 x 60), 그라데이션(색상 : 368AAD – F1C32F)
  • 힐링을 주는 공원 ⇒ 글꼴(맑은 고딕), 글꼴 스타일(기울임꼴), 크기(26pt),
            채우기(색상 : 2F32A9), 외곽선(두께 : 3px, 색상 : BBEBFF)

▶ 도형 도구와 '사진3.jpg'를 이용하여 클리핑 마스크를 생성하시오.
  • ② ⇒ 모서리가 둥근 사각형(크기 : 170 × 150)
      외곽선(두께 : 4px, 색상 : EBB80A)
      그림자(두께 : 4px, 거리 : 5px, 분산도 : 3px, 각도 : 120°)

▶ 지시사항이 없는 경우는 기본 값을 적용하시오.

이미지 파일 저장	① [파일] – [내보내기]를 눌러서 저장 ② 저장위치 : [바탕화면] – [KAIT] – [제출파일]		
이미지 파일명	JPG	dpi_02_수검번호_성명	※ 예시 : 수검번호가 DPI-XXXX-123456인 경우 "dpi_02_123456_성명"으로 저장할 것
	GPDP	dpi_02_수검번호_성명	

※ 'JPG'와 'GPDP' 파일 중 하나라도 누락하여 저장할 시에는 "0점" 처리됩니다.

디지털정보활용능력 — 멀티미디어제작 [시험시간 : 40분]

※ "Gom Mix for DIAT 프로그램"을 활용하여 [문제3]을 작업하시오.

[문제 3] 처리조건에 따라 출력형태와 같이 완성하시오. (70점)

《출력형태》

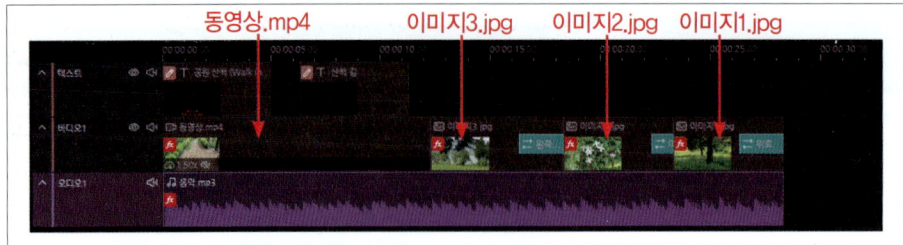

《처리조건》

원본파일	이미지1.jpg, 이미지2.jpg, 이미지3.jpg, 동영상.mp4, 음악.mp3

▶ 미디어 소스의 순서를 다음과 같이 지정하시오.
  • 미디어 소스 순서 ⇒ 동영상.mp4 > 이미지3.jpg > 이미지2.jpg > 이미지1.jpg

▶ 동영상 파일('동영상.mp4')을 다음과 같이 처리하시오.
  • 배 속 : 1.5x
  • 자르기 : 시작 시간(0.00), 재생 시간(12.10)
  • 이펙트 : LUT 필터-파스텔-파스텔 05(노출 : 9, 감마 : 0.7)
  • 텍스트 ⇒ 텍스트 입력 : 산책 길
       텍스트 서식 : 기본자막(궁서체, 크기 100, 0c25b4), 윤곽선 설정(없음),
       위치 설정(화면 정가운데 아래), 시작 시간(6.10), 클립 길이(5.00)
  • 재생 속도 설정 후 자르기를 하여야 하며, 잘라진 뒷부분의 동영상 및 트랙의 모든 공백을 삭제할 것
  • 원본 동영상에 포함된 오디오는 모두 음소거 할 것

▶ 이미지 파일을 다음과 같이 처리하시오.
  • '이미지3.jpg' ⇒ 이미지 클립 길이 : 6.00, 오버레이 : 불꽃 스파크(속도 : 10),
            클립 트랜지션 : 왼쪽으로 닦아내기(앞으로 이동, 재생 시간 : 2.00)
  • '이미지2.jpg' ⇒ 이미지 클립 길이 : 5.00, 오버레이 : 영롱한(크기 : 8),
            클립 트랜지션 : 아래로 스크롤(앞으로 이동, 재생 시간 : 1.00)
  • '이미지1.jpg' ⇒ 이미지 클립 길이 : 5.00, 오버레이 : 비누 방울(속도 : 10),
            클립 트랜지션 : 위로 닦아내기(앞으로 이동, 재생 시간 : 2.00)
  • 지시사항이 없는 경우는 기본 값을 적용하시오.

▶ 다음 조건에 따라 동영상 시작 부분에 텍스트를 지정하시오.
  • 텍스트 입력 : 공원 산책
          (Walk in the park)
    텍스트 서식(바탕체, 크기 120, e08610), 윤곽선 설정(색상 : 540b0b, 두께 : 20),
    나타나기(아래로 닦아내기, 지속 시간 : 2.00), 시작 시간(0.00), 텍스트 클립 길이(5.00)

▶ 다음 조건에 따라 동영상 전체에 음악 파일('음악.mp3')을 삽입하시오.
  • 시작 시간 : 0.00, 재생 시간 : 28.10, 페이드 아웃 : 3.00
  • 재생 시간 설정 후 자르기 하여야 하며, 잘라진 뒷부분의 음악 파일은 삭제할 것

동영상 파일 저장	① [파일] – [프로젝트 전체저장]을 눌러서 저장 ② 저장위치 : [바탕화면] – [KAIT] – [제출파일]		
동영상 파일명	GMEP	dpi_03_수검번호_성명	※ 예시 : 수검번호가 DPI-XXXX-123456인 경우 "dpi_03_123456_성명"으로 저장할 것

※ 파일 확장자를 'GMDP'로 저장할 시에는 "0점" 처리됩니다.

제 07 회 최신기출유형

◎ 시험과목 : 멀티미디어제작 (곰픽, 곰믹스)
◎ 시험일자 : 20○○. ○○. ○○.(X)
◎ 응시자 기재사항 및 감독위원 확인

수검번호	DPI – XXXX –	감독위원 확인
성 명		

응시자 유의사항

1. 응시자는 신분증을 지참하여야 시험에 응시할 수 있으며, 시험이 종료될 때까지 신분증을 제시하지 못 할 경우 해당 시험은 0점 처리됩니다.
2. 시스템(PC작동여부, 네트워크 상태 등)의 이상여부를 반드시 확인하여야 하며, 시스템 이상이 있을시 감독위원에게 조치를 받으셔야 합니다.
3. 시험 중 부주의 또는 고의로 시스템을 파손한 경우는 응시자 부담으로 합니다.
4. 답안 전송 프로그램을 통해 다운로드 받은 파일을 이용하여 답안파일을 작성하시기 바랍니다.
5. 작성한 답안 파일은 답안 전송 프로그램을 통하여 전송됩니다. 감독위원의 지시에 따라 주시기 바랍니다.
6. 다음사항의 경우 실격(0점) 혹은 부정행위 처리됩니다.
   1) 답안파일을 저장하지 않았거나, 저장한 파일이 손상되었을 경우
   2) 답안파일을 지정된 폴더(바탕화면 – "KAIT" 폴더)에 저장하지 않았을 경우
      ※ 답안 전송 프로그램 로그인 시 바탕화면에 자동 생성됨
   3) 답안파일을 다른 보조 기억장치(USB) 혹은 네트워크(메신저, 게시판 등)로 전송할 경우
   4) 휴대용 전화기 등 통신기기를 사용할 경우
7. 답안은 Gom Pic for DIAT과 Gom Mix for DIAT를 활용하여 작성하십시오.
   ※ Gom Mix for DIAT는 'DIAT 시험 프로젝트 생성하기'로 진입하여 작성하십시오.
   ※ Gom Mix for DIAT 답안파일은 반드시 프로그램 전체저장으로 저장하십시오.(미준수시 0점 처리)
8. 시험지에 제시된 글꼴이 응시 프로그램에 없는 경우, 반드시 감독위원에게 해당 내용을 통보한 뒤 조치를 받아야 합니다.
9. 시험의 완료는 작성이 완료된 답안을 저장하고, 답안 전송이 완료된 상태를 확인한 것으로 합니다. 답안 전송 확인 후 문제지는 감독위원에게 제출한 후 퇴실하여야 합니다.
10. 답안전송이 완료된 경우에는 수정 또는 정정이 불가능합니다.
11. 시험시행 후 문제 공개 및 합격자 발표는 홈페이지(www.ihd.or.kr)에서 확인하시기 바랍니다.
    1) 문제 및 모범답안 공개 : 20XX. XX. XX.(X)
    2) 합격자 발표 : 20XX. XX. XX.(X)

식별CODE

| 디지털정보활용능력 | 멀티미디어제작 | [시험시간 : 40분] | 1/3 |

※ "Gom Pic for DIAT 프로그램"을 활용하여 [문제 1], [문제 2]를 작업하시오.

[문제 1] 원본파일을 처리조건에 따라 결과파일로 완성하시오. (50점)

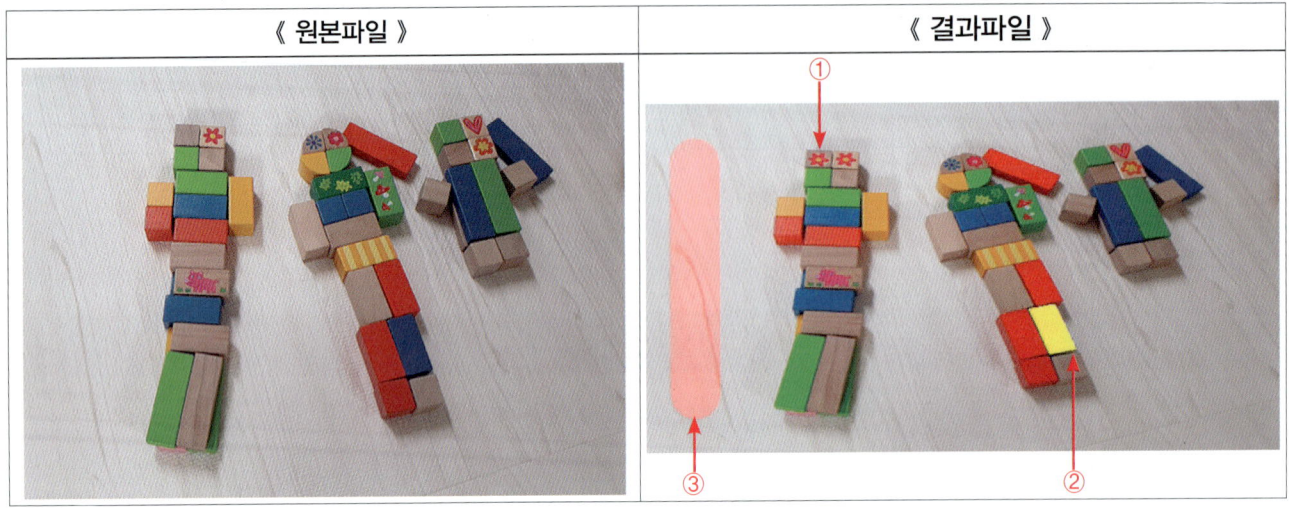

《처리조건》

▶ 다음과 같이 캔버스를 설정하시오.
 • 크기 ⇒ 너비(650 픽셀) X 높이(350 픽셀)

▶ '사진1.jpg' 이미지를 불러와 기존 캔버스에 복사한 후 다음과 같이 처리하시오.
 • 이미지 복사 ⇒ 크기 변형으로 캔버스 크기에 맞게 변형, 레이어 이름 – Block
 • 밝기 조정 ⇒ 생동감을 이용하여 이미지 조정 (생동감 : 50)
 • ① ⇒ 복제 도장을 이용하여 이미지 복사
 • ② ⇒ 색조/채도를 이용하여 노란색 계열로 조정

▶ 도형 도구를 이용하여 다음과 같이 처리하시오.
 • ③ ⇒ 모서리가 둥근 사각형(크기 : 50 x 280), 채우기(색상 : 7A0202), 혼합모드(반사, 불투명도 : 70)

▶ 지시사항이 없는 경우는 기본값을 적용하시오.

이미지 파일 저장	① [파일] – [내보내기]를 눌러서 저장		
	② 저장위치 : [바탕화면] – [KAIT] – [제출파일]		
이미지 파일명	JPG	dpi_01_수검번호_성명	※ 예시 : 수검번호가 DPI–XXXX–123456인 경우 "dpi_01_123456_성명"으로 저장할 것
	GPDP	dpi_01_수검번호_성명	

※ 'JPG'와 'GPDP' 파일 중 하나라도 누락하여 저장할 시에는 "0점" 처리됩니다.

디지털정보활용능력 멀티미디어제작 [시험시간 : 40분]

[문제 2] 원본파일을 처리조건에 따라 결과파일로 완성하시오. (80점) (80점)

《처리조건》

▶ 다음과 같이 캔버스를 변경하시오.
- 크기 ⇒ 너비(650 픽셀) X 높이(450 픽셀)
- 배경 ⇒ 색상 : (DBCE3D)

▶ '사진2.jpg' 이미지를 불러와 기존 캔버스에 복사한 후 다음과 같이 처리하시오.
- 이미지 복사 ⇒ 레이어 마스크 설정, 가로 방향으로 흐릿하게

▶ 도형 도구와 텍스트를 이용하여 다음과 같이 처리하시오.
- ① ⇒ 모서리가 둥근 사각형(크기 : 300 x 60), 그라데이션(색상 : E0E80B – 1A84CF)
- 과자 만들기 ⇒ 글꼴(궁서체), 글꼴 스타일(기울임꼴), 크기(32pt),
  채우기(색상 : C43A3A), 외곽선(두께 : 3px, 색상 : FFF8AC)

▶ 도형 도구와 '사진3.jpg'를 이용하여 클리핑 마스크를 생성하시오.
- ② ⇒ 사각형(크기 : 160 × 160)
  외곽선(두께 : 6px, 색상 : A7F708)
  그림자(두께 : 7px, 거리 : 5px, 분산도 : 3px, 각도 : 360°)

▶ 지시사항이 없는 경우는 기본 값을 적용하시오.

이미지 파일 저장	① [파일] – [내보내기]를 눌러서 저장		
	② 저장위치 : [바탕화면] – [KAIT] – [제출파일]		
이미지 파일명	JPG	dpi_02_수검번호_성명	※ 예시 : 수검번호가 DPI-XXXX-123456인 경우 "dpi_02_123456_성명"으로 저장할 것
	GPDP	dpi_02_수검번호_성명	

※ 'JPG'와 'GPDP' 파일 중 하나라도 누락하여 저장할 시에는 "0점" 처리됩니다.

디지털정보활용능력 — 멀티미디어제작 [시험시간 : 40분]

※ "Gom Mix for DIAT 프로그램"을 활용하여 [문제3]을 작업하시오.

[문제 3] 처리조건에 따라 출력형태와 같이 완성하시오. (70점)

《출력형태》

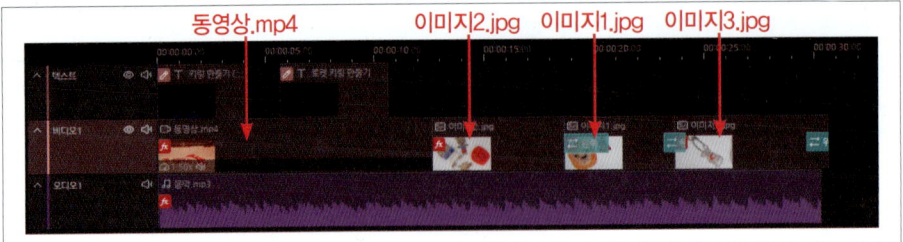

《처리조건》

원본파일	이미지1.jpg, 이미지2.jpg, 이미지3.jpg, 동영상.mp4, 음악.mp3

▶ 미디어 소스의 순서를 다음과 같이 지정하시오.
  • 미디어 소스 순서 ⇒ 동영상.mp4 > 이미지2.jpg > 이미지1.jpg > 이미지3.jpg

▶ 동영상 파일('동영상.mp4')을 다음과 같이 처리하시오.
  • 배 속 : 1.5x
  • 자르기 : 시작 시간(0.00), 재생 시간(12.20)
  • 이펙트 : LUT 필터-파스텔-파스텔 02(노출 : 10, 감마 : 0.5)
  • 텍스트 ⇒ 텍스트 입력 : 로켓 키링 만들기
      텍스트 서식 : 기본자막(굴림체, 크기 100, e13737), 윤곽선 설정(없음),
      위치 설정(화면 정가운데 아래), 시작 시간(5.20), 클립 길이(5.00)
  • 재생 속도 설정 후 자르기를 하여야 하며, 잘라진 뒷부분의 동영상 및 트랙의 모든 공백을 삭제할 것
  • 원본 동영상에 포함된 오디오는 모두 음소거 할 것

▶ 이미지 파일을 다음과 같이 처리하시오.
  • '이미지2.jpg' ⇒ 이미지 클립 길이 : 6.00, 오버레이 : 영롱한(크기 : 10),
      클립 트랜지션 : 왼쪽으로 스크롤(뒤로 이동, 재생 시간 : 2.00)
  • '이미지1.jpg' ⇒ 이미지 클립 길이 : 5.00, 오버레이 : 원형 비넷(반경 : 70),
      클립 트랜지션 : 문 열기(오버랩, 재생 시간 : 1.00)
  • '이미지3.jpg' ⇒ 이미지 클립 길이 : 7.00, 오버레이 : 비누 방울(속도 : 8),
      클립 트랜지션 : 위로 덮기(앞으로 이동, 재생 시간 : 1.00)
  • 지시사항이 없는 경우는 기본 값을 적용하시오.

▶ 다음 조건에 따라 동영상 시작 부분에 텍스트를 지정하시오.
  • 텍스트 입력 : 키링 만들기
                (Making keyring)
    텍스트 서식(궁서체, 크기 150, 004ce5), 윤곽선 설정(색상 : 000000, 두께 : 20),
    나타나기(왼쪽으로 닦아내기, 지속 시간 : 2.00), 시작 시간(0.00), 텍스트 클립 길이(4.00)

▶ 다음 조건에 따라 동영상 전체에 음악 파일('음악.mp3')을 삽입하시오.
  • 시작 시간 : 0.00, 재생 시간 : 30.10, 페이드 아웃 : 3.00
  • 재생 시간 설정 후 자르기 하여야 하며, 잘라진 뒷부분의 음악 파일은 삭제할 것

동영상 파일 저장	① [파일] – [프로젝트 전체저장]을 눌러서 저장 ② 저장위치 : [바탕화면] – [KAIT] – [제출파일]	
동영상 파일명	GMEP	dpi_03_수검번호_성명	※ 예시 : 수검번호가 DPI-XXXX-123456인 경우 "dpi_03_123456_성명"으로 저장할 것

※ 파일 확장자를 'GMDP'로 저장할 시에는 "0점" 처리됩니다.

제 **08** 회 최신기출유형

◎ 시험과목 : 멀티미디어제작 (곰픽, 곰믹스)
◎ 시험일자 : 20○○. ○○. ○○.(X)
◎ 응시자 기재사항 및 감독위원 확인

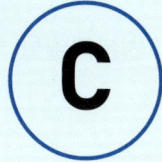

수검번호	DPI – XXXX –	감독위원 확인
성 명		

응시자 유의사항

1. 응시자는 신분증을 지참하여야 시험에 응시할 수 있으며, 시험이 종료될 때까지 신분증을 제시하지 못 할 경우 해당 시험은 0점 처리됩니다.
2. 시스템(PC작동여부, 네트워크 상태 등)의 이상여부를 반드시 확인하여야 하며, 시스템 이상이 있을시 감독위원에게 조치를 받으셔야 합니다.
3. 시험 중 부주의 또는 고의로 시스템을 파손한 경우는 응시자 부담으로 합니다.
4. 답안 전송 프로그램을 통해 다운로드 받은 파일을 이용하여 답안파일을 작성하시기 바랍니다.
5. 작성한 답안 파일은 답안 전송 프로그램을 통하여 전송됩니다. 감독위원의 지시에 따라 주시기 바랍니다.
6. 다음사항의 경우 실격(0점) 혹은 부정행위 처리됩니다.
    1) 답안파일을 저장하지 않았거나, 저장한 파일이 손상되었을 경우
    2) 답안파일을 지정된 폴더(바탕화면 – "KAIT" 폴더)에 저장하지 않았을 경우
        ※ 답안 전송 프로그램 로그인 시 바탕화면에 자동 생성됨
    3) 답안파일을 다른 보조 기억장치(USB) 혹은 네트워크(메신저, 게시판 등)로 전송할 경우
    4) 휴대용 전화기 등 통신기기를 사용할 경우
7. 답안은 Gom Pic for DIAT과 Gom Mix for DIAT를 활용하여 작성하십시오.
    ※ Gom Mix for DIAT는 'DIAT 시험 프로젝트 생성하기'로 진입하여 작성하십시오.
    ※ Gom Mix for DIAT 답안파일은 반드시 프로그램 전체저장으로 저장하십시오.(미준수시 0점 처리)
8. 시험지에 제시된 글꼴이 응시 프로그램에 없는 경우, 반드시 감독위원에게 해당 내용을 통보한 뒤 조치를 받아야 합니다.
9. 시험의 완료는 작성이 완료된 답안을 저장하고, 답안 전송이 완료된 상태를 확인한 것으로 합니다. 답안 전송 확인 후 문제지는 감독위원에게 제출한 후 퇴실하여야 합니다.
10. 답안전송이 완료된 경우에는 수정 또는 정정이 불가능합니다.
11. 시험시행 후 문제 공개 및 합격자 발표는 홈페이지(www.ihd.or.kr)에서 확인하시기 바랍니다.
    1) 문제 및 모범답안 공개 : 20XX. XX. XX.(X)
    2) 합격자 발표 : 20XX. XX. XX.(X)

식별CODE

| 디지털정보활용능력 | 멀티미디어제작 | [시험시간 : 40분] | | 1/3 |

※ "Gom Pic for DIAT 프로그램"을 활용하여 [문제 1], [문제 2]를 작업하시오.

[문제 1] 원본파일을 처리조건에 따라 결과파일로 완성하시오. (50점)

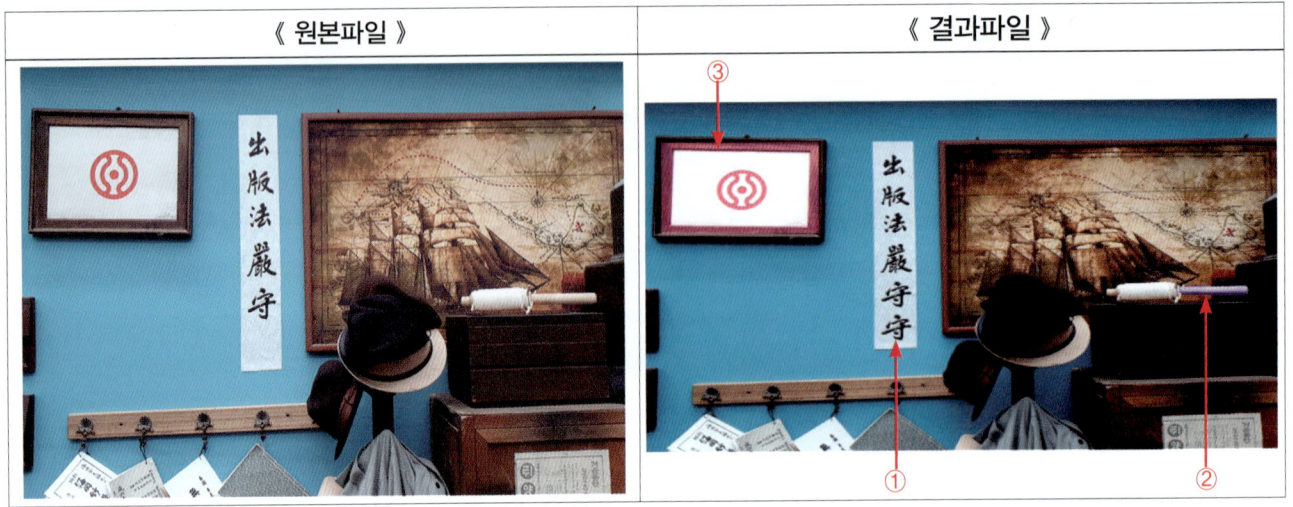

《 원본파일 》　　　　　　　　　《 결과파일 》

《처리조건》

▶ 다음과 같이 캔버스를 설정하시오.
　• 크기 ⇒ 너비(650 픽셀) X 높이(350 픽셀)

▶ '사진1.jpg' 이미지를 불러와 기존 캔버스에 복사한 후 다음과 같이 처리하시오.
　• 이미지 복사 ⇒ 크기 변형으로 캔버스 크기에 맞게 변형, 레이어 이름 – Past
　• 밝기 조정 ⇒ 감마를 이용하여 이미지 조정 (어두운 영역 : 0.55)
　• ① ⇒ 올가미 선택을 이용하여 이미지 복사
　• ② ⇒ 세피아를 이용하여 파란색 계열로 조정

▶ 도형 도구를 이용하여 다음과 같이 처리하시오.
　• ③ ⇒ 사각형(크기 : 160 x 90), 채우기(색상 : 722F60), 혼합모드(추가, 불투명도 : 90)

▶ 지시사항이 없는 경우는 기본값을 적용하시오.

이미지 파일 저장	① [파일] – [내보내기]를 눌러서 저장		
	② 저장위치 : [바탕화면] – [KAIT] – [제출파일]		
이미지 파일명	JPG	dpi_01_수검번호_성명	※ 예시 : 수검번호가 DPI-XXXX-123456인 경우 "dpi_01_123456_성명"으로 저장할 것
	GPDP	dpi_01_수검번호_성명	

※ 'JPG'와 'GPDP' 파일 중 하나라도 누락하여 저장할 시에는 "0점" 처리됩니다.

| 디지털정보활용능력 | 멀티미디어제작 | [시험시간 : 40분] |

[문제 2] 원본파일을 처리조건에 따라 결과파일로 완성하시오. (80점) (80점)

《처리조건》

▶ 다음과 같이 캔버스를 변경하시오.
- 크기 ⇒ 너비(650 픽셀) X 높이(450 픽셀)
- 배경 ⇒ 색상 : (88B756)

▶ '사진2.jpg' 이미지를 불러와 기존 캔버스에 복사한 후 다음과 같이 처리하시오.
- 이미지 복사 ⇒ 레이어 마스크 설정, 가로 방향으로 흐릿하게

▶ 도형 도구와 텍스트를 이용하여 다음과 같이 처리하시오.
- ① ⇒ 원형/타원형(크기 : 350 x 75), 그라데이션(색상 : 975B13 – FFDEF7)
- 과거로의 여행 ⇒ 글꼴(맑은 고딕), 글꼴 스타일(밑줄), 크기(28pt),
  채우기(색상 : 287FEB), 외곽선(두께 : 3px, 색상 : B1FCFF)

▶ 도형 도구와 '사진3.jpg'를 이용하여 클리핑 마스크를 생성하시오.
- ② ⇒ 모서리가 둥근 사각형(크기 : 160 × 200)
  외곽선(두께 : 4px, 색상 : E37878)
  그림자(두께 : 3px, 거리 : 30px, 분산도 : 5px, 각도 : 320°)

▶ 지시사항이 없는 경우는 기본 값을 적용하시오.

이미지 파일 저장	① [파일] – [내보내기]를 눌러서 저장		
	② 저장위치 : [바탕화면] – [KAIT] – [제출파일]		
이미지 파일명	JPG	dpi_02_수검번호_성명	※ 예시 : 수검번호가 DPI-XXXX-123456인 경우 "dpi_02_123456_성명"으로 저장할 것
	GPDP	dpi_02_수검번호_성명	

※ 'JPG'와 'GPDP' 파일 중 하나라도 누락하여 저장할 시에는 "0점" 처리됩니다.

디지털정보활용능력　멀티미디어제작　[시험시간 : 40분]

※ "Gom Mix for DIAT 프로그램"을 활용하여 [문제3]을 작업하시오.

[문제 3] 처리조건에 따라 출력형태와 같이 완성하시오. (70점)

《출력형태》

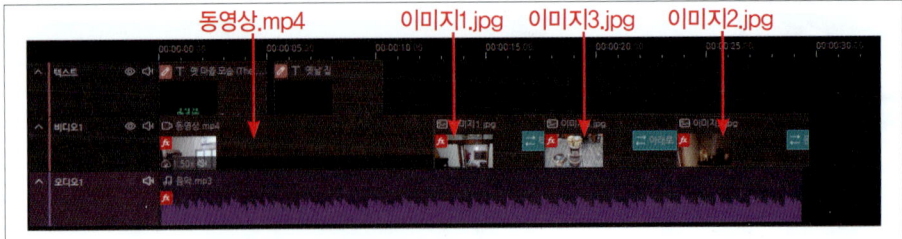

《처리조건》

원본파일	이미지1.jpg, 이미지2.jpg, 이미지3.jpg, 동영상.mp4, 음악.mp3

▶ 미디어 소스의 순서를 다음과 같이 지정하시오.
　• 미디어 소스 순서 ⇒ 동영상.mp4 〉이미지1.jpg 〉이미지3.jpg 〉이미지2.jpg

▶ 동영상 파일('동영상.mp4')을 다음과 같이 처리하시오.
　• 배　속 : 1.5x　　　　　　　　• 자르기 : 시작 시간(0.00), 재생 시간(12.20)
　• 이펙트 : LUT 필터-빈티지-빈티지 06(노출 : 10, 감마 : 0.6)
　• 텍스트 ⇒ 텍스트 입력 : 　옛날 집　
　　　　　텍스트 서식 : 기본자막(바탕체, 크기 110, ddd310), 윤곽선 설정(없음),
　　　　　위치 설정(화면 정가운데 아래), 시작 시간(5.10), 클립 길이(5.00)
　• 재생 속도 설정 후 자르기를 하여야 하며, 잘라진 뒷부분의 동영상 및 트랙의 모든 공백을 삭제할 것
　• 원본 동영상에 포함된 오디오는 모두 음소거 할 것

▶ 이미지 파일을 다음과 같이 처리하시오.
　• '이미지1.jpg' ⇒ 이미지 클립 길이 : 5.00, 오버레이 : 떨림(크기 : 10),
　　　　　　　　　　클립 트랜지션 : 타원 열기(앞으로 이동, 재생 시간 : 1.00)
　• '이미지3.jpg' ⇒ 이미지 클립 길이 : 6.00, 오버레이 : 후광 프레임(페더 : 100),
　　　　　　　　　　클립 트랜지션 : 아래로 덮기(앞으로 이동, 재생 시간 : 2.00)
　• '이미지2.jpg' ⇒ 이미지 클립 길이 : 6.00, 오버레이 : 불꽃 스파크(속도 : 8),
　　　　　　　　　　클립 트랜지션 : 문 열기(앞으로 이동, 재생 시간 : 1.00)
　• 지시사항이 없는 경우는 기본 값을 적용하시오.

▶ 다음 조건에 따라 동영상 시작 부분에 텍스트를 지정하시오.
　• 텍스트 입력 : 　옛 마을 모습
　　　　　　　　　(The old town)　
　　텍스트 서식(궁서체, 크기 150, 54b15c), 윤곽선 설정(색상 : 8dffaa, 두께 : 30),
　　나타나기(서서히 나타나기, 지속 시간 : 2.00), 시작 시간(0.00), 텍스트 클립 길이(5.00)

▶ 다음 조건에 따라 동영상 전체에 음악 파일('음악.mp3')을 삽입하시오.
　• 시작 시간 : 0.00, 재생 시간 : 29.10, 페이드 아웃 : 3.00
　• 재생 시간 설정 후 자르기 하여야 하며, 잘라진 뒷부분의 음악 파일은 삭제할 것

동영상 파일 저장	① [파일] – [프로젝트 전체저장]을 눌러서 저장 ② 저장위치 : [바탕화면] – [KAIT] – [제출파일]	
동영상 파일명	GMEP　dpi_03_수검번호_성명	※ 예시 : 수검번호가 DPI-XXXX-123456인 경우 "dpi_03_123456_성명"으로 저장할 것

※ 파일 확장자를 'GMDP'로 저장할 시에는 "0점" 처리됩니다.

제 09 회 최신기출유형

◎ 시험과목 : 멀티미디어제작 (곰픽, 곰믹스)
◎ 시험일자 : 20○○. ○○. ○○.(X)
◎ 응시자 기재사항 및 감독위원 확인

수검번호	DPI – XXXX –	감독위원 확인
성 명		

응시자 유의사항

1. 응시자는 신분증을 지참하여야 시험에 응시할 수 있으며, 시험이 종료될 때까지 신분증을 제시하지 못 할 경우 해당 시험은 0점 처리됩니다.
2. 시스템(PC작동여부, 네트워크 상태 등)의 이상여부를 반드시 확인하여야 하며, 시스템 이상이 있을시 감독위원에게 조치를 받으셔야 합니다.
3. 시험 중 부주의 또는 고의로 시스템을 파손한 경우는 응시자 부담으로 합니다.
4. 답안 전송 프로그램을 통해 다운로드 받은 파일을 이용하여 답안파일을 작성하시기 바랍니다.
5. 작성한 답안 파일은 답안 전송 프로그램을 통하여 전송됩니다. 감독위원의 지시에 따라 주시기 바랍니다.
6. 다음사항의 경우 실격(0점) 혹은 부정행위 처리됩니다.
    1) 답안파일을 저장하지 않았거나, 저장한 파일이 손상되었을 경우
    2) 답안파일을 지정된 폴더(바탕화면 – "KAIT" 폴더)에 저장하지 않았을 경우
        ※ 답안 전송 프로그램 로그인 시 바탕화면에 자동 생성됨
    3) 답안파일을 다른 보조 기억장치(USB) 혹은 네트워크(메신저, 게시판 등)로 전송할 경우
    4) 휴대용 전화기 등 통신기기를 사용할 경우
7. 답안은 Gom Pic for DIAT과 Gom Mix for DIAT를 활용하여 작성하십시오.
    ※ Gom Mix for DIAT는 'DIAT 시험 프로젝트 생성하기'로 진입하여 작성하십시오.
    ※ Gom Mix for DIAT 답안파일은 반드시 프로그램 전체저장으로 저장하십시오.(미준수시 0점 처리)
8. 시험지에 제시된 글꼴이 응시 프로그램에 없는 경우, 반드시 감독위원에게 해당 내용을 통보한 뒤 조치를 받아야 합니다.
9. 시험의 완료는 작성이 완료된 답안을 저장하고, 답안 전송이 완료된 상태를 확인한 것으로 합니다. 답안 전송 확인 후 문제지는 감독위원에게 제출한 후 퇴실하여야 합니다.
10. 답안전송이 완료된 경우에는 수정 또는 정정이 불가능합니다.
11. 시험시행 후 문제 공개 및 합격자 발표는 홈페이지(www.ihd.or.kr)에서 확인하시기 바랍니다.
    1) 문제 및 모범답안 공개 : 20XX. XX. XX.(X)
    2) 합격자 발표 : 20XX. XX. XX.(X)

| 디지털정보활용능력 | 멀티미디어제작 | [시험시간 : 40분] | 1/3 |

※ "Gom Pic for DIAT 프로그램"을 활용하여 [문제 1], [문제 2]를 작업하시오.

[문제 1] 원본파일을 처리조건에 따라 결과파일로 완성하시오. (50점)

《 원본파일 》 《 결과파일 》

《처리조건》

▶ 다음과 같이 캔버스를 설정하시오.
  • 크기 ⇒ 너비(650 픽셀) X 높이(350 픽셀)

▶ '사진1.jpg' 이미지를 불러와 기존 캔버스에 복사한 후 다음과 같이 처리하시오.
  • 이미지 복사 ⇒ 크기 변형으로 캔버스 크기에 맞게 변형, 레이어 이름 – Island
  • 필터 효과 ⇒ 선명하게를 이용하여 이미지 조정 (양 : 12)
  • ① ⇒ 복제 도장을 이용하여 이미지 제거
  • ② ⇒ 색조/채도를 이용하여 빨간색 계열로 조정

▶ 도형 도구를 이용하여 다음과 같이 처리하시오.
  • ③ ⇒ 원형/타원형(크기 : 260 x 240), 채우기(색상 : 19228F), 혼합모드(곱하기, 불투명도 : 60)

▶ 지시사항이 없는 경우는 기본값을 적용하시오.

이미지 파일 저장	① [파일] – [내보내기]를 눌러서 저장 ② 저장위치 : [바탕화면] – [KAIT] – [제출파일]	
이미지 파일명	JPG	dpi_01_수검번호_성명	※ 예시 : 수검번호가 DPI-XXXX-123456인 경우 "dpi_01_123456_성명"으로 저장할 것
	GPDP	dpi_01_수검번호_성명	

※ 'JPG'와 'GPDP' 파일 중 하나라도 누락하여 저장할 시에는 "0점" 처리됩니다.

| 디지털정보활용능력 | 멀티미디어제작 [시험시간 : 40분] |

[문제 2] 원본파일을 처리조건에 따라 결과파일로 완성하시오. (80점) (80점)

《처리조건》

▶ 다음과 같이 캔버스를 변경하시오.
- 크기 ⇒ 너비(650 픽셀) X 높이(450 픽셀)
- 배경 ⇒ 색상 : (2F499D)

▶ '사진2.jpg' 이미지를 불러와 기존 캔버스에 복사한 후 다음과 같이 처리하시오.
- 이미지 복사 ⇒ 레이어 마스크 설정, 세로 방향으로 흐릿하게

▶ 도형 도구와 텍스트를 이용하여 다음과 같이 처리하시오.
- ① ⇒ 사각형(크기 : 370 x 55), 그라데이션(색상 : E62020 – F0F020)
- 사이판 새섬 보러가요 ⇒ 글꼴(굴림체), 글꼴 스타일(굵게), 크기(25pt),
  채우기(색상 : 82DA6A), 외곽선(두께 : 3px, 색상 : 2F6393)

▶ 도형 도구와 '사진3.jpg'를 이용하여 클리핑 마스크를 생성하시오.
- ② ⇒ 모서리가 둥근 사각형(크기 : 180 × 130)
  외곽선(두께 : 3px, 색상 : B1E9CE)
  그림자(두께 : 6px, 거리 : 5px, 분산도 : 3px, 각도 : 360°)

▶ 지시사항이 없는 경우는 기본 값을 적용하시오.

이미지 파일 저장	① [파일] – [내보내기]를 눌러서 저장 ② 저장위치 : [바탕화면] – [KAIT] – [제출파일]	
이미지 파일명	JPG	dpi_02_수검번호_성명	※ 예시 : 수검번호가 DPI–XXXX–123456인 경우 "dpi_02_123456_성명"으로 저장할 것
	GPDP	dpi_02_수검번호_성명	

※ 'JPG'와 'GPDP' 파일 중 하나라도 누락하여 저장할 시에는 "0점" 처리됩니다.

디지털정보활용능력 — 멀티미디어제작 [시험시간 : 40분]

※ "Gom Mix for DIAT 프로그램"을 활용하여 [문제3]을 작업하시오.

[문제 3] 처리조건에 따라 출력형태와 같이 완성하시오. (70점)

《출력형태》

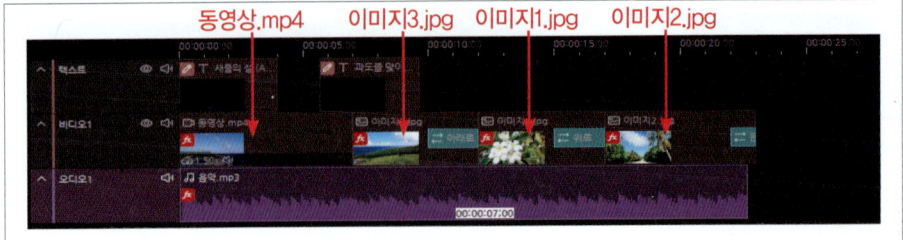

《처리조건》

원본파일	이미지1.jpg, 이미지2.jpg, 이미지3.jpg, 동영상.mp4, 음악.mp3

▶ 미디어 소스의 순서를 다음과 같이 지정하시오.
  • 미디어 소스 순서 ⇒ 동영상.mp4 〉 이미지3.jpg 〉 이미지1.jpg 〉 이미지2.jpg

▶ 동영상 파일('동영상.mp4')을 다음과 같이 처리하시오.
  • 배 속 : 1.5x
  • 자르기 : 시작 시간(0.00), 재생 시간(7.00)
  • 이펙트 : 이미지 보정-화사하게 01(가로 : 40, 세로 : 60)
  • 텍스트 ⇒ 텍스트 입력 : 　파도를 맞이하는 새섬　
     텍스트 서식 : 기본자막(바탕체, 크기 120, 2637a6), 윤곽선 설정(없음),
     위치 설정(화면 정가운데 아래), 시작 시간(5.20), 클립 길이(4.00)
  • 재생 속도 설정 후 자르기를 하여야 하며, 잘라진 뒷부분의 동영상 및 트랙의 모든 공백을 삭제할 것
  • 원본 동영상에 포함된 오디오는 모두 음소거 할 것

▶ 이미지 파일을 다음과 같이 처리하시오.
  • '이미지3.jpg' ⇒ 이미지 클립 길이 : 5.00, 오버레이 : 흩날림(속도 : 7),
     클립 트랜지션 : 아래로 밀기(앞으로 이동, 재생 시간 : 2.00)
  • '이미지1.jpg' ⇒ 이미지 클립 길이 : 5.00, 오버레이 : 비누 방울(크기 : 3),
     클립 트랜지션 : 위로 덮기(앞으로 이동, 재생 시간 : 2.00)
  • '이미지2.jpg' ⇒ 이미지 클립 길이 : 6.00, 오버레이 : 지나가는 01(속도 : 5),
     클립 트랜지션 : 문열기(앞으로 이동, 재생 시간 : 1.00)
  • 지시사항이 없는 경우는 기본 값을 적용하시오.

▶ 다음 조건에 따라 동영상 시작 부분에 텍스트를 지정하시오.
  • 텍스트 입력 : 　새들의 섬
　　　　　　　　(An Island of Birds)　
     텍스트 서식(돋움체, 크기 120, 40a7df), 윤곽선 설정(색상 : 000000, 두께 : 30),
     나타나기(서서히 나타나기, 지속 시간 : 2.00), 시작 시간(0.00), 텍스트 클립 길이(4.00)

▶ 다음 조건에 따라 동영상 전체에 음악 파일('음악.mp3')을 삽입하시오.
  • 시작 시간 : 0.00, 재생 시간 : 22.20, 페이드 아웃 : 2.00
  • 재생 시간 설정 후 자르기 하여야 하며, 잘라진 뒷부분의 음악 파일은 삭제할 것

동영상 파일 저장	① [파일] – [프로젝트 전체저장]을 눌러서 저장　　　　　　　　　　　　　　　　　　　　　　　　　　　　　　 ② 저장위치 : [바탕화면] – [KAIT] – [제출파일]		
동영상 파일명	GMEP	dpi_03_수검번호_성명	※ 예시 : 수검번호가 DPI-XXXX-123456인 경우 "dpi_03_123456_성명"으로 저장할 것

※ 파일 확장자를 'GMDP'로 저장할 시에는 "0점" 처리됩니다.

제 10 회 최신기출유형

◎ 시험과목 : 멀티미디어제작 (곰픽, 곰믹스)
◎ 시험일자 : 20○○. ○○. ○○.(X)
◎ 응시자 기재사항 및 감독위원 확인

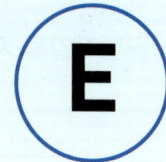

수검번호	DPI – XXXX –	감독위원 확인
성 명		

응시자 유의사항

1. 응시자는 신분증을 지참하여야 시험에 응시할 수 있으며, 시험이 종료될 때까지 신분증을 제시하지 못 할 경우 해당 시험은 0점 처리됩니다.
2. 시스템(PC작동여부, 네트워크 상태 등)의 이상여부를 반드시 확인하여야 하며, 시스템 이상이 있을시 감독위원에게 조치를 받으셔야 합니다.
3. 시험 중 부주의 또는 고의로 시스템을 파손한 경우는 응시자 부담으로 합니다.
4. 답안 전송 프로그램을 통해 다운로드 받은 파일을 이용하여 답안파일을 작성하시기 바랍니다.
5. 작성한 답안 파일은 답안 전송 프로그램을 통하여 전송됩니다. 감독위원의 지시에 따라 주시기 바랍니다.
6. 다음사항의 경우 실격(0점) 혹은 부정행위 처리됩니다.
    1) 답안파일을 저장하지 않았거나, 저장한 파일이 손상되었을 경우
    2) 답안파일을 지정된 폴더(바탕화면 – "KAIT" 폴더)에 저장하지 않았을 경우
        ※ 답안 전송 프로그램 로그인 시 바탕화면에 자동 생성됨
    3) 답안파일을 다른 보조 기억장치(USB) 혹은 네트워크(메신저, 게시판 등)로 전송할 경우
    4) 휴대용 전화기 등 통신기기를 사용할 경우
7. 답안은 Gom Pic for DIAT과 Gom Mix for DIAT를 활용하여 작성하십시오.
    ※ Gom Mix for DIAT는 'DIAT 시험 프로젝트 생성하기'로 진입하여 작성하십시오.
    ※ Gom Mix for DIAT 답안파일은 반드시 프로그램 전체저장으로 저장하십시오.(미준수시 0점 처리)
8. 시험지에 제시된 글꼴이 응시 프로그램에 없는 경우, 반드시 감독위원에게 해당 내용을 통보한 뒤 조치를 받아야 합니다.
9. 시험의 완료는 작성이 완료된 답안을 저장하고, 답안 전송이 완료된 상태를 확인한 것으로 합니다. 답안 전송 확인 후 문제지는 감독위원에게 제출한 후 퇴실하여야 합니다.
10. 답안전송이 완료된 경우에는 수정 또는 정정이 불가능합니다.
11. 시험시행 후 문제 공개 및 합격자 발표는 홈페이지(www.ihd.or.kr)에서 확인하시기 바랍니다.
    1) 문제 및 모범답안 공개 : 20XX. XX. XX.(X)
    2) 합격자 발표 : 20XX. XX. XX.(X)

| 디지털정보활용능력 | **멀티미디어제작** | [시험시간 : 40분] | 1/3 |

※ "Gom Pic for DIAT 프로그램"을 활용하여 [문제 1], [문제 2]를 작업하시오.

[문제 1] 원본파일을 처리조건에 따라 결과파일로 완성하시오.　　　　　　　　　　(50점)

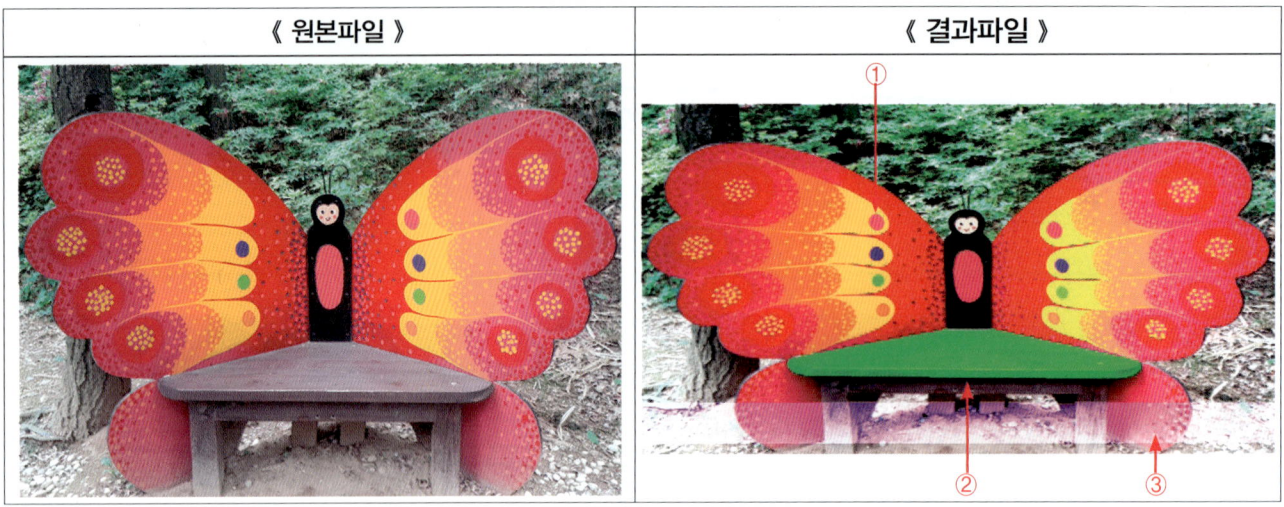

《처리조건》

▶ 다음과 같이 캔버스를 설정하시오.
　• 크기 ⇒ 너비(650 픽셀) X 높이(350 픽셀)

▶ '사진1.jpg' 이미지를 불러와 기존 캔버스에 복사한 후 다음과 같이 처리하시오.
　• 이미지 복사 ⇒ 크기 변형으로 캔버스 크기에 맞게 변형, 레이어 이름 – Butterfly
　• 밝기 조정 ⇒ 밝기/대비를 이용하여 이미지 조정 (대비 : 25)
　• ① ⇒ 복제 도장을 이용하여 이미지 복사
　• ② ⇒ 세피아를 이용하여 초록색 계열로 조정

▶ 도형 도구를 이용하여 다음과 같이 처리하시오.
　• ③ ⇒ 사각형(크기 : 650 x 40), 채우기(색상 : 8C5EF0), 혼합모드(색 회피율, 불투명도 : 75)

▶ 지시사항이 없는 경우는 기본값을 적용하시오.

이미지 파일 저장	① [파일] – [내보내기]를 눌러서 저장	
	② 저장위치 : [바탕화면] – [KAIT] – [제출파일]	
이미지 파일명	JPG	dpi_01_수검번호_성명　　　※ 예시 : 수검번호가 DPI-XXXX-123456인 경우
	GPDP	dpi_01_수검번호_성명　　　"dpi_01_123456_성명"으로 저장할 것

※ 'JPG'와 'GPDP' 파일 중 하나라도 누락하여 저장할 시에는 "0점" 처리됩니다.

디지털정보활용능력 멀티미디어제작 [시험시간 : 40분]

[문제 2] 원본파일을 처리조건에 따라 결과파일로 완성하시오. (80점) (80점)

《 원본파일 》　　　《 결과파일 》

《처리조건》

▶ 다음과 같이 캔버스를 변경하시오.
　• 크기 ⇒ 너비(650 픽셀) X 높이(450 픽셀)　　• 배경 ⇒ 색상 : (D9EAFE)

▶ '사진2.jpg' 이미지를 불러와 기존 캔버스에 복사한 후 다음과 같이 처리하시오.
　• 이미지 복사 ⇒ 레이어 마스크 설정, 세로 방향으로 흐릿하게

▶ 도형 도구와 텍스트를 이용하여 다음과 같이 처리하시오.
　• ① ⇒ 원형/타원형(크기 : 360 x 65), 그라데이션(색상 : DE08F1 - F5F752)
　• 나비를 닮은 꽃 ⇒ 글꼴(맑은 고딕), 글꼴 스타일(밑줄), 크기(26pt),
　　　　　　　　　채우기(색상 : FFD200), 외곽선(두께 : 5px, 색상 : 7C04BA)

▶ 도형 도구와 '사진3.jpg'를 이용하여 클리핑 마스크를 생성하시오.
　• ② ⇒ 모서리가 둥근 사각형(크기 : 160 × 150)
　　　　외곽선(두께 : 6px, 색상 : FFF000)
　　　　그림자(두께 : 8px, 거리 : 6px, 분산도 : 5px, 각도 : 320°)

▶ 지시사항이 없는 경우는 기본 값을 적용하시오.

이미지 파일 저장	① [파일] - [내보내기]를 눌러서 저장	
	② 저장위치 : [바탕화면] - [KAIT] - [제출파일]	
이미지 파일명	JPG	dpi_02_수검번호_성명	※ 예시 : 수검번호가 DPI-XXXX-123456인 경우 "dpi_02_123456_성명"으로 저장할 것
	GPDP	dpi_02_수검번호_성명	

※ 'JPG'와 'GPDP' 파일 중 하나라도 누락하여 저장할 시에는 "0점" 처리됩니다.

| 디지털정보활용능력 | 멀티미디어제작 | [시험시간 : 40분] | 3/3 |

※ "Gom Mix for DIAT 프로그램"을 활용하여 [문제3]을 작업하시오.

[문제 3] 처리조건에 따라 출력형태와 같이 완성하시오. (70점)

《출력형태》

《처리조건》

| 원본파일 | 이미지1.jpg, 이미지2.jpg, 이미지3.jpg, 동영상.mp4, 음악.mp3 |

▶ 미디어 소스의 순서를 다음과 같이 지정하시오.
  • 미디어 소스 순서 ⇒ 동영상.mp4 〉 이미지2.jpg 〉 이미지1.jpg 〉 이미지3.jpg

▶ 동영상 파일('동영상.mp4')을 다음과 같이 처리하시오.
  • 배 속 : 1.5x
  • 자르기 : 시작 시간(0.00), 재생 시간(12.00)
  • 이펙트 : 이미지 보정-아웃 포커스 블러(페더 : 30, 블러 강도 : 20)
  • 텍스트 ⇒ 텍스트 입력 : 봄과 나비
      텍스트 서식 : 기본자막(돋움체, 크기 100, f2ed00), 윤곽선 설정(없음),
      위치 설정(화면 정가운데 아래), 시작 시간(6.10), 클립 길이(5.00)
  • 재생 속도 설정 후 자르기를 하여야 하며, 잘라진 뒷부분의 동영상 및 트랙의 모든 공백을 삭제할 것
  • 원본 동영상에 포함된 오디오는 모두 음소거 할 것

▶ 이미지 파일을 다음과 같이 처리하시오.
  • '이미지2.jpg' ⇒ 이미지 클립 길이 : 5.00, 오버레이 : 떠오르는 하트(크기 : 5),
      클립 트랜지션 : 위로 닦아내기(오버랩, 재생 시간 : 3.00)
  • '이미지1.jpg' ⇒ 이미지 클립 길이 : 6.00, 오버레이 : 레디얼 라이트(속도 : 7),
      클립 트랜지션 : 십자형 나누기(앞으로 이동, 재생 시간 : 3.00)
  • '이미지3.jpg' ⇒ 이미지 클립 길이 : 6.00, 오버레이 : 집중선 01(반경 : 55),
      클립 트랜지션 : 교차 줌(앞으로 이동, 재생 시간 : 2.00)
  • 지시사항이 없는 경우는 기본 값을 적용하시오.

▶ 다음 조건에 따라 동영상 시작 부분에 텍스트를 지정하시오.
  • 텍스트 입력 : 나비들의 생활
      (Butterfly Life)
    텍스트 서식(휴먼옛체, 크기 140, fbe31e), 윤곽선 설정(색상 : 1f5617, 두께 : 30),
    나타나기(오른쪽으로 펼치기, 지속 시간 : 4.00), 시작 시간(0.00), 텍스트 클립 길이(5.00)

▶ 다음 조건에 따라 동영상 전체에 음악 파일('음악.mp3')을 삽입하시오.
  • 시작 시간 : 0.00, 재생 시간 : 28.20, 페이드 아웃 : 3.00
  • 재생 시간 설정 후 자르기 하여야 하며, 잘라진 뒷부분의 음악 파일은 삭제할 것

동영상 파일 저장	① [파일] – [프로젝트 전체저장]을 눌러서 저장 ② 저장위치 : [바탕화면] – [KAIT] – [제출파일]	
동영상 파일명	GMEP	dpi_03_수검번호_성명	※ 예시 : 수검번호가 DPI-XXXX-123456인 경우 "dpi_03_123456_성명"으로 저장할 것

※ 파일 확장자를 'GMDP'로 저장할 시에는 "0점" 처리됩니다.